U0142622

教育行政研究方法論

秦夢群　黃貞裕　著

五南圖書出版公司 印行

世紀的美麗與哀愁（代序）

透過昏黃的燈火，窗外的雪愈下愈大，將已冰封的湖整個籠罩起來。北國的冬天來得早，九月底雪花就開始穿過細枝，打在有著希臘風格的石橋上。然後就有幾天，回家的小路上盡是沒脛的落葉。湖水由淺藍轉爲深藍，最後終於不情願的聚集結凍。大塊的鬱暗占據廣漠的天空，只有南歸孤雁點綴其中。寒鴉的哀啼，再一次宣告上帝對人間四季的主掌。

窗外風號雪舞，室內卻一片歡樂。典禮剛過，穿著藍絲絨畢業服的學生湧進酒館，一時杯觥交錯，好不熱鬧。三杯啤酒下肚，不免個個臉泛春色。一位年輕朋友興奮地說：「眞是有趣，怎麽樣，不比你當年差吧！」

一時間無言以對，思緒卻驀地墜入回憶中。畢業那年也是大雪紛飛，領了證書，就寂寞的離開。當時前途茫茫，哪有心情慶祝。再回到麥城，千把個日子已過。教堂上的藤蔓依舊翠綠，鐘樓後的暮色仍然璀璨。初冬的夜晚，細雪成片落下，織成一張晶瑩的絲網，輕拂身軀，猶如春夢般不著痕跡。山水依舊，人面卻已不再，年輕時的夢，是如此熟悉，卻又遙遠。

我是抱著很大期望來美國讀書的。西出陽關，當時滿懷「一身能擘兩雕弧」的壯志，總想爲自己的國家做些什麼。然而，就像二十世紀不同階段的留學生，面對蒼老與蹣跚的中國，不免步履踉蹌。造訪紐約，哥倫比亞大學的老樹蔥蘢依舊，但早期庚子賠款的留學生如胡適，卻早已走入歷史。徘徊在斑駁的石柱間，有的又豈僅是白雲蒼狗、盛筵難再的惆悵。

這惆悵，像一個無解的數學方程式，令萬千的留學生在歲月中迷失。翻開歷史，二十世紀的序幕在中國是八國聯軍，統治者倉皇辭廟，整個江山成爲列強的俎上肉。這還不算，當時的中國給人的印象無非是殺嬰、纏足、迷信與封閉。馬可波羅時代的富庶與高貴不再，有的

只是千瘡百孔的問題與百廢待舉的急迫。

你說，在這種時空下，知識分子能不熱血沸騰嗎！人到他鄉，才驚覺世上還有不同的思想與生活方式。但是如何加以剪裁移植，以符合本國民情，卻成爲百年來爭辯卻無結論的課題。天涯羈旅，才感到擁抱故土是多麼困難。

於是，部分的留學生決定切斷母國臍帶，完全融入美國文化中，祖宗的遺產到此灰飛煙滅。然而真正的知識分子卻無法如此，內心對生命情境的追尋，使他們如飛蛾撲火般的緊擁故土。見解雖有不同，但皆爲家國的富強而殫精竭慮。此種追尋永恆且莊嚴，然而在季節的遞嬗中，卻不免有一份蒼茫與無奈。

少不經事時讀〈岳陽樓記〉，到「先天下之憂而憂」之句，心中激動異常，堅信有這樣的知識分子，國家才有希望。及長，才知道滿腔熱情的背後，卻有不爲人知的辛酸。中國太老了，黎民百姓栖栖皇皇於道途中，圖的是一簞食一瓢飲，沒有能力也沒有時間改造人心。唯有知識分子，在內聖外王的文化驅使下，遂浮沈於建國的大業中。內聖係指內心獨善的自修，等到一定境界，進而產生兼善他修的外王行動。換言之，做爲社會的良心，知識分子除了修己成爲君子外，還必須向外發展實踐理想，以達到修己安人的目的。

這種理念也許抽象，但說穿了就是學而優則仕。知識分子必須在政府中謀得職位，才能一窺治國平天下的圓滿境界。然而，問題來了，如果你的訴求與政府相左，那該怎麼辦？

一場無止息的爭鬥於焉開始。運氣好的，碰上明君採納雅言，方能勉得善終。你看魏徵寫的〈十思疏〉，其中：「怨不在大，可畏惟人，載舟覆舟，所宜深慎」一段，言辭犀利，非一般君王所能容忍。魏徵說得那麼好，但後世仍多讚美唐太宗，兩者地位之高低明顯而見。這代表執政者權威至上，給你抒發異見代表心胸寬大，值得載錄史乘。

然而，大多數的知識分子卻無此幸運。二千多年前，聖人就有「道不行，乘桴浮於海」的慨歎。這還算好的，其他與政府作對的，輕則

發配邊疆，重則株連九族。除非倔強如蘇東坡、王陽明，即使貶謫南疆，仍成風雨名山之作。其他人卻在失意中自怨自艾，左一個「不才名主棄」，右一個「總爲浮雲能蔽日」，眞是酸得很。

基本上，知識分子與執政者的訴求本不相容，前者窮盡畢生精力追求眞理，後者無所不用其極爭取實利。唯在短暫的時空中，彼此才能聲氣相求。執政者利用知識分子的天眞，爲自我的劣行背書；知識分子則在擁抱上意中，諷刺地爲「書中自有黃金屋」下了註腳。

即使如此，在大多數情況，知識分子的處境堪憐。強調直言無隱，爲眞理犧牲一切的信條，使他們不免困厄窮乏、顛沛流離。學術探討上，也許失之狂狷、失之獨斷，但眞正的知識分子擇善固執，而這是當道所最討厭的。

於是，勢單力薄的知識分子，只能在爭千秋而不爭一時的自我安慰中，螳臂擋車般的力挽狂瀾。到最後，不是慷慨就義，就是壯氣蒿萊，連說眞話的權力也被剝奪了。

不是嗎？二十世紀的中國雖然風雨飄搖，但絕非無聲的年代。多少動江關的文字、驚天地的聲音拔地而起。知識分子焚膏繼晷、櫛風沐雨，盼的是爲萬世開太平。結局又如何呢？即時妥協選了邊站，一說眞話仍萬劫不復。老舍、巴金、沈從文這些1930年代的左翼作家，哪個是晚景美好的？不是批鬥遊街，就是屈辱而死。魯迅算幸運的，如果不早亡，他那種個性恐怕下場更悽慘。

其他的人也不好受，林語堂流落海外，自嘲乞食四方；錢賓四南渡香江，孑然一身辦學；胡適之滯美返臺，大聲疾呼也挽不回雷震、殷海光的被禁迫害。最慘的是張愛玲，失去了孤島上海，文學生命連根拔起，終如枯葉般凋零異鄉。

問題出在哪？我想是中國社會缺乏捍衛眞理的精神吧！如果求知識的目的在爲當道所用，這個國家是沒救的。做學問是爲好奇與追求眞理，其神聖性不能爲任何外力侵犯。歐洲中古世紀基督教獨霸，任何學說不得牴觸聖經。面對千夫所指，1632年的伽利略何等悲壯，寧

被放逐也不放棄太陽為中心說。此種堅持真理的態度，開啓日後之理性啓蒙運動。至達爾文提出物種原始理論，雖遭教會批爲離經叛道，牛津學者卻挺身相護，學術自由的傳統自此開花結果。

猶記初抵美國大學，印象最深的，除了如茵的草地外，就是巨大廊柱上的刻字。日子久了，才知道那些「民主」、「自由」的詞句，可不只是用來裝飾的。反對政府的教授用網路號召，幾十位立場不同的師生，就約在廳堂內爭辯起來。有了這些聲音，如夢的年華才有柳暗花明的驚喜。

這種聲音在中國不是沒有，只是太微弱。蔡元培主掌北大，高舉思想自由的大纛，最後仍不免憤而出京，以抗議當局的惡霸作風。其他學者多半明哲保身，或是偷懶苟安。面對中國的文化惰性和道德怯懦，低調消極是避免身陷囹圄的不二法門。西方有牛津劍橋，我們大學則成了公務員訓練班。

二十世紀，中國知識分子的心情是複雜的。他們曾懷抱多少美麗的夢想，換來的卻是無盡的哀愁。誰不想有個鶯飛草長、落英繽紛的旅程；無奈滿眼所見，卻是一片殘山賸水、蔓草寒煙。二十世紀的知識分子從未離席，然而百年來，我們到底學了什麼，恐怕只有風才知道。

推開窗門，漫天飄飛的雪花。蹣跚踽行，想再找家昏暗的酒館，來杯威士忌，以溫暖凍僵的身軀。論文還沒趕完，看來今晚得熬夜了。遠處鐘聲響起，新世紀已經來臨。但願，那是一個有夢且令人驚喜的年代。

秦夢群

辛巳年，Madison

大雪紛飛

致讀者

　　許久以來，就想寫一本有關教育行政方法論的作品。內容焦點不在於各種研究法的探討，卻集中於典範之變遷與影響。當然，這牽涉到許多哲學派別的主張，有相當大的難度，等於把教育行政領域之研究推至最上層結構的爭辯。當年出版《教育行政理論與模式》時，曾想專章加以研討，因牽涉過廣限於篇幅，只好簡單帶過。如今，資料蒐集已有一定數量，修訂出版，希望能盡棉薄之力。

　　基本上，本書並非教育哲學之專論。雖然內文敘述各派學說頗多，但寫作焦點卻置於其在方法論上之主張與影響。自 1950 年代之理論運動開始，學者希望藉實證研究方法，將教育行政研究塑成一門科學，並試圖發展放諸四海皆準的規範。其影響至今不墜，但卻受到後實證論與後現代主義的圍剿。

　　因此，自 1980 年代之後，有關方法論的激辯在各種教育行政學術會議上不斷上演。其中如質性與量化之取捨，證成模式之建立，與詮釋資料之方法等。以我為例，當時至 UW-Madison 讀書時，授業教授多已近暮年，所授之方法論仍以量化實證為主。他們所代表的理論運動主張，在 1980 年代晚期已有部分鬆動。其後閱讀主要學術期刊如 Educational Administration Quarterly，1970 年代通篇的統計圖表，至 1990 年代已成文本分析與深度訪談的天下。做為一位教育行政學者，數十年來上沖下洗，所受之衝擊可想而知。

　　遺憾的是，即使進入二十一世紀，教育行政研究各典範之間仍未有整合的跡象。雖然如此，做為研究者，仍應對各典範的主張加以瞭解。如果用量化方法，其後的支持立論何在？與質性方法又有何典範上的堅持？以往教育行政研究的重點偏於實務，如今方法論之爭論此起彼落，瞭解自我支持的典範，實是刻不容緩之事。盼望本書能成為入門的作品。

　　寫作之中，適逢貞裕尋覓論文題目，並願意加入研究。本書之部

分內容，也在其論文中有所呈現，故聯名發表之。貞裕極為用心，在此艱深主題上努力甚多，相當值得肯定。

不可諱言，此書內容相較一般教育行政著作，明顯趨於艱深。但是學術發展至此，又不能無視方法論相關的議題。限於能力，本書未能涵蓋所有議題，但卻希望有系統的介紹教育行政領域的發展。本書觸及方法論的最根本主張，以往較少為國內學者所重視。不揣淺陋出版此書，盼能收拋磚引玉之效。

自構思至完成，已有多年時間。即使內容較抽象，我們仍盡力消化後，以淺顯的文字表達之。當然，囿於各種限制，本書定有不足之處，還請專家讀者予以指正，在此先致以深謝。

去歲復返 UW-Madison 做訪問教授。異地重遊，不見舊題，當年師長部分已邅歸道山。江湖夜雨十年燈，變遷的不僅是人事，還有心情。新來的秘書笑臉迎人，卻總令人覺得缺少什麼。坐在空蕩蕩的辦公室中，只見牆上新添了數排照片。從 1930 年代後的退休教授皆在其上。我癡癡的看著，想起這本書正是他們一生學術寫照。每個面孔的背後有不同的堅持，但卻因此為教育行政領域耕出一畝畝的園地。歷史已在牆上停格，我們卻仍在歲月的洪流中努力前進。僅以此書獻給二十世紀曾為教育行政研究打拼的前輩們。

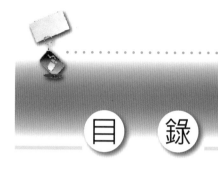

目　錄

世紀的美麗與哀愁（代序）
致讀者

第一章

導　論

> 教育行政研究者的基本任務乃在帶領學校
> 走向期待的未來。
> 要達此任務,則需要反省式的分析與研
> 究。
>
> ～Donald Willower

　　教育活動包羅萬象,大自教育政策之制訂,小至個別學生輔導,無所不包。教育活動絕大多數都在特定組織(如學校)中進行,如果缺乏適當理論與方法,將使其運作大打折扣。實務上,教育之作為必須隨著社會潮流不斷精進,而此種反省與思考之能力,實有賴於相關研究觀點與理論的建立。

　　以教育行政(educational administration)[1]研究領域為例,自有教育組織以來,學者莫不殫精竭慮希望透過研究,以建構適當的知識與理論,以使教育之實踐更符合所需。影響所及,建構教育行政研究典範(paradigm)與方法論(methodology),即成為刻不容緩之事。不同方法論形成對知識詮釋與探索本質上的差異,其研究過程及使用方法也大相逕庭。同樣的問題卻有不同的看法。即以「什麼是最佳的校長領導型式」為例,歷年來教育行政的相關研究眾說紛紜。有的認為「高關懷高倡導」為最佳型式(行為論),有的主張依情境變數而有不同最佳型式(權變論),或是如後現代主義學者所言,反對傳統科學主義對唯一合理性的追求,認為世上絕無「最佳」的校長領導型式,以往所謂的理論與通則,事實上並不存在。

　　基本上,研究方法論與研究方法(research method)兩個名詞表面極為

---

[1]　英文educational administration一詞,在港臺地區,多被翻譯為「教育行政」。大陸地區則因特殊考量,多將之翻譯為「教育管理」。本書以下行文則採取前者。讀者在閱讀時,請以英文原文作為最後判斷標準。

近似，但在本質上確有極大差異。坊間出版之相關研究方法書籍，多以介紹各種教育研究方法為主（如調查法、訪談法、文本分析法），偏重於實作與技術層面的描述。其目的乃在使學習者明瞭進行特定研究方法的程序、步驟、標準、與必須遵行的要件。與之相較，方法論則偏重不同研究方法所依憑之研究假定、主張、與預設價值，較偏向從哲學知識論（epistemology，或譯為認識論）之基本架構與相關議題加以澄清分析。其中如以量化統計分析為主的實驗法，即與偏向質化研究之田野調查研究，在進行研究之主張上存有天淵之別。主修教育的學生，多半可對各種研究方法侃侃而談，但對其背後之方法論脈絡，則往往一知半解。

教育研究的目的乃在對各種教育現象進行描述與分析，其背後具有特定知識論之概念。基本上，知識論主要探討哲學上人類知識的起源、性質、範圍、與證明方式，其發展可以上溯至希臘時代之Plato（柏拉圖）。在其著作《泰阿泰德篇》（*Theatetus*）中，Plato將知識定義為是被證實的真實信念或事物，主張只是單純的相信，應該與知識有所區隔，除非經過適當證明的過程。因此，知識除了被相信是真的，也必須被證實為真。例如一位學者深信「城市與鄉村地區學生之教育機會並不均等」，其必須利用各種方式（主要為特定研究方法）加以證明，否則即不能宣稱為真正的知識，此因人們所相信為真與被證實為真之間有極大之區別。教育研究者不能因為堅信某種信念，即主張其為真的知識，因為其信念缺乏證實的過程。

簡而言之，知識論之焦點乃在探討如何證實被相信為真事物的真實性。應用於研究方法論上，即牽涉到證成（justification）模式與研究典範（paradigm）的選擇。證成是知識論中極為重要的概念，justification一字在中文也常被翻譯為證實、證明等。基本上，證成牽涉到事物的性質。在相關研究中，通常需要進行證成的事物包括信念、主張、命題、理論、道德等。當其具有「被證成」（justified）的特性時，研究者即有理由支持或加以接受。

知識需要經過證成的程序。至於應如何加以證成，則牽涉到典範之選擇。paradigm一字也常被翻譯為範式、類型。其最初係指在知識論中的特定

思維方式。其概念後經學者T. Kuhn（孔恩）加以採用，主張典範乃是研究者共同認同的基本觀點與研究取向。不同典範之間在各項議題（如主觀／客觀、事實／價值、量化／質化）上，均持有一定之主張與思維模式。在以下篇章中，我們將詳細加以說明。

第 一 節　教育行政研究典範之變遷

　　從歷史的觀點而言，最早影響教育行政研究方法的典範乃是實證論（positivism），時間約在第二次世界大戰結束後的1940年代末期。其後，後實證論（postpositivism）與後現代主義（postmodernism）相繼從知識論的觀點，駁斥實證論的主張。三者在研究方法論上的主張歧異，在二十一世紀的教育行政領域研究中依舊方興未艾。從實證論、後實證論、乃至後現代主義，學者莫不激烈辯論其在知識論上的堅持。典範的更迭，形成研究風格與過程的不同。做為一位教育行政學門的研究者，若不能瞭解所支持之研究典範的主張與優缺點，則很容易在學術戰場上中箭落馬。

　　基於此，本書從歷史的觀點，試圖分析二十世紀教育行政研究方法之典範變遷。本質上，它的焦點乃在各典範之主張與其在實質研究上的影響。有些典範雖然頗有創見，但其在教育行政研究方法上之影響至今仍未顯著。此由目前重要之中文與英文的相關研究中即可看出。但做為一位研究者，實應瞭解各典範的主張，以便在闡釋研究結果時可從不同的角度加以觀察。

壹、邏輯實證論與理論運動

　　基本上，知識的形成牽涉兩大部分，一為認知的主體（即人類之思維），二為被知的對象（即世界之現象事物）。兩者之間的關係，就本體論（ontology）的角度而言，哲學家有不同主張，其中可歸納為「實在論」（realism）與「觀念論」（idealism，或譯唯心論）兩大類。實在論主張世

上所存在的現象事物，乃是獨立於人類意識而客觀存在的。觀念論則抱持相反意見，認為實體[2]（substance）乃是透過人類天生之心靈思維能力所產生，並成為知識形成的基礎。由於主張不同，實在論與觀念論在知識之形成與追求方式之主張，存有極大差異。

直到十九世紀結束為止，西方主要關於知識的哲學理論皆奠基於「基礎主義」（foundationalism）之上。簡言之，其主張知識本身來自一個牢固的基礎，而知識乃在其上加以建構。此基礎為何，則造成不同說法與流派。依據知識論的角度，西方哲學家將知識分為先驗知識與後驗知識兩種。先驗知識為憑藉推理而得到先於經驗觀察的知識，其不受透過感官對於世界觀察之直接或間接經驗的影響。與之相較，後驗知識乃指藉助經驗觀察與證實之後所得之知識，故也被稱為經驗性知識。

先驗知識是否存在，歷來成為各學者之知識論爭辯議題。其中如法國學者R. Descartes（笛卡爾）之理性主義（rationalism），即與英國學者J. Locke（洛克）之經驗主義（empiricism）針對先驗知識之存在與後驗知識之來源，產生廣泛的爭議。首先，Descartes主張「我思故我在」（I think, therefore I am），認為理性之官能可做為驗證知識的基礎，此即為理性主義。其中「我思」與「我在」乃是同時呈現，我代表心智，恆久存在於思想中。如果未能有所察覺，則導因於身體之干擾。由此可知，Descartes的思想明顯傾向二元論，即心智（靈魂）與身體（物質），主張人的整體性乃是心智與身體之相互作用。物質有其專屬樣式或特性（如長、寬、高），必須靠身體的活動加以探索，並經由心智產生觀念與規則。

基本上，理性主義主張世上具有並非來自感官經驗的先驗知識。心智的運作方式有兩種：(1)直觀：即由心智可以「不證自明」而直接獲得的單純

2　實體之概念原指法律上財物所有權，但亞里斯多德卻將之定義為是「存在物之所以成為存在物」的哲學概念。一切存在物，可以依其性質、關係為根基。因此，只要瞭解實體的原理與本質，即可掌握對存在世界的律則。亞里斯多德之後，各哲學家對於實體之定義與瞭解（逼近）方式，呈現眾聲喧嘩之歧異態勢。

觀念（如無不能生有）。(2)演繹：由單純觀念開始進行推論，以建構確立各種知識（如形上學、物理學）。所謂方法，即是正確使用心智運作能力以確立知識的普遍規則，其中數學對抽象與定理之推理即為最佳明證。

與理性主義相較，經驗主義學者Locke則持不同的看法，在其著作《人類悟性論》（*An Essay Concerning Human Understanding*）中寫到：

> 如吾等假設心靈乃是空白的紙張而無任何意念，則其後心靈將如何被豐富？人類繪於其上的多樣與無邊際的想法從何而來？何處是理性與知識的泉源？我的答案只有一個，那就是從經驗而來。所有的知識均奠基於此（Locke, 1959, p. 26）。

以上敘述可看出Locke主張心智生來只是一塊「白板」（tabula rasa），並無「天生即具先天觀念」的先驗知識。此種經驗主義認為知識的基礎建基於經驗，經驗乃經由人類的視覺、聽覺、觸覺與其他感官經驗習得。觀念來自感官知覺與內在反省，經驗是一切觀念的來源。此外，另一經驗主義之支持者D. Hume（休姆）更主張心智的內容是知覺。人先產生知覺之印象，接著出現知覺之觀念，最後產生反省之觀念。在此次序中，人不可能不先產生印象而有觀念，因此形上學並無存在之可能性。

簡而言之，理性主義認為先驗知識存在，因此即要面對先驗知識之性質與檢證的問題。與之相較，經驗主義主張所有知識在一定程度上，皆為感官對世界的經驗體現，因此不需討論先驗知識之問題。

理性主義與經驗主義雖然理念不同，但皆主張知識有其穩固基礎，因此同屬知識論上的基礎主義。基本上，經驗主義者不反對理性之功能，認為其可結合與運作各種意念，但認為最基本的知識乃來自於經驗。例如以「紅色」為例，經驗主義認為如果沒有看過紅色，就無法加以理念化。因此，理性雖可進一步聯結與比較各種意念，但意念之來源仍是植基於經驗。

另一方面，理性主義者也不否認經驗在知識建構上之角色，但卻堅持其乃受制於理性之下。主張若無理性之力量，則所經驗之意念恐怕會落入幻覺

之林。此種以理性與經驗孰為知識基礎之爭，一直延續至十九世紀末。直到二十世紀，哲學家開始主張理性與經驗雖對知識之建構極為重要，但皆不是知識之基礎，而產生所謂「反基礎主義」。其基本主張將在後實證論與後現代主義部分加以詳述。

經驗主義之主張深深影響實證論之發展。經驗主義認為知識是人類經驗的產物，需要在現實中加以論證。其中經驗與事實之間的符合度即可作為是否為知識的根據。其看法可摘錄為以下兩個觀點：(1)意念乃源自於經驗。任何複雜之意念可回溯為簡單意念，又可回溯為感官經驗。(2)意念或知識之成立必須經由經驗加以證明。任何未經足夠經驗證明者，只可視為是一種「主張」（claim）而非知識。以上第二個觀點為社會學大師A. Comte（孔德）所接受，認為科學之方法乃是集中在現象之觀察（observations）與如何利用理性方法自其中加以學習。其作品即成為實證論的起源。

根據經驗主義與實證論的看法，許多意念因缺乏發覺之證據而無法驗證，例如人類之靈魂、潛意識等。1920至1930年代以維也納為中心的一批學者，即主張任何不能為感官經驗所驗證的主張，皆是無意義且非科學的。基於此理念，後人將其統稱為「邏輯實證論」（logic positivism）。在其主張下，Freud（弗洛伊德）的大部分主張因無法驗證而被稱為是形上學（metaphysics）。邏輯實證論者採用最嚴格的經驗主義標準來檢驗知識。在教育領域中，堅持此原則的首推B. Skinner（史金納）。其主張所謂之內心世界，如果沒有經由直接觀察之途徑加以驗證，則在科學之領域中並無立足之地。Skinner之主張至今仍具有相當影響力，其中對「操作型定義」（operational definition）的要求，即為明證。

綜言之，邏輯實證論繼承經驗主義之精神，要求任何有意義之知識必須源於現實之觀察與驗證。他們要求絕對的精確，任何敘述必須能通過邏輯式的驗證。此種主張後來為研究行政領域的學者所重視，其中又以H. A. Simon（西蒙）最為著名。在其著作《行政行為》（*Administrative Behavior*）中，Simon（1945）認為邏輯實證論乃是研究行政決策行為的最佳方法論途徑，也唯有如此，相關研究才具有「科學性」。Simon的研究領域主要在決策行

為，其雖未觸及教育行政，但因領域相近，對日後教育行政所提倡之「理論運動」（Theory Movement）有極大之啓發。

　　另外一位影響教育行政方法論之學者爲H. Feigl（費格）。其原爲維也納學圈（Vienna Circle）之一員，雖對邏輯實證論的理論有所修正，但仍遵循其基本原則。他的學說可歸納成三點：(1)理論之形成過程中，發現與價值觀必須分開；(2)採用操作型定義以作爲詮釋發現的機制，與(3)將行政理論定爲一種藉由假設演繹方法之建構（hypothetico-deductive structure）所形成的定理型式（詳見Feigl, 1953, 1981）。

　　以歷史角度觀之，1950年代爲重要教育行政研究的分水嶺。在此之前，教育行政往往淪爲經驗傳承的場所，並無嚴謹的理論產生。一位將退休的校長傳授治校秘方給繼任者，但往往缺乏理論的基礎。1950年代之後，部分學者堅稱教育行政若想成爲一門成熟的科學，則必須先建立學科的理論。因此開始發動理論運動，其訴求即是希望藉由具組織的智性運動，強調教育行政精確的理論創造（rigorous theorizing），以取代過往「素樸的經驗主義」（naive empiricism）。發起這場運動的學者包括A. Halpin（哈爾品）與D. Griffiths（格林菲斯），他們希望藉由建構教育行政的知識基礎，促使教育實踐的過程更具績效。

　　具體而言，理論建立最主要的目的即在追求普遍性解釋（general explanation）。科學理論被深思熟慮的學者（如Newton、Einstein）創造出來後，即成爲進一步瞭解萬物運行的理論基礎。然而，沒有任何一個理論可被視爲是最終理論，因爲更好的理論在任何時候都可能被創造。科學最基本的力量來自於理論具自我批判性與修正性。科學的規範是開放的。Einstein and Infeld（1938）即指出「我們用盡全力去探索各種實在（reality），就像一個人想瞭解手錶中複雜的機械原理一樣。其雖看到錶的錶面與錶針的轉動，甚至聽到運轉鈴聲，但卻始終無法打開錶殼一探究竟。如果我們深具好奇心，也許會嘗試根據所觀察的事物加以繪製相關機械的構造圖形，然而即使如此，卻始終無法確定所繪製之機械構造圖足以解釋所觀察到的情形……。」（引自Hoy & Miskel, 1996, p.2）

　　在社會科學研究方面，Kerlinger（1986）曾定義「理論」爲「是一組互相關聯的概念、定義、與陳述。其可用來系統地說明變項之間的特定關係，以對現象進行解釋」（p.9）。Willower（1975）更精簡定義理論是「一個互爲一致的組體，用來解釋現象」（p.78）。Hoy and Miskel（1996）則歸納以上學者之看法，將理論定義爲「是一組互相關聯的概念、假定與普遍化概念，被系統化地用來解釋與描述教育組織中行爲的規律。……有一些假設將會從理論中被提出來以進一步對概念間的關係進行瞭解」（p.2）。此定義有三點必須說明：(1)邏輯上，理論包含概念、假定與普遍原理原則；(2)理論的最大功能在於描述、解釋與預測行爲規律；(3)理論具啓發性（heuristic），能引導更深入的知識發展。

　　環顧歷史，教育行政成爲一研究學門，與理論運動的出現有極大關係。1950年代學者的研究導向乃是對理論建立的極盡痴狂，此在Halpin（1958）的著作中可見端倪：

> 沒人能否認我們需要規範式的標準（在法律上），以指導行政者應該如何行爲，但是這些處方卻不能形成理論。這些標準無法在科學之理論建構過程中被驗證。我們使用的模式重在行政者事實上如何行爲。簡言之，……，研究的首要目的乃在使我們對事件更具有預測力，而非對人類行爲的好惡進行評斷（Halpin, 1958, pp.6-7）。

　　以上文字可明顯看出，推動理論運動的學者傾向邏輯實證論的走向，將倫理與價值相關的命題排除於研究之外。其中，Griffiths（1959）的說法更加具體。其認爲以邏輯實證論來研究人類之行爲，與研究物理學與生物學的態度一致。堅持將事實（is）與價值（ought）分開。Griffiths同時主張採用Feigl的理念，將自然科學的研究方式移植到教育行政領域。雖然部分學者（如Evers & Lakomski, 1991）認爲Feigl的理念爲當時教育行政學者所採用者，並非真正邏輯實證論的原始主張，但是仍將1950年代的理論運動，視

為邏輯實證論單一典範的獨霸時代。

貳、邏輯實證論在方法論上之主張

就知識論的觀點而言，邏輯實證論在方法論上的主張具有以下數種主義之色彩。其中包括：

1. 科學主義（scientism）：主張對於知識觀念的探討，自然科學（如物理學）所採用之方法具有普遍性，可以應用於社會科學之研究。惟有遵守自然科學所採用的科學方法，並以之嚴格解釋發現結果，方能稱為真正的科學。

2. 化約主義（reductionism）：係指知識可藉著將複雜現象化約為簡單模式（如數學公式）的主張。此種化繁為簡的方式，最為自然科學所青睞，也可應用於社會科學中（如將領導行為簡化為少數變項或層面）。

3. 基礎主義（foundationalism）：主張知識存在建立於一個永恆不變與超越歷史的基礎之上，如此產生與證成之知識才是可靠的。人類的知識層次必須存在基礎，基礎是不變的，否則即無所依據。

4. 客觀主義（objectivism）：主張實體乃是獨立於主觀意識而存在，人類藉由感覺經驗與之連結，並通過歸納與演繹，以獲得邏輯與客觀的知識。主觀的想法未經客觀的檢驗，不能成為知識。

5. 決定論（determinism）：主張世界中存在客觀規律與因果關係，一切結果乃是導因於先前之特定原因。因此，可以根據前提條件來預測未來的結果。此種「因果關係」之主張，對於啟明時代後之自然科學發展，產生空前影響。其中如牛頓力學之產生，即認為天體運行皆由確定的規律所決定。現在發生的乃是由過去透過因果關係所決定，且對未來具有預測性。

由於受到邏輯實證論的影響，再加上理論運動對實證論主張的全盤接

受，使得教育行政學者深信教育行政學是一門科學（educational administra-tion as a science）。於是，採取實證論研究方法來建構理論，即成為理所當然之事，知識建構的過程如果不符合實證論所規定的證成模式（model of justification），則被視為對學術毫無建樹。當時，學者們以為教育行政的知識建構可以用普遍公認的經驗為判斷依據，在方法上，一旦科學方法論規則確立，對任何類別的研究都具有效用，因此，任何一個科學家都應當遵守方法論的規範。具體言之，以邏輯實證論為基礎的理論，具有以下三大特徵：

1. 該理論為層級結構且必須包含一套明確的經驗性主張：層級的底層是一些特定的主張，是對事件或現象做特殊觀察所得到的結果。層級的上方則為較具普遍性的原則，適用於所有的學校、組織、生活系統、以及其他對象。換言之，理論必須是能從特殊推演出普遍邏輯，以得到適用於任何情況的法則（邏輯實證論深受物理學的影響，並以此做為所有合法性知識的楷模）。

2. 該理論具重複驗證性：本質上，層級結構中的主張（或稱假設）是為了追尋源流，這包括了特殊觀察描述。因此這些特殊的觀察即為經驗性證據的基礎，如果這些觀察（假設）被確定，則代表假設正確。一旦被確定的次數愈多，則表示被否定的機率愈小。此即為著名的「假設演繹法」（hy-pothetico- deductive method）。

3. 理論中主要專有名詞採用實證性定義：邏輯實證論者強調定義必須源自於觀察。研究者或許會發現這個要求有時無法達成，因為所謂的理論性術語常常都是無法依肉眼觀察結果來獲得，例如物理學中的名詞「電子」（elec-tron）或「夸克」（quark）即是不可觀察的。然而為了使實證性測量過程易於計算與觀察，操作型定義仍然無法避免（Evers & Lakomski, 1996b, p.2）。

在教育行政領域中，邏輯實證論的影響力至今不衰。其自1980年代開始，雖遭受後實證論與後現代主義的強力圍剿，至今仍在研究方法論上居於舉足輕重之地位。實務上，邏輯實證論的主張應用在研究方法上，有以下四

點特徵：

1. 採用假設驗證的形式進行問題的研究：邏輯實證論主張任何知識必須透過經驗之發現加以證成。因此對於上層普遍性的主張必須要先定為假設，然後以經驗的證據進行推論。此假設如經不斷之檢測而成立，才被視為確立。其形式為如果「所有觀察的X為Y」，則「所有X為Y」的命題被否定的機率就愈小。一般而言，假設之敘述形式如同自然科學中的定理，例如「高關懷高倡導為最佳的領導型式」。此種移植自自然科學的論述形式，為邏輯實證論堅持「知識法則化」的一大特色。在以下的篇章中，我們可以看到此種研究的形式，受到後實證論者的激烈攻擊。

2. 操作型定義的採用：為達到精確的目標，邏輯實證論的支持者採用操作型定義來解釋教育的概念（如智力、領導能力、組織氣候等）。操作型定義首為物理學家Percy Bridgman倡導，雖未廣為應用於物理界，但在心理學與教育學上卻成顯學。其主張乃在任何概念若不能被測量，則為無意義。根據此種說法，任何對知識的探求，應可將之精細的劃分為特定的操弄程序。其後所使用的測量工具與結論之產生，均必須植基於事先所設定的操作型定義。此種要求除達到設定可觀察之現象外，也有使結論不至過度空泛的作用。

3. 堅持理論中立的原則：邏輯實證論援引經驗主義的主張，要求研究過程中的發現與解釋，必須基於理論中立的（theory neutral）原則。換言之，研究者不應受其既定理念與價值觀的影響，而對現象之解釋有所偏頗。理想上，執行同一理論產生的過程，不同的研究者應導致相同的解釋，即如同任何化學家可用二氫一氧（H_2O）產生水一般。當然，在實務上，這是極為困難的。因此，邏輯實證論者設定特有之程序，希望能做到理論中立。其中最明顯者，即為將研究者與被研究者分開的要求，用意即在確立前者並未在過程中受到「汙染」。此外，在解釋所發現之現象，研究者也被禁止使用具有價值色彩的語言，而僅能就所發現加以陳述。影響所及，教育領域中的倫理與價值命題即被排除於外，因為它們無法被實質驗證，也不符價值中立的原則。

4. 偏向統計量化的研究型式：邏輯實證論的基本主張，乃在使用客觀的型式，研究可被觀察的現象。實務上，邏輯實證論之研究方法並不等於量化研究；事實上，不少反邏輯實證論之學者也採用統計分析。然而，基於精確與可測量之訴求，統計量化型式之研究，自然成爲邏輯實證論學者的首要選擇。二十世紀，統計學之進步一日千里，其利用電腦之快速處理，號稱可將數值分析推至於極限。此外，如樣本隨機分派之技術，大量調查資料的精確計算，均符合邏輯實證論的口味（如精確性與客觀性）；因此，量化研究即成爲最普遍的型式，此在歐美地區之相關研究中均得到證實。詳細說明請參閱第六章。

茲舉一例說明。若一位研究者想要探討「小班教學是否能增進學校表現績效」之課題，並採用以邏輯實證論爲主的方法論。則首先必須建立基本假設。其內容來源或由以往文獻，或由平日之觀察得知。假定其認爲小班教學能增進學校效能，就必須進一步蒐集證據驗證之，在此之前，其理念不過只是一種「宣稱」（claim）而已。爲求精確，操作型定義在所難免。研究者首先定義小班，將之設定爲「每班三十人以下之學校」。學校效能則以學生升學率，教師遷調次數、教師工作滿意度、與中輟學生比例等指標爲標準。以上指標均可由問卷、既有資料、與觀察中得知。前已說明，邏輯實證論並不等於量化走向，但多半以其爲主調。研究者也許將研究期限定爲兩年，其後分析比較實施小班教學之學校與未實施學校之比較，最後以統計分析做出最後的結論。由於資源有限，研究者不能以全部母群體（臺灣地區之小學）爲研究對象，但其相信經由統計隨機抽樣之技術，如果所有觀察之實施小班教學之樣本學校，有較佳之學校效能，則推論至母群體的正確機會，即使不能達到100%，但其被否定的機率必定較小，此即爲假設演繹法之應用。此外，研究者所做之結論，必須植基於其所界定的變項上，例如研究對「潛在課程」（hidden curriculum）並無觸及，所謂之學校績效則僅限於所定義的四個變項。

綜而言之，以邏輯實證論爲主要研究方法的理論運動，對於教育行政理

論發展帶來以下優點與貢獻：

　　1. 教育行政研究領域藉此建立一個嚴謹的知識生產規則來做為專業化的知識基礎，而最終能給予學校、官僚體系、教學、領導、與組織設計等方面適用的普遍化原則，並使用判斷性要求來確定這些真理，這樣就能不斷的發現更多現象（例如社會系統的行為）的普遍性原則。

　　2. 研究成果可以立即拿來使用，因為成果往往是經過實驗證明是最有效能達成目標的途徑。

　　3. 在決策方面，提供了科學化的決策途徑。

　　4. 在教育計畫方面，提供了教育發展的計畫模式及量化指標。

　　5. 在教育政策分析方面，建構了許多種政策評估的模式及理論。

　　在另一方面，雖然邏輯實證論幫助教育行政學術建構出豐富的知識體系，並使教育行政學成為一門應用科學。然而其後有關方法論發展及改革動向則顯示實證研究引發的問題與爭議，已受到相當程度的重視與認知，特別是其所建構的知識運用在教育實踐時，產生了許多問題，使得教育行政品質下降。部分學者深信這些問題乃源於邏輯實證論，並開始指陳其缺失。

參、後實證論的興起

　　有關實證論與反實證論之間的爭辯，早在1940年代就在國際方法論舞臺上展開。反實證論者將矛頭一致指向邏輯實證論，並對其做出嚴厲的指責與非難，認為邏輯實證論不當的方法論宰制，已導致科學沙文主義，造成學術研究迫害的不幸事件。而且，邏輯實證論過分憑藉感官經驗，忽視了非感官經驗的存在，其方法論在應用上只重視因果關係的預測與評估，卻忽略了互為因果、多元關聯的存在，實是窄化了實體的圖像。此外，教育行政學是否為一門應用科學，也是爭議所在。科學哲學研究領域中，對邏輯實證論提出許多建設性的批判性主張。

　　首先，在自然科學哲學方面，K. Popper（巴柏）、T. Kuhn（孔恩）、

P. Feyerabend（費若本）等學者對實證論的批判，使得實證論不得不退出方法論霸主的寶座。Popper認爲實證論所強調的證實原則根本無法證實一個命題，科學應從「否證論」（falsificatism）來進行實體探究。Kuhn持相對主義的立場，提出典範之間的「不可共量性」（incommensurability，大陸地區則翻爲不可通約性）存在，認爲典範之間具相對性與不可比較性。Feyerabend則持多元主義的立場，主張方法論上的多元證成模式。這些主張使得一個重要的觀點加速蔓延：研究者不應再囿於基礎主義，把科學歸結爲齊一的規則和程序，而應把科學的關懷從方法轉移至其實踐面；而且科學研究深具相對性格，單一典範只會阻礙了實體的逼近。學術界統稱此爲後實證論觀點（views of postpositivism）。

反實證論觀點以後實證論與後現代主義做爲代表，他們反對理論之間的革命乃具逐漸累積性的觀點。換言之，他們反對邏輯實證論的基礎主義，認爲知識乃是臆測的（conjectural），而其根據乃在目前我們所得到的最強證據（即使不是無瑕的）。對於基礎主義主張知識乃有一穩固的基礎，後實證觀點加以駁斥。他們認爲在人類歷史中，知識往往在解構與重塑的過程中形成。基於目前所能得到的證據，學者推翻以往認爲顚撲不破的理論，加以重塑而形成新的知識與理論。例如十九世紀的天文學家相信只有七個行星繞行太陽，但後來卻屢次修正（例如二十世紀成爲九大行星，之後冥王星又被排除）。如果用非基礎主義的觀點來敘述，其所產生的爭議應該較少。

簡言之，非基礎主義認爲知識之形成乃是依情境的（circumstantial），而非絕對的。因此，只要現有之證據能支持，在單一時空中，特定知識雖是成立，但非永恆不變。後實證論學者Phillips and Burbules（2000）曾以心理學家Kohlberg（郭爾保）的道德發展理論爲例，說明非基礎主義的觀點。Kohlberg仿效Piaget（皮亞傑），將人類對道德理念與思考的過程分爲六至七個階段。其所用的方法包括晤談、測驗等方式。當時心理界與教育界無不受之影響而奉爲聖經。但其後之證據，卻打擊了Kohlberg理論的正確性。例如Carol Gilligan（Kohlberg的同事）發現當時Kohlberg在做實驗時，並未加入女性樣本，而她的證據卻說明了女性的道德發展異於男性。換言之，

Kohlberg理論可能只適用於男性，而非超越性別。Gilligan的實驗激發了其他對Kohlberg理論的挑戰。此一實例呼應了Popper（1968）的說法，研究者所得之資料並非絕對權威。不同的樣本、實驗、實測程序均可能挑戰既有的定理。研究者不應迷戀有恆眞的知識存在，因爲只要有新的論證出現，既有知識基礎隨時有崩塌之危險。

檢視後實證觀念興起的背景，本世紀所發展出來的相對論（relativism）、量子力學（quantum mechanics）與非線性理論（nonlinear theory）實是重大功臣，這些理論給予從Newton以來的傳統直線物理學觀予以抨擊，使人類開始反省與覺悟理性主義所構思的理性藍圖是無法實現的。宇宙世界的複雜性與不確定性，實遠超過人類的想像，宇宙並非牛頓力學理論所想像的那麼單純。尤其1980年代所提出的非線性理論，更說明了世界中充滿了偶然性、隨機性以及無限可能性。著名的數學家兼物理學家Henri Poincare早在1902年所發表的〈科學與假說〉（Science and Hypothesis）一文中即指出：人類對於宇宙中之奧秘能夠瞭解的部分實際上相當有限。在討論機率論與物理學現象時，Poincare更指出現象的不可預測性。他以爲任何的預測是爲猜測，若其後的情況符合了預測，則人們會說這些現象是服從定律的。可惜，複雜的現象層出不窮，起始條件的微小差別所能造成的巨大誤差，常使預測功敗垂成。

檢視現象學（phenomenology）、批判理論（critical theory）到毀譽參半的後現代主義（postmodernism），皆強調主體性與主觀經驗的重要性，反對科學的客觀性與超然立場。現象學鼻祖Edmund Husserl（胡賽爾）在其名著《歐洲科學危機和超越現象》（*The crisis of European Sciences and Transcendental Philosophy*）中指出，歐洲人文科學長期以來受到錯誤哲學觀念的指導，這些觀念即包括了實證論。批判理論學者J. Habermas（哈伯馬斯）則指出自十九世紀後半葉以來，隨著實證論的崛起，哲學家對知識的批判反省能力已變得極端狹隘，因此他提出所謂的認知興趣（cognitive interest），希望藉此發展出廣闊的認識論架構以抗衡實證論、科學主義與客觀主義（Habermas, 1971）。後現代主義者則採取更爲極端的方式，堅持相對

性法則的意義，反對現代主義（modernism）的經驗分析與規則。這些批判的新思潮同時對教育行政研究產生重要的影響，也隨著自然科學理論與哲學思潮的轉向，教育行政研究的單一實證主張才逐漸退出主流，多元典範觀點在後實證時期逐漸被研究者所重視。

由於受到社會科學方法論典範轉移之影響，教育行政研究領域也出現數位倡行方法論改革的主要學者，其中包括T. B. Greenfield（格林菲德）、R. Bates（貝茨）、C. Hodgkinson（霍金森）等學者。其受到後實證論觀點的影響，深覺教育行政研究不宜再由單一的實證典範所獨占，而應該使用多元的研究取向與典範，以利於教育行政發展的知識基礎能真正貢獻於教育行政與管理實務，以開啓教育行政研究的新格局。

綜合相關文獻，學者發現依單一典範（即邏輯實證論）為基礎的教育行政研究引發以下三項主要問題：

1. 造成人們對教育行政研究的誤解，甚至誤以為實證研究才是科學，非實證之研究受到排斥。
2. 單一證成研究模式由於缺乏多元變異與自由選擇的空間，反而對教育行政學術的進步造成阻礙。
3. 為落實實證過程的客觀性要求，分離了價值（value）與事實（fact），反而導致根本而重要的教育價值研究長期受到忽視。

關於教育行政研究之實證論與後實證論之間的爭辯自1970年代開始頻頻在西方著名的教育行政與方法論學術期刊（例如：Educational Administration Quarterly、Educational Administration and Management、Journal of Educational Administration）引發筆戰。其對研究方法之影響，深受到教育行政領域學者的關注（Evers & Lakomski, 1996a; Hoy, 1994; Hoy & Miskel, 2007; Owens, 1982, 1987; Owens & Valesky, 2010）。

綜上所述，二十世紀初各學門研究方法論均一面倒向邏輯實證論，一切研究講求理性的研究公式、可檢證性、與客觀性。然而，社會科學畢竟不

同於自然科學，由於其無法全面解決人類複雜的問題，使得單一典範的科學研究遭受強烈的質疑與杯葛。當時，世界觀主義者提出了許多證據來反對實證論。Kuhn將其觀點撰寫成《科學革命的結構》（*The Structure of Scientific Revolution*）一書，在其提出「典範」（paradigm）這個概念之後，研究界開始邁入所謂的「後實證科學」（postpositivistic science）。基本上，後實證論者並非完全否定實證論所發展出來的方法與成就，而是提出「多元典範」的觀念。他們瞭解到科學進步的歷史性與實證論「否定一切非感官經驗爲非科學」的謬誤想法，因而開創了新的研究取向。以下就後實證論中對教育行政研究者有重大影響之觀點加以簡述：

一、主觀主義（subjectivism）

興起於1960年代的反實證論思潮，其主張與當時之客觀主義背道而馳。強調研究過程中的主觀色彩。在教育行政領域，主觀主義在1970年代後才嶄露頭角，主要由加拿大學者Thomas Greenfield積極倡導。其攻擊「實證科學」的知識基礎建構過於窄化，並指陳實證論所排除之價值、情感、與倫理層面，皆爲教育行政研究極爲重要的部分。持主觀主義思維者也偏好使用質性方法來進行研究。

二、批判理論（critical theory）

批判理論乃是在後實證論理念影響下所產生的重要新興典範，主要代表人物有R. Bates、W. Foster、J. Habermas等人。研究焦點置於教育行政中的權力、控制、與操控等層面的議題。教育行政學中的批判理論由於立論基礎的不同而可細分爲兩種不同取向：其一爲Habermas式的批判理論，其批判的重點在於揭發社會中意識型態與文化再製（cultural reproduction）的眞相，喚醒自由意識、以解放受宰制的個體，並力陳理想溝通情境建立的必要性；其二爲Adorno式的批判理論，其倡導行政本身的自覺（self-awareness）與行政事務、環境脈絡的關係，並主張教育行政學術中，科學概念與人文關懷的整合。

三、人文主義（humanism）

教育行政方法論中的人文主義主要推行者為C. Hodgkinson。其指出過去之行政活動或理論，往往忽略了哲學思維是相當不智的，並堅持行政理論的建立過程中，哲學永遠是扮演重要的角色。理論上，人文主義強調教育行政學為一門人文科學，實務上則重視行政行為價值與倫理的重建。

四、自然論（naturalistic paradigm）

自然論是由E. G. Guba 與Y. S. Lincoln兩人所共同倡導，其立論之基礎假設與傳統之實證典範背道而馳，因此被認為是足與實證論相抗衡的重要研究方法典範。依Lincoln的說法，自然論主要認為研究不應在強調人為設計、實驗設計的背景下來進行，而應於自然的環境中進行。自然論假定了實體是多元存在的，因此它反對傳統理論中「絕對客觀」的主張。其打破價值中立性的神話，研究者無論在選擇問題、選擇典範中，都是深受個人價值所影響（value bound）。在方法上，自然論偏愛「扎根理論」（grounded theory）與個案研究法（case study）。

五、文化理論（culture theory）

此典範產生於1980年代。主要代表人物為T. J. Sergiovanni。立論基礎源於詮釋學（hermeneutics）、文化人類學（cultural anthropology）、主觀主義（subjectivism）、與現象學（phenomenology），主要是為了對過去的教育行政研究實證典範中，過於強調客觀性的方法論進行批判。在方法論上採取了瞭解（understanding）或理解（verstehen）的方法。他們相信運用此方

法有助於測得人類主觀想法與意義創造的背後意涵。因此文化理論的重點不在觀察表象，而是探究現象產生的背後因素。文化典範主要將焦點置於價值、文化、符號、與隱喻（metaphor）等層面。

六、連貫論（coherentism）

興起於1980年代末，由澳洲教育行政學者C. W. Evers與G. Lakomski所提倡。由於過去多元典範時期中部分觀點（例如主觀主義、詮釋學）高估了個人主觀看法的意義，為避免學術流於非理性的對話，阻礙了學術的進步，遂有統合觀點（unity thesis）的出現。連貫論即以統合觀點做為基礎，極力反對學術中的各說各話與意氣之爭，而是希望發展出證成理論優劣之指標，以做為理論選擇的重要參考。其所謂的外於經驗的指標包括一致性（consistency）、簡易性（simplicity）、包容性（comprehensiveness）、解釋統一性（unity of explanation）、可學習性（learnability）、生產力（fecundity）等六項。

七、女性主義（feminism）

興起於1970年代的女性主義係受到批判理論的影響而產生。其焦點在探討女性在工作職位生涯發展上的障礙，以揭發現代社會中兩性不平等的事實。女性主義從性別、職業、薪資等層面出發，要求兩性在社會上的平等，並積極呼籲摒除一般人對女性所存有的意識型態。

肆、後現代主義的崛起

後現代主義是興起於1970年代末的另一股哲學思潮，以反基礎、反方法、反中心等觀念為口號，企圖摧毀現代化過程所建構的一切理論與方法。代表人物主要為M. Foucault（傅柯）、R. Rorty（羅逖）、J. F. Lyotard（李歐塔）、J. Derrida（德希達）等大師，他們指出理性和經驗的侷限性已封閉

了科學知識的有效性，並質疑理性（實證）主義與科學主義的無上權威。他們認爲任何單一的最佳理性途徑是不可能的，因爲價值中立只是虛幻。在思想上呈現了激烈的思想轉換，並以「解構」做爲重建的途徑。

後現代主義較後實證論更具多元主義的色彩，主張典範之間能並行不悖，反對主流理論的建構。從方法論的觀點而言，後現代主義拋棄了對客觀的追求。換言之，世間並無絕對不變的「眞理」，知識只是建構在不同時空中而已，並各因其對實體觀念之不同而有所變異。1970年代所出現的「非線性動態系統理論」（nonlinear dynamic system theory），即對自然科學中Newton的直線機械觀進行挑戰，揭示系統中的隨機性，絕非如以往認爲科學乃線性且完全可預測的。後現代主義所強調之反基礎主義，反決定論、反還原論、反權威論，皆與以往傳統的研究理念大異其趣，令人目不暇給。

直到1980年代末期，教育行政領域才漸受到後現代主義的影響，但因時間不長，至今仍未有顯著之方法論建構。綜而言之，後現代主義過人之處乃在其對傳統理念的顚覆，但由於其對知識累積與證成的否認，無異落入Feyerabend所謂「怎麼都行」的黑洞中，很難如實證論與後實證論一樣的能建立具體的方法論（也許後現代主義根本就不想建立），容易形成學術的無政府主義。不過部分理論（如混沌理論）由於意念較爲明確，其主張如重視起始效果、組織爲耗散結構等，對教育行政組織之分析有其一定啓示與應用。相關派別之主張簡述如下：

1. 後結構主義（**post-structuralism**）：主要以Foucault、Lyotard、與Derrida等人爲代表、以解構（deconstruction）與反結構爲中心思想的一股歐陸思潮。具體而言，後結構主義之意旨在瓦解各種規律性之認知模式所隱含的僵化和理性宰制的危機。其對於直線演進的歷史觀提出駁斥，認爲傳統研究觀點多侷限於因果邏輯，而忽略了歷史不連續的一面。

2. 新實用主義（**neo-pragmatism**）：由美國哲學大師Rorty所提出，基本上認爲認識論不應受一個外在的必然性所支配，主張任何認識的起點都是偶然的、歷史性的，因而應該從結果方面而不是原因方面來考察人類的知

識。再者，新實用主義否定了客觀性基礎的存在，而是以實用性與倫理價值做為基礎。因此，所謂的真理只是人的一種信念和價值。

3. 激進女性主義（**radical feminism**）：女性主義到了1990年代後，由於受到後現代主義（特別是後結構主義）的影響，從早期僅從性別與職位兩大面向對兩性平權的防禦性訴求，轉而對男性沙文主義的強烈批判，主張女性的徹底解放，學界統稱其為激進女性主義。在研究上，其主張研究者應運用女性樣本為主。在方法論上偏愛以受試者為主體的文本研究。

4. 非線性系統理論（**nonlinear system theory**）：或稱混沌理論（chaos theory），強調自然規律背後所隱藏存在的不確定性（uncertainty）與隨機性（randomness）。非線性系統理論指出：初始狀態一旦無法掌握好，則將引發不可收拾的殘局，亦即所謂的「蝴蝶效應」（butterfly effect）。在實務上，其重視回饋機制對組織系統的影響。

第二節　教育行政研究之證成模式

　　從知識論的觀點而言，教育行政各種研究方法雖各有特定主張，但其差異卻多聚焦於證成模式之不同。以下即以歷史發展的角度，敘述分析不同證成模式時期的研究典範與主張，最後並簡述本書之主要探討議題，以供讀者在閱讀時有所瞭解。

壹、三大證成模式之發展

　　由文獻分析中發現，二十世紀以降，教育行政的理論發展情形有其一定之脈絡，此可以從教育行政典範變遷的過程尋得。基本上，教育行政研究領域在二十世紀分別受邏輯實證論、後實證論、與後現代主義之影響，其間各典範主張雖有不同，但大致符合澳洲學者Evers and Lakomski（1996a）所主張之教育行政典範三階段論（參見圖1-1），茲分述如下：

1930	1970	1990
單一證成模式	多元證成模式	無證成模式
邏輯實證論	後實證論	後現代主義
調查法	批判觀點	文本分析
實驗法	人種誌研究	個案研究
統計量化分析	觀察法	論述法
	訪問法	生命傳記

作者按：圖中有關不同證成模式時期之時間劃分僅供參考，事實上三大證成模式發展至
　　　　今，已產生了共存的現象。

圖 1-1　教育行政典範變遷圖

一、單一證成模式時期

　　時間上大致上從1930至1970年代，尤其在1950年代教育行政研究因為「理論運動」的興起而陷入科學化的熱潮。科學化的過程即在瞭解我們生活的世界與其運作，並描述感官所看到的現象。簡單來說，是將科學的方法用在教育行政研究中。此時期普遍視教育行政為一門科學，並採用實證論的認識論立場，認為觀察與理論間可以相互獨立。在方法論上採取量化研究，並認為知識的證成（justification）僅具單一標準，研究的目的在於建立可以被普遍運用的法則與定理。此時期強調客觀性，因而排除了一切主觀因素（如價值、倫理），至今教育行政研究領域中，單一證成模式仍被普遍使用而深具影響力。

二、多元證成模式時期

此時期由於Kuhn的「典範學說」、Feyerabend的「多元主義方法論」、批判詮釋學的文化霸權（cultural hegemony）與社會再製（social re-production）等觀點的提出，深切影響原先以單一典範證成模式為格局的教育行政研究，學者如Greenfield、Hodgkinson紛紛指出教育行政知識的證成應具有多重標準，因為單一證成模式只會造成觀點的獨斷，阻礙學術的進步。另外，他們也指出觀察無法脫離理論，因為任何的觀察都深具理論依賴性。多元證成模式時期認為研究方法應採取多元主義的觀點，強調量化與質性取向並重。此時期之學者視教育行政為一門藝術，由於實證典範在研究上的諸多缺失與偏限，此時期主張將相對於實證典範的質性典範填補進來。多元證成模式時期自1970年代開始興盛，在研究上強調多元方法與多元實體，強調不同觀點之間應進行相互尊重的對話，認為沒有一個理論可以被視為是世上某種現象的「再現」（representation）。實體之一部分雖由再現本身所構成，但無可否認其具有主觀的特質。而且，由於世界存在多元實體，運用不同方法進行實體探究，被認為是較為正確的研究態度。

三、無證成模式時期

第二階段晚期的發展中，部分學者受到方法論上後現代主義的影響（包括Foucault、Lyotard、Derrida、Rorty等學者思想），主張世上根本「沒有真理」可言，任何再現與實體都是不存在的，未來研究也極難從任何證成模式進行理論驗證與比較。後現代主義從消極角度來看待相對主義，在教育行政上主張放棄任何既有的證成模式。然而，後現代主義學者對於基礎主義的攻擊，不但消滅了較佳的證成模式（preferred method of justifi-cation）出現的可能性，整體而言也會消滅「證成」這個概念。影響所及，最後將使得「理論是實體再現」（a theory as a representation of something real）的想法被破壞的蕩然無存，任何研究都將失去意義與目標，因而引起

部分學者之批評。

本書以下即根據邏輯實證論、後實證論、與後現代主義三個典範之歷史發展階段來做為分析架構，分析自本世紀以來，教育行政研究之典範變遷情形，其中也納入教育行政學者針對典範變遷過程中的獨特見解，包括Greenfield的主觀主義、Hodgkinson 的人文主義、Evers and Lakomski的連貫論、Sergiovanni的文化理論等。

表1-1中所列三大典範之主要學說，均將在本書中分章節加以詳述。由於並非教育哲學專書，對於部分未對教育行政方法論造成顯著影響的學說僅簡述之，重點乃置於三大典範對研究方法論的獨特見解。在此要強調的是，實證論雖受到極大攻擊，但至今仍具有顯著影響力，並非完全失勢。三大典範未來必須要經過溝通與對話，才能發展最適合教育行政研究之方法，三者關係，請參見圖1-2。

表 1-1　教育行政方法論三大典範之主要主張與影響

	邏輯實證論	後實證論	後現代主義
證成模式	單一證成模式	多元證成模式	無證成模式
理論基礎與派別	經驗主義、理性主義、科學主義	主觀主義、人文主義、自然論、連貫論、文化理論、批判理論、女性主義	後結構主義、新實用主義、非線性系統理論、激進女性主義
對客觀實體的看法	世界存在唯一、客觀的實體，研究的目的即在尋得永恆性規律。	世界上存在著多元的實體，不同角度的觀察將發現不同的實體。	世界上不存在著任何客觀實體，即使有也是永不可得的追尋。
基本主張	1. 科學主義 2. 化約主義 3. 基礎主義 4. 客觀主義 5. 決定論	1. 多元主義 2. 主觀主義 3. 反再現主義	1. 反化約主義 2. 反基礎主義 3. 反決定論 4. 反還原論 5. 去中心化 6. 反權威論
研究取向	實驗法、調查法	批判性觀點、人種誌研究、觀察法、訪談法	文本分析、個案研究、生命傳記

（續上表）

在研究方法論上的主張	1. 採用操作型定義。 2. 堅持價值中立，研究者之客觀性知識法則化，且可重複驗證。 3. 採用假設驗證型式，以實驗法為主要方法。 4. 觀察與理論間可以相互獨立。	1. 操作型定義的拘泥形式對實體的探尋效果有限，主張採取多元的研究取向，包括自然取向、批判取向、文化取向、連貫取向等來瞭解現象。 2. 肯定主觀性對於研究的影響是不可避免的，應重視實驗室以外的社會脈絡。 3. 採用彈性的實地觀察與訪談，以觀察法與訪談法為主要方法。 4. 觀察與理論間無法相互獨立。	1. 任何的研究型式都可以被接受，主張「什麼都行」（anything goes）。 2. 知識是主觀的、變易的，價值中立性根本是謬論。任何的研究都是主觀的。 3. 採用激進的解構研究型式，反對客觀性的堅持，追求多元詮釋的論述與文本分析，重視研究者操弄語言的事實。 4. 研究過程重視個體之主觀認知與詮釋。
對教育行政研究之影響	1. 研究結果必須能由特殊推演出普遍邏輯，以做最廣泛的應用。 2. 教育行政研究為應用科學的研究，排除任何主觀因素並企圖建立嚴謹的知識架構。 3. 所有觀察與理論建立，旨在提供普遍性原則。 4. 任何的研究若不具實證性資料，不按照假設演繹的步驟進行，則被強烈指為不具價值。	1. 研究者不再執著於普遍性結果的框架，特殊的個體研究受到重視。 2. 教育行政研究內容複雜，屬社會科學，知識需靠多元的方法來共同生產。 3. 觀察與理論的建立，旨在尋求更好的解釋，追求新批判。 4. 除了實證性的研究外，其他類型的研究也具有同等價值。	1. 個體特殊性才是研究的重點，反對大型論述的建構，重視批判與解構。 2. 教育行政研究不需任何的知識生產架構，也無法產生客觀的驗證指標以判定知識的優劣。 3. 反對理論的建立，任何的研究與觀察，旨在對特殊現象進行解釋。 4. 任何研究都具有其獨特價值。

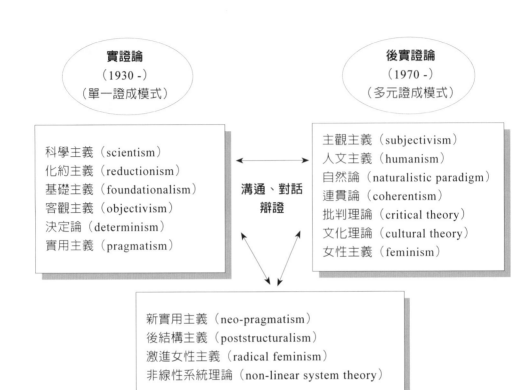

圖 1-2　三大研究典範之對話

貳、本書主要探討議題

　　本書之焦點乃在對教育行政領域方法論之探討，主要針對國外著名期刊第一手資料的整理，以瞭解當前學界在教育行政方法論主張上的趨勢，並進一步分析當前新興研究典範之發展情形，冀望對華人地區教育行政研究領域

能達到「他山之石，可以攻錯」的目標。本書廣泛蒐集相關學者對於教育行政理論發展中不同典範的闡述、分析、與建設性觀點，以瞭解相關教育行政研究辯證性對話的全貌。其中尤其重視典範與理論之分析，並大量引用相關專書與論文，進一步分析其內容與理論觀點，以做為分析之主要依據。本書亦從理論與實務的角度，對各典範與學派辯論進行分析，探討教育行政領域未來發展的趨勢。基本上，本書之主要探討議題如下：

1. 探討早期邏輯實證論對教育行政研究方法論的影響，以及教育行政領域之「理論運動」興起始末與基本主張。
2. 探討後實證論與後現代主義興起始末以及其所持之基本觀點。
3. 瞭解教育行政方法論中後實證論之方法論觀點，並分析其所發展之相關研究典範以及對教育行政研究之影響。
4. 探討在單一典範時期教育行政研究所產生的問題，以及在多元典範時期，各教育行政研究典範之爭辯焦點。
5. 探討在後實證論與後現代主義的衝擊下，教育行政研究方法論未來發展所面臨的問題與趨勢。
6. 探討華人地區與西方各國在教育行政相關研究中，所主張使用的方法論典範，以及在實務上所產生的爭辯與問題。

綜上所述，教育行政典範演變主要可分成三大時期，各時期的發展雖有先後順序，但在現今的方法論發展上卻形成了三者間爭辯的局勢。支持單一典範的實證傳統勢力已經逐漸轉弱，取而代之的為主張多元典範的後實證觀點。然而，正當兩者進行對話、辯證、與溝通之際，隱藏在背後尚未具體成形的後現代主義觀點，卻試圖摧毀兩者努力所建構的方法論基礎，而以一種無證成模式來取代之。本書即從歷史脈絡出發，探討教育行政典範變遷之過程。書中第二章探討邏輯實證典範之發展過程與教育行政理論運動；第三章瞭解後實證論興起的背景與對教育行政方法論之影響；第四章針對後實證論之各個研究觀點進行論述；第五章則對後現代主義方法論在教育行政研

究上之發展加以探討，由於其論點較具爭議性，部分學者甚至認爲其在教育行政研究中，已有逐漸沒落之趨勢（Evers & Lakomski, 1996b; Willower, 1996），故本書僅對其做簡要敘述。本書第六章則敘述當前教育行政典範之爭辯課題與焦點，經由文獻分析的發現，分析華人地區與西方各國教育行政研究之發展趨勢；並提出建議以做爲教育行政未來研究發展之參考。

　　教育行政研究範式與方法論牽涉甚廣，此由本章導讀之內容即可看出。讀者面對傾巢而出的相關哲學名詞，多有避之唯恐不及之感。然而，只要多費一點心思，即可瞭解不同研究範式之主張與訴求。本章只是概略描述，讀者閱讀之後章節內容再回頭檢視本章之導讀，應能更加瞭解其中之脈絡。以下我們將分別敘述各種研究典範與方法論觀點，希望能爲讀者提供當今教育行政研究的清楚圖像。

第二章

邏輯實證論與教育
行政理論運動

> ● 命題是否正確，則必須將其直接與經驗
> 　（事實）作比較，或是與具實證性推理的
> 　命題進行比較後才能得知。
>
> 　　　　　　　　　　　　　　　～H. A. Simon

　　教育行政領域學者借用邏輯實證論的主張推動理論運動，而使相關研究進入所謂的單一典範時期。其泛指科學家普遍相信世界確實存在客觀的單一實體，且以客觀與價值中立的態度來進行研究之時期。方法上偏好實驗法，視研究結果爲預測與控制之根據，研究最終目的在建立普遍法則。其思想源頭始於興起於自然科學研究之科學主義（scientism）。

　　理性主義自十六世紀開始發展，之後由於大型理論（meta-theory）[1]的建立發展產生巨大肯定與影響（如牛頓之學說），致使知識論開始形成所謂的科學主義，並在十九世紀末之後，進一步發展成爲傾向實證論的研究典範。在此典範下，研究者普遍認爲一切的研究（無論是自然科學、社會科學、甚至是人文科學）都應採用所謂的「科學方法」才能使研究結果令人信服，並也利於學科基礎的建立。因此，其在方法論上強調假設的驗證。

　　科學主義在二十世紀上半葉，席捲歐美先進國家，進而成爲當時全球學術界的顯學。在此潮流下，教育研究自也無法倖免，紛紛陷入實證論的漩渦之中。影響所及，教育行政研究在1950年代開始，幾乎完全陷入單一典範（邏輯實證論）的研究模式當中，當時教育行政領域所發起的「理論運動」即倡導教育行政研究的科學化。關於理論科學觀點在教育行政中之發展，請參考表2-1（Culbertson, 1988）。

1　大型理論即物理學上所指具系統性、一致性、內容相互連貫的理論，例如Copernicus（哥白尼）的太陽中心論、Newton的直線物理學觀、以及Einstein的相對論等。

表 2-1　教育行政科學觀點的來源與傳介者一覽表

年代	概念之創始人	科學觀點	採用者與傳介者
1875-1900	Plato, Aristotle, Hegel	思辨的	Payne, Harris
1901-1925	Comte, Spencer	實證的	Rice
1926-1950	Dewey	實用的、實證的	Dewey
1951-1966	維也納學圈	邏輯實證的	Halpin, Getzels, Griffiths
1967-	Kuhn, Feyerabend, Husserl 法蘭克福學派 Gadamer, Taylor, Evers & Lakomski	後實證論的 現象學的 批判的 文化的 連貫的	Hodgkinson Greenfield Bates, Foster Sergiovanni Evers & Lakomski

資料來源：修改自 A century's quest for a knowledge base (p.21), J. A. Culbertson, 1988. In N. J. Boyan (Ed.), *Handbook of research on educational administration*, New York: Longman.

　　本章目的在回顧教育行政方法論早期的歷史發展，以瞭解其如何受到實證論與邏輯實證論的影響。本章共分五節。第一節針對實證論的歷史演進與其意涵進行論述，包括對A. Comte（孔德）、J. Mill（米爾）、Spencer（史賓塞）等實證論思想發展進行探討；第二節則著重分析邏輯實證論對教育行政理論發展之影響情形；第三節對教育行政實證典範方法論進行論述，包括對H. Feigl、D. Griffiths、H. Simon的教育行政方法觀點進行介紹；第四節則針對教育行政科學化的特徵與理論建立過程進行論述；第五節為本章小結，為前四節的綜合分析。

第一節　邏輯實證論的歷史發展

壹、社會科學的實證論源頭

　　實證論之源頭為科學主義，科學主義強調自然科學是唯一具真理價值的

知識，且認為自然科學是解決人世間所有問題的鑰匙，此思想即為實證論之基本信念。實證論的早期發展主要基於Comte、Mill、與Spencer等多位學者的大力研究，以下簡述之。

一、Comte 之主張

在社會科學方面，實證觀點首先出現在法國社會學之父Comte於1853年所發表的《實證哲學》（*The Positivist Philosophy*）一書中。Comte的思想主要受到當時法國烏托邦主義者Saint Simon[2]的影響。其認為社會的現象與物理的現象相似，可把它們蒐集、歸納成為各種法則或一種科學，其在1830年撰寫《實證哲學的陳述》（*The Course in Positivist Philosophy*），書中提及「……這個方法，確確實實是科學的方法；由於這個屬於普遍觀念之存在的使用，科學得以具有確定與實證的特徵……」，「實證」一詞乃首見於此。後來Comte進一步指出所謂「實證」之意義，具有真實的（real）、有用的（useful）、確定的（certain）、精確的（precise）、有機的（organic）、相對的（relative）等六種意涵。然而Comte並未對於各名詞做更仔細與深入的內涵分析（孫中興，1993，p.206）。

在社會學研究方面，Comte指出社會問題應遵照科學的指示，透過對可觀察的資料進行驗證，並尋求建立現象之間關係的定律或法則。在他的實證論研究的要點中，主張兩個現象之間的關係是允許加以解釋及預測的（樊秀惠，1998）。W. Durant對Comte的實證思想有相當詳細的論述：

> ……Comte將各種科學，依據材料的簡單性與概括性遞減的原則，排成下列次序：首為數學，它的內容最為簡單，性質又最為概括，次為天文學、物理學、化學、生物學與社會學。社會學居

2　Saint Simon為烏托邦主義者。在思想上將物理現象與社會現象視為相似物，認為社會現象也可以以科學方法進行蒐集、歸納成各種法則。此種思想深深地影響了Comte。

各種科學的最高點，其他學科所以有價值，就是因爲它們能夠輔助社會科學。而各種科學發展的程序，也都依照這種等級向前推進。複雜的社會現象，經過長時期的徬徨後，也必須聽從科學的命令，並沿用科學的方法。歷史學家觀察思想發展的程序，離不開三大過程的法則：第一期爲神學的過程，凡是遇到新奇的問題，都用神來解釋了事，所以他們把眾星看爲諸神，或諸神的交通工具；到了第二期乃用形上學來解釋同一對象，這叫做形上學的過程。例如他們解釋眾星循環的事實，就說圓形是最完全的圖形；經過形上學的過程，就進入實證時期，這時對事物的解釋，都以科學爲依歸，特別注重正確的觀察、合理的假設與適當的實驗。……人類在形上學期間進步非常遲緩，如今時機一到，必定要把一切玄學的敗類趕出門外，讓它們在門外呼喊。哲學應該與科學沒有什麼不同，它可以調節各種科學，且應以改進人類的生活爲重要目標……。（陳文林譯，1994，p.340）

由以上的敘述發現，Comte的思想已建立了具體的實證論中心思想，強調任何有意義的命題（或是定義），皆可以被證實或推翻。

二、Mill 之主張

Comte的思想隨後流傳到英國，深深影響Mill。他同時繼承了Comte的思想，反對形上學，強調經驗事實。其哲學思想，另一方面也承襲了經驗主義的傳統，強調以心理學與邏輯學做爲理論基礎。從心理學而言，由於人類的經驗聯想，對於自然現象前後出現的齊一性，形成一種永恆存在的因果關係，所以他主張這種齊一性或規律性是存在於人類的經驗當中。基於這種經驗的累積，所觀察到的因果關係乃是與歸納邏輯（inductive logic）密不可分，Mill特別重視歸納邏輯，反對演繹邏輯（deductive logic）（吳瓊恩，1995）。

綜言之，Mill指出一切的推理和證明抑或是真理的發現，都是由歸納法和歸納法的解釋所構成，人們一切非直觀的知識都起源於歸納。因為歸納的方法可以讓人們從已知推演未知、從經驗推論實體，進而瞭解宇宙的真相，促進科學的進步。Mill對其所謂的「歸納法」有相當具體的敘述：

……歸納法是屬於心智的一種活動，借助這種活動，我們由知道在某種或某些特殊情況下為真的東西，推斷出與前者在某些指定的方面相類似的一切情況下也為真。而為了能從某一類事物中的某個或某些事物屬性推論出該類其餘事物具有相同的屬性，就必須首先假定自然界的各類事物均有齊一性，也就是同一類事物和現象有共同的、一般的規律。沒有這點作為前提，就無法進行歸納推理。其次，推理的目標也在於發現這種齊一性。正是因為發現這種齊一性，我們才能知道同類事物具有相同的屬性。因此，假定和發現的齊一性就成了歸納推理的基本原則。……。（引自樊秀惠，1998，pp.13-14）

Mill的實證思想很明顯是希望將社會科學和自然科學之研究方法論進行統一，強調科學哲學研究之重點在於發現通則，以作為解釋和預測之用。Mill承認社會科學比自然科學更為複雜，但基於歸納法則的影響，將特殊個例推論為普遍事實，卻也是當時被學者普遍認同的態度。

Mill雖然闡明自然界的定律可由資料歸納推論而得，但並未述及理論。這是由於他視理論與「經驗一致性」（empirical uniformities）是同一事物。畢竟在他的觀點中，概念可經由直接指涉具體事物的經驗類別來界定。

基於當時的物理學成就，Mill曾指出自然現象在時空條件下，有其一致性的規律，此一假定本身即是由歸納而來，並賦予歸納法如同演繹邏輯一樣具有推論程序的必要性，只是這樣的論點在新近物理學研究中，被發現並不完全正確。

三、Spencer 之主張

　　Spencer是英國實證主義最重要的代表人物，其在1896年完成十大卷的《實證哲學大全》（*System of Synthetic Philosophy*），奠定其在英國學術界的重要地位。Spencer把宇宙分為可知界與不可知界，前者是指可用文字來描述的現象世界；後者則是指現象背後的實在界，是不可知的宇宙之謎，因此他自稱其理論是不可知論的實在論，亦即「實在」是超出人類認識的範圍，人類所能擁有的，僅是代表實在的符號而已。綜言之，Spencer迷信科學萬能，主張任何行事皆應以科學的方法與知識為基礎。

貳、邏輯實證論的歷史發展

　　基於科學界的空前成就與實證論者的大力鼓吹之下，在二十世紀的前半葉，所有的方法論幾乎籠罩在實證典範之下。當時，實證論者與講究邏輯的學者們紛紛主張將「邏輯」放入方法論中，研究目的應該以外在世界中可觀察的「事實」為主。如今，邏輯主義（logicism）與經驗主義（empiricism）已被認為不是那麼具有可行性，但在當時卻被視為是科學研究的必要基礎。論及邏輯實證論的傳統，則必須進一步瞭解Ernst Mach（馬赫）（1838-1916）、Gottlob Grege（1848-1925）、Bertrand Russell（羅素）（1872-1970）、Ludwig Wittgenstein（維根斯坦）（1899-1951）、Rudolf Carnap（卡納普）（1891-1970）、與Hans Reichenbach（1891-1953）等人的思想，因為他們早期的貢獻，才使邏輯實證論得以順利建立。這其中尤以Carnap的思想最為重要，主要由於其成立了曾風靡學術界的「維也納學圈」（Vienna Circle）之故。

　　由於納入邏輯向度，實證論轉為邏輯實證論，主張知識是可以經一套客觀的標準來辨別真偽，而客觀實體的追求必須排除歷史與社會因素的干擾，因為這些因素存在著主觀價值，會破壞研究過程的中立性，所以價值中立性成為邏輯實證論的基本前提之一。起初，邏輯實證學派成立的真正目的並非

對方法論進行宰制，而是要徹底打垮形上學的主張。邏輯實證論者重視理論（或命題）的可驗證性（verifiability），由於形上學並沒有辦法滿足這項原則，因此他們批評形上學的討論皆爲無意義。以下僅就幾位邏輯實證論先驅之主張，進行簡要介紹。

一、Mach 的現象論思想

　　Mach乃是物理學界舉足輕重的科學家，他對相對論的提出也有部分貢獻。在方法論上，他不僅強調科學方法，主張將形上學完全排拒在哲學之外，也打算將科學（尤其是物理學）之形上學基礎完全排除。Mach的思想可以分三大方面來說明（詹志禹、吳璧純，1992）：

　　1. 感覺一元論：Mach繼承實證論的觀點，主張科學知識的認識要從經驗出發，把世界視爲感覺要素彼此間相互作用所形成的複合體，通則與科學的法則只是對感覺印象之規律或其出現的序列加以描述。超越此一描述，欲對一個客觀存在的世界加以解釋，便涉及形上學的引用，但客觀實在是不存在的，因爲依感官的判定而言，實體根本無法被察覺。哲學的討論充其數只是科學的認識論的其中一部分而已。

　　2. 思想經濟的原則：Mach認爲「科學的目的是運用思維中對事實的描寫和預測來替代經驗，或節省經驗」。其用意在於透過科學的研究，歸納結果，使得人與人之間的經驗可以相互享有，避免獨自累積經驗的麻煩。由此可見，Mach希望科學能以最精簡的語言來對事實做最佳的敘述，這點反映了化約主義（reductionism）[3]的思想。

　　3. 現象論：Mach也提出所謂的「現象論」（phenomenalism）。認爲科學應植基於感官經驗上，所謂現象背後的「實體」並不存在。現象是唯一的

3　化約主義是實證論的分支之一。其基本主張即認爲世界所有的複雜現象，皆可化約成簡單的律則與數學模式。基本上，化約論者多認爲世界上的事物皆可簡化成最簡單的形式存在。

眞實，所謂現象背後的眞相是人類想像出來的，是形上學的東西，應排除於科學之外。Mach認爲自然界就是這樣存在著，既無原因也無結果，因果關係爲心理活動的產物，人們如果想追問其間的因果，便容易引發世界或自然的本質性問題，此一形上學問題的探究不僅浪費時間，也違背了思想經濟原則。是以，Mach主張以函數關係來代替因果關係，因爲函數比較能精確地表達現象之間的關係。

綜而言之，Mach主張訊息是經由外界事物透過感官銘印在心靈上，感官經驗是客觀而可信賴的，而科學研究也應只限於感官的經驗。這些想法在現今的科學研究中，已受到極大的挑戰。因爲這些論點高估了人類的感官能力所能做的評斷，忽略人類感官錯覺存在的可能性。再者，許多無形的存在如分子、原子、電子已紛紛獲得科學實驗之證實，科學限於感官經驗研究的主張已令人無法苟同。然而，Mach所強調的感官經驗研究與對人類客觀性的追求，爲後來的邏輯實證論的建構奠定基礎。

二、邏輯實證論的早期：邏輯原子論與檢證原則

由Russell（羅素）所提出的邏輯原子論（logic atomism）對於邏輯實證論的影響，在於提供了邏輯分析與經驗論的成分，其主要針對科學知識的命題進行原子主義的邏輯分析，而Wittgenstein所提出的檢證原則（verification principle）則建立了邏輯實證論的方法論基礎。以下分述之。

(一) Russell 的邏輯原子論

Russell爲二十世紀英國大哲學家、數學家兼數理邏輯家，其與Alfred Whitehead（懷海德）[4]所合著《數學原理》（*Principia Mathematica*）一

---

[4] Whitehead是二十世紀最重要的哲學家之一。早期致力於數學邏輯的研究，晚期轉向哲學領域，專門從事理論的形上學討論。其反對自然科學將個別存在（個體）視爲可隔離、獨

書，成為邏輯分析之重要基礎。此書中將數學化約為反應「套套邏輯」（tautology）[5]，後來並成為邏輯實證論之立論基礎。羅素的哲學思想主要可歸納為以下四點（吳瓊恩，1995）：

1. 認識必須侷限於經驗的範圍，否則就成了獨斷論、形上學。
2. 新哲學任務是進行邏輯分析，即對科學的陳述進行邏輯分析。
3. 邏輯分析不能給人們任何新知識。
4. 新哲學的邏輯分析意義在於使科學陳述邏輯清晰，不致引起思想混亂和理智的迷惑。

以上四點指出Russell強調經驗認識，反對形上學的立場。他指出自Aristotle（亞里斯多德）到Hegel（黑格爾）的哲學，都充滿了意義曖昧的語言，讓人們的思考受到阻礙，因此他主張將哲學科學化。要達到此一目的，則哲學邏輯化，在所難免。

邏輯原子論對維也納學圈的發展有很深遠的影響，Russell在1960年的一段訪問中提到：

> 邏輯原子論認為要瞭解任何主題的實質途徑是分析，對某一事物不斷進行分析，直至無可分析為止，所剩下的就是邏輯原子。我把它們稱之為邏輯原子，是因為它們並不是微小的物質，而是構成事務的所謂觀念。（引自吳瓊恩，1995，p.106）

因此，所謂的邏輯原子，是為一種邏輯命題，它是根據「原子事實」的邏輯所表述的命題，而原子事實即為構成世界的原始材料，也是經驗世界的

立的、個別的客體，而忽略了個體的統一性與整體性。

5　套套邏輯即指真假決定於符號的定義，定義來自於約定俗成的邏輯知識，也就是只有形式，沒有內容，不需要實證的知識。

終極單位。物體之間所產生的一個關係即為一個「事實」，許許多多不同的「原子事實」即構成了經驗世界。一個命題若是想表達得清晰而正確的話，就必須「拷貝」（copy）或「錄製」（record）這些原子事實及其關係結構；句子的內容必須相對應於事實的組成成分，而其邏輯型式則相對應於原子事實的內在結構；因為日常用語通常是矛盾且模糊不清的，不但深具誤導性且無法精確地表達人們的想法。Russell因而認為：(1)應該創造一種理想的科學語言；(2)哲學「活動」的功能應在於澄清日常用語的混淆以及消除它所引起的誤解；(3)哲學不只是在澄清混淆，也應去發現原子事實的真正結構。

邏輯原子論所提出來的觀點，尤其是科學語言的創造與事實關係的建立等，即為邏輯實證論所推崇而奉為理論建立的目標。邏輯原子論將所有知識都表徵化，並將之化為語言。

(二) Wittgenstein 的檢證原則

Wittgenstein是Russell的學生兼好友，其名著《邏輯哲學論叢》（*Tractatus Logico-Philosophicus*）一書對邏輯實證論的發展有很大的影響，因為他所提出之檢證原則構成了邏輯實證論之理論基礎。檢證原則涉及了語言哲學，主張以檢證某一命題的方法或程序來定義該命題的意義；因此，一個句子如果無法用某種程序檢驗其為真或假，則被認為無意義。Wittgenstein的哲學主要任務即在區分有意義和無意義之命題，以建立思維合理的標準。

檢證原則的提出對於傳統形上學的傷害可想而知，那些無法驗證真偽對錯的命題，如善惡、價值、上帝等等全部被視為無意義，因為其無法通過嚴格的檢證。檢證原則後來成為邏輯實證論的重要基礎。

三、維也納學圈與邏輯實證論之興衰

邏輯實證論源於維也納學派。若追溯邏輯實證論的思想淵源，可以發現其深受Comte、Mach等人關於經驗論和實證論觀點之影響，而邏輯原子

論時期Russell與Wittgenstein所留下的理論貢獻，直接成為維也納學圈的重要基礎。邏輯實證論的發展史，大體上經歷了三個階段（張巨青、吳寅華，1994）：

（一）形成時期

在1920年代初期，邏輯實證論處於形成階段。1922年，物理學家兼科學家M. Schlick [6]到維也納大學主持「歸納科學哲學講座」，在他周圍聚集了一群科學家，包括數理邏輯家Godel、物理學家Frank等人。他們熱中於探討諸如「如何加強哲學和科學的協調性」之類的問題。

1926年，Carnap到維也納講學，隨即成為這個學圈的思想領袖。1928年，此學派的成員成立了「馬赫學會」（Ernst Mach Society），其宗旨即為「傳播並發揚科學的世界觀」。1929年，在Schlick領導之下，發動了「維也納學派：科學的世界觀」宣言。宣言中強調三大論點：

1. 把形上學當作是無意義的東西並加以排除；
2. 作為基礎的或作為普遍科學而能與經驗科學相並列或凌駕於之上的科學是不存在的；
3. 以邏輯與數字為基礎的真命題，才能檢驗真假。

（二）興盛時期

1930年代為維也納學圈鼎盛時期。此時，該學派開始出版期刊來宣揚理念，其中尤以Carnap與Reichenbach所主編的《認識》雜誌最為著名。在1931年由A. E. Blumberg與H. Feigl合寫《邏輯實證論：一個歐陸哲學的新運動》（*Logic Positivism：A New Movement in European Philosophy*）一書後，

6　Schlick為二十世紀歐洲著名之物理學家兼科學哲學家，為維也納學圈的重要功臣，1936年遭一名學生暗殺身亡。

該學派之思想引起空前的熱潮。除此之外，德國的柏林小組，波蘭的華沙小組，都是邏輯實證論之重要傳播者。

(三) 衰落時期

1936年Schlick在維也納大學的階梯上被一名學生暗殺身亡後，維也納學圈開始邁入衰落期。就外在環境而言，因為Hitler（希特勒）在德國掌權後，維也納學圈的一些成員先後遭到納粹主義的迫害，使得大部分的成員紛紛逃離歐洲，移居美國，使美國成了邏輯實證論的另一大本營。然而，在1950年代因為遭受學界各種批判、衝擊，使得學派逐漸式微。

就其思想本身而言，邏輯實證學派所強調的檢證原則也遭遇困難，綜合敘述如下：

1. 依邏輯實證論的觀念，檢證原則本身並不具認知意涵，因為它不能被經驗所檢證。由此觀之，邏輯實證論者似乎不知不覺地進行傳統形上學的理論建構而不自知。

2. 命題必須先有意義，才能知道能不能驗證之。意義跟檢證程序根本是兩回事，因為「有意義」不等於「真」，「無意義」也不等於「假」。當一個人被欺騙時，即表示其接受了有意義卻虛假的命題。

3. 檢證原則不只是摧毀了形上學，也似乎摧毀了大部分科學理論。因為科學定律都是以全稱命題出現，並不能完全加以檢證的；一組有限的經驗檢證也不能以之確立某一個科學定律的真；而且，某些科學理論原本就牽涉不同的領域，所引起的解釋與爭論，有時持續長達數百年以上。若僅憑藉檢證原則，這些大型理論的建構恐怕將無法實現。

在科學研究上（尤指物理學），由於實證論的立場已經站不住腳，使得該理論逐漸沒落。1964年Hempel [7]發表〈經驗主義的認識意義標準：問題與

---

[7]　Hempel為邏輯經驗論的末代接班人，其對於邏輯實證論的一些假設進行修正。

變化〉（Empiricist Criteria of Cognitive Significance：Problems and Changs）一文，主張認識意義只能夠賦予表述在具有良好的語言中的整個理論系統，不再相信「分析陳述」與「綜合陳述」之間可劃定截然分明的界線，承認觀察經驗和理論構想爲不可割裂的整合。該文章被視爲是邏輯實證論的終結（姚介厚，1996）。

　　邏輯實證學派的學者們雖然在思想上略有差異，但歸納而言，他們繼承了Wittgenstein、Russell、Mach等人的思想，堅持只有可檢驗眞僞的命題才是有意義的，也只有有意義的命題才可以檢驗其眞假；檢驗眞假的標準爲客觀經驗；理論與觀察之間是可以完全獨立的；科學研究對象是感官經驗。

四、從邏輯實證論到邏輯經驗論的轉向

　　經歷了興盛時期後，邏輯實證論遭受非難，於是後期一些學派學者對於理論內部進行了修正。Ayer（1982）指出其在1940年代即主張以邏輯經驗論（logic empiricism）取代原有的邏輯實證論。

　　自邏輯實證論到邏輯經驗論的轉向，其動向的目的在於學派本身試著放寬了原來的一些限制，從原本用實證論的觀點來限制或規定自己，逐漸放寬到經驗主義這個更大的框架爲界限（舒煒光，1994）。邏輯實證論這樣的轉變也不無道理。當維也納學圈的觀點進入美國哲學界後，改變了美國哲學的格局，而且與美國本土的實用主義產生了相互排斥又相互滲透的微妙關係。實用主義是一種具有功利性特色的經驗論，主張主體客體、心物之間不可分割地處於整體經驗之中，觀念和命題的意義取決於行動的效果，眞理在於實用性，而知識則只是應付環境的工具。這些都與邏輯實證論的經驗論不謀而合。實用主義的創始人C. S. Pierce（皮爾斯）本身是數學家、邏輯學家，其相當注重自然科學哲學之研究，因此實用主義與邏輯實證主義在邏輯與科學哲學取向上一拍即合。

　　即使如此，邏輯實證論最終仍不免單手難敵雙拳，而被其他學派逐漸取代。由於受到Popper、Kuhn、Quine等學者的批判，其立論假設受到重大攻

擊，加上後期並未有優良人才接替該學派思想之傳承，使得曾經風行一時的邏輯實證學派走向沒落（請參見第三章第一、二節）。

參、邏輯實證論的方法論特徵

邏輯實證論風行之時，由其建構的方法論也為當時學術內涵尚未成熟的社會科學領域廣泛使用，後來由於教育行政學者與社會科學領域學者多所接觸，使得該方法論主張也間接為教育行政研究領域所使用。雖然邏輯實證論認為歸納法並非科學發現的方法，而僅是一種證明理論的方法，即透過觀察、測量和實驗等科學活動得到的具體經驗事實，通過歸納的推論，確立一個理論的正確性；然而，其所建構的研究典範卻常被用來做為建立理論、支持研究假設的工具，而為了使理論驗證的過程完全科學化，故必須排除主觀因素。以下引二例說明社會科學領域中，理論與觀察之間的微妙關係。

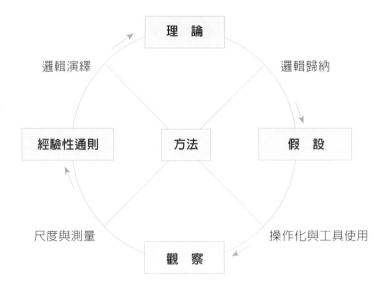

圖 2-1　科學方法的要素與研究歷程

資料來源：*The philosophy of social science: An introduction* (p.60), by M. Hollis, 1994,
　　　　　British: Cambridge University Press.

　　圖2-1為Wallace（1969）之著作《社會學理論》（*Sociological Theory*）中，敘述實證研究方法論時所繪之圖。圖中顯示科學研究為一個循環不斷的過程，從理論出發，以歸納的方法提出假設，再經由操作化與工具之使用進行觀察或實驗，由測量結果發展實證性通則，再經由邏輯演繹導出理論。整個過程使用歸納邏輯，為事實到理論、特殊事例到普遍通則的過程。

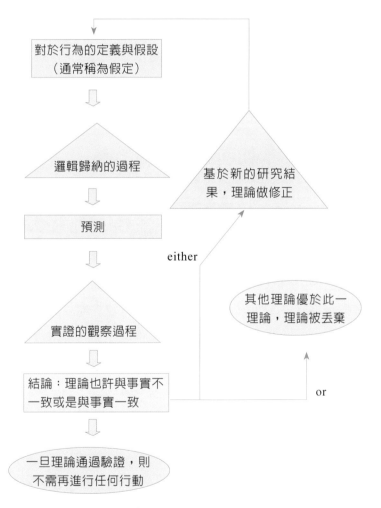

圖 2-2　Richard Lipsey 的科學研究歷程圖

資料來源：*The philosophy of social science: An introduction* (p.63), by M. Hollis, 1994,
　　　　　British: Cambridge University Press.

圖2-2為R. Lipsey在《實證經濟學概論》（*Introduction to Positive Economics*）一書闡述實證科學的精髓時，所構思的科學研究歷程圖，其中的要素不外乎邏輯演繹與實驗觀察。而研究的目的即在發現理論和驗證理論。唯一與以往不同的是：Lipsey認為最上方塊中的「定義」是表示源自於舊理論的某些想法，而非來自於「最新獲得的事實」。言下之意，理論與觀察之間並非完全獨立，每一個研究的起始，多多少少會受到舊有理論的影響。對此，Lipsey在其書中提出說明：相較於一個成功的歸納通則，「理論」也是「假設」的來源。但基本上，其觀點仍停留在理論的驗證，研究目的在瞭解研究結果是否與事實相一致。

第二節 理論運動與邏輯實證論

壹、早期教育行政理論發展之過程

長期以來，教育行政領域中之懷疑論者（skepticism）指出教育行政學門根本無法成為一門科學，因為任何一門科學都需要理論做為學門內涵。理論是以基本假定為基礎。而教育行政本身並沒有建立理論的方法，故其無法成為科學。這樣的懷疑態度同樣的使其他社會科學學門感到苦惱。因為自然科學所發展出來的精確敘述，不僅止於理論，更能在實務應用上得到印證。而社會科學理論之建立卻無法使得實務之落實產生同等的作用，此即成為科學主義者所詬病。事實上，學者們也瞭解理論建立的重要，而教育行政研究之角色應與物理學、化學、生物學或心理學一樣，即能夠提供通則、定律、與指導研究方向等功能。

科學研究的目的在瞭解人類生存的這個世界。科學家描述他們來自感官經驗得到的構想，並試著發現宇宙的規律以建立理論。以組織理論科學為例，其目的即在描述與解釋組織中個人與團體間行為的規則。學者積極尋找基本原則，提供組織結構與組織行為間互動的關係，這也成為教育行政研究

領域積極努力的目標。

　　檢視教育行政學之理論發展中，在早期完全以科學主義的模式為主。Hoy and Miskel（2007）將教育行政理論之發展分成古典組織理念時期（classical organizational thought）、人際關係導向時期（human relations approach）、社會科學方法論時期（social science approach）、與非傳統觀點時期（non-traditional perspective）四個階段，以下分述之。

一、古典組織理念時期

　　始於1900年，即所謂的傳統組織理念，包括F. Taylor的「科學管理理論」；H. Fayol的「費堯法則」[8]；M. Weber的「科層結構理論」（hierarchical structure）。之後，L. Gulick 與 L. Urwick 將費堯法則修改而成POSDCORB法則（即計劃、組織、人事、指揮、協調、報告、與預算）。Taylor、Fayol、Weber等人建構的理論，即是Gross所謂的「效率主義」（gospel of efficiency）下的產物。

二、人際關係導向時期

　　此時期係針對於第一階段所重視之科學管理技術的反動，稱為人際關係導向。時間上始於1930年，或是更早些。首先，M. P. Follett以人際整合來研究衝突解決方式，接下來E. Mayo與F. Roethlisberger聯合進行了霍桑實驗研究。雖然兩者之間的研究結果有所差異，然而這些研究卻使得教育行政理論與實務開始關注到人際關係層面。

8　費堯法則係指計劃（to plan）、組織（to organize）、指揮（to command）、協調（to coordinate）、控制（to control）等五大步驟，縮寫為POCCC。

三、社會科學方法論時期

此時期簡稱爲社會科學時期。以C. Barnard與H. Simon爲代表人物。由於人際關係導向忽略了古典組織理念時期之社會關係與正式組織結構的存在，社會科學方法時期即試圖整合兩大傳統觀點，並加入心理學、社會學、政治學等領域中所獲得的新資源。此時期最重要的事件是發生了所謂的「理論運動」。理論運動的興起，改變了教育行政知識基礎原有的格局，也讓教育行政學專業知識基礎快速地擴充。此時期又稱爲行爲科學時期（behavioral science approach）。

四、非傳統觀點時期

此時期對於先前教育行政傳統理論與方法知識之建構，開始進行反省。由Greenfield所發起的教育行政革命，使得許多非傳統觀點應運而生。新興的方法論從不同的批判方法來檢視教育行政知識基礎。這些新的研究觀點包括批判理論、自然論、與後現代主義等等，它們使研究者必須去正視那些重要但往往被忽略的研究層面。

新興的非傳統觀點對於傳統的科學方法與假設提出質疑。它們拒絕傳統科學典範之下，社會科學所強調的客觀性、因果關係、合理性、唯物論、與宇宙觀，並提出以主觀性、不確定性、反合理性、個人詮釋來取代之，以自我情感的自信來取代不偏不倚的觀察。他們摒棄客觀性，追求相對主義角度；反對統一與規律性、強調並追求分化。David Clark指出，這個新興觀點深受新馬克思主義（neo-Marxism）觀點的影響，強調以下四個主張：

1. 在建構世界的過程中，人類是主動的個體；
2. 知識與權力之間的關係是無可避免的；
3. 事實（fact）是無法脫離社會脈絡而獨存的；所以，事實的詮釋過程具社會性與理論依賴性（theory-laden）。

4. 社會結構與正式的階層的背後，尚存有許多未被揭露的弊病。（引
自Hoy & Miskel, 1996, p.17）

新的研究觀點帶動了教育行政研究中，新興研究典範的產生，使教育
行政知識建構方法發生了空前的轉變。分析以上四大時期，在第一階段與第
二階段可稱爲「規範時期」（the Prescriptive Era, 1900-1946），因爲所有
研究都以經驗分享爲依歸。二十世紀初期，教育行政之知識基礎從「理念時
期」（the Ideology Era, 1820-1900）轉爲「規範時期」，其轉變主要在於教
育行政人員開始重視專業的訓練課程與知識建構。基本上，理念時期並無既
定的知識基礎，而僅是道德的戒律與訴求。教育行政人員的最重要特質乃在
公正、進取、與服膺道德主流思想。與之相較，規範時期的知識基礎主要建
構在實務經驗的分享與不適任事件的揭發。因此，很自然的，教育機構開始
趨向組織管理觀點，對於社會與文化具支配性影響力的商業高級主管角色，
被認爲是學校領導者的最佳模範。該時期之教育行政專業知識基礎的建構與
人員培育的方案，皆多與企業管理息息相關。Taylor、Fayol、Weber等人的
思想在當時受到極大的青睞。於是教育行政領域朝向財政、企業管理、物質
設備，以及行政、組織、人事管理等領域中尋求技術。當時的研究，超過
80%將焦點置於純粹的經營管理、組織與行政等方面的改進，以冀求得最大
效能。當時的教育行政人員培育方案將專業化的定義只限制於技術與事實層
面，在行政上則只注重機械式的管理模式。

在1930年代，教育行政的知識擴展漸緩，主要由於科學管理的企業意
識型態在大蕭條（Great Depression）時期已不再受到重視，於是以社會基
礎觀點出發的領導型式逐漸受到重視。這使得一直以來不被注重的人文層面
在研究主體或培育過程中，成爲衆所矚目的焦點。此時教育行政由工業工程
師時期轉成人文工程師時期，也即爲人際關係研究的開端。

雖然加入了人文的觀點，規範時期所建構的教育行政知識基礎尚不算健
全。因爲理念時期所強調的教育與道德基礎大量地喪失，而機械式的、技術
與規範的層面卻呈獨占的局面。嚴格而論，此時期所存在的知識體系並不具

理論與概念上的基礎。

　　接下來的社會科學方法論時期，力求打破規範時期的瓶頸，開拓教育行政科學的新視野。二次世界大戰後，許多學者紛紛對教育行政知識基礎與教育人員培育方案中的規範性內容做出強烈的批評。他們冀望重新建立教育領導的認知基礎，並接納適於建立知識基礎的新觀念。這是基於對行政科學的追求。再者，當時的學者發現一個大問題：教育行政學中嚴重缺乏理論（Halpin, 1966, p.3）。基於以上之因素，源於實務經驗的規範逐漸被社會科學中理論性、概念性、與經驗性的資料所取代。對此，Crowson and McPherson（1987）做了以下的說明：

> 行為科學革命讓行政研究產生了新的看法：一門包含理論與研究
> 的應用科學應與專業實務互相連結，且前者往往決定後者，所以
> 理論知識是位居上層的規定，做為實務的指揮官；社會科學內
> 涵已逐漸被高度接納並被當成高品質課程的指標；從行為科學
> 中借用與引進其研究技術與工具係屬學科間或科際整合的途徑。
> （p.47）

　　雖然在追求行政科學化的期間不斷出現了警訊與遭受攻擊，然而到了1980年代，教育行政的知識體系，無論從培育方案或是科系的分化，都被歸類為是一門應用科學（applied science）。至於教育行政知識理論基礎會在1950年代開始，一致偏向實證典範，究其原因，乃由於理論運動興起所致。

貳、邏輯實證論與理論運動

　　教育行政方法論科學化運動發生在1950至1960年代的美國，然後逐漸擴散到其他西方國家。在1946至1950年間，美國教育行政領域有三個重要的事件發生，直接影響了理論運動的發軔。首先，1947年「全國教育行政專家委員會」（National Conference for Professors of Educational Administration，簡稱NCPEA）正式成立。這個團體，經由每年舉行的研討會與其他活動，運用學術交流來增進教育行政人員培育與交換教育行政學術發展的意見，使得教育行政學術之品質不斷提升。

其二，凱爾洛格基金會（Kellogg Foundation）所支持的教育行政合作計畫（Cooperative Program in Educational Administration，簡稱CPEA）的發起，這個計畫始於1950年並正式成立於1951年。它提供教育行政研究與發展相當龐大的財力資助。透過該項計畫，使得教育行政領域與其他領域搭起了溝通的橋樑，特別是教育行政專家與社會科學學者之間開始了互動與對話。在當時，這是項相當難得的突破，因為兩大領域之間的專業術語與取向本有極大的差異，基金會花了不少的功夫來消弭彼此的敵意（Halpin, 1966）。

CPEA由八個區域中心組成，區域中心分別設於奧勒岡大學、史丹佛大學、德州大學、芝加哥大學、俄亥俄州立大學、喬治教師訓練學院（George Peabody College for Teachers）、哥倫比亞大學、與哈佛大學。建立區域中心的目的在於：

1. 辦理優秀且具有潛力的行政人員職前與在職訓練課程；
2. 經由科際整合的方式，讓大學對於重大的社會與教育問題具有更強烈的敏銳度；
3. 將研究發現傳遞給各個學校單位；
4. 研究與發掘教育與行政的新知識；
5. 發展區域中各個大學、學院、政府機構與組織、以及各教育行政單位之間持續的合作溝通管道（Sergiovanni, Burlingame, Combs, & Thurston, 1992, p. 85）。

其三，在1947年，「美國學校行政人員學會」（American Association of School Administrators，簡稱AASA）也成立，這對於學校行政之研究，帶來了另一股朝氣，並使其更加專業化與學術化。

以上組織與計畫的建立，係對於傳統規範時期以經驗法則爲知識基礎建構模式的反動，並主張教育行政必須像一般的社會科學學科一樣，發展出自我的一套理論，這套理論應具有效度與律則性，可適用於任何一個學校組織之中，並可做爲研究與實務的引導者。在當時，學者們普遍認同「教育行政學爲應用科學」這個想法，因而促使了理論運動的出現。

理論運動是對於教育行政科學化的追求，當時的學者相信：藉由深具科學色彩的實證方法，必定能發現適用於各類教育行政組織的通則。再者，科學化實有助於建立像一般社會科學（如經濟學）那樣的科學知識，此對教育行政理論的發展有莫大的助益。

於是在1954年，於一年一度的全國教育行政專家會議上，學者提出了以下的主張：(1)較佳的教育行政研究是迫切需要的。(2)此種較佳的教育行政研究必須以理論做爲基礎。(3)社會科學是這些理論的來源。(4)社會科學學者有資格做爲引導教育行政專家的學者（Griffiths, 1988）。此外，會議中也陳述了「理論運動」的核心概念：

1. 有關行政人員與組織「應爲」的敘述，不能被包含在相關理論研究之中。
2. 科學理論視現象爲「它們是什麼」，而非「它們應該是什麼」。
3. 有效的研究是具理論基礎的，並且是由理論所導引。
4. 假設演繹系統是最佳的方法論範例。
5. 社會科學的應用在理論發展與訓練上是必要的。
6. 行政最好應被視爲是可以應用到所有類型組織的一般性概念。
   （p.28）

其後在1955年，Coladarci and Getzels聯合出版《教育行政理論應用》（*The Use of Theory in Educational Administration*）。該書作者參與了1954年所舉行的全國教育行政專家會議，書中陳述當時教育行政領域嚴重缺乏理論，並強調理論與實務之間的整合；書中同時提出新的教育行政理論研究方

法：社會科學導向。

在1956年，CPEA更有項新突破，即創辦了教育行政學會（University Council for Educational Administration，簡稱UCEA）。該學會創辦之目的即在增進學校行政人員的職前與在職訓練、鼓勵與引導教育行政學術研究之進行、藉由發展計劃鼓勵行政變革、提供研究所需要的工具材料給缺乏研究與發展活動之教育單位等等。

同年，UCEA、教育測驗服務中心（Educational Testing Service）與教師學院（Teachers College）聯合主持一個用來發展「學校行政人員行為量表」的研究案。財政上的資助大部分來自於美國教育當局，少部分依靠捐助之款項。正式啟動大型教育行政量化的研究計畫。

在1957年，Moore的專書《學校行政研究：CPEA報告》（*Studies in School Administration: A Report on the CPEA*）出版，指出有關CPEA的研究調查中，只有極少數為理論導向。大量的研究依然停留在訓誡、執行指南敘述、意見陳列，或是描述性的調查，根本無法做普遍性的推論。另一本由Campbell and Gregg所合著的《教育之行政行為》（*Administrative Behavior in Education*）在同年出版。該書作者也指出理論導向的研究缺乏，並強調理論運動的重要性。當時大部分的學者相信唯有邏輯實證論，能夠讓教育行政領域中理論不足的問題獲得解決。

第三節　教育行政方法論的科學化

除了一些專業團體的努力之外，學者如Feigl、Griffiths、Halpin、與Simon等人對理論運動的推動也有極大之貢獻。他們不但強調行政科學化的重要性，也著手努力於理論之建構，並進一步肯定實證研究典範的重要性。他們相信：唯有建立完整的理論，才能使行政實務更具效率。

檢視理論運動的發展，可以發現邏輯實證論之主張使教育行政研究獲得了空前的擴張。如今其方法論已建立完整的系統化體系，並成為教育行

政領域的支配性典範。發展至今,雖然邏輯實證論的主張已被激烈攻擊甚而否定,其方法論的影響力也已不再像1950年代那樣聲勢壯大,然而其對教育行政研究領域所做的貢獻卻也獲得肯定。檢視科學理論對教育行政領域產生如此大的衝擊,雖然源於有志一同的理論運動,然而Feigl、Griffiths、Simon等學者對於方法論傳播所做的努力卻也是一大主因,茲分述如下。

壹、Feigl的實證主張與教育行政研究

Feigl是邏輯實證論之主要代表人物之一,他在1940與1950年代所提出的理念對於教育行政研究與發展產生了極大的影響。Hoy and Miskel(1996)指出了其影響力:

> 在早期,教育行政領域大致上同意由Herbert Feigl對「理論的定義」是邏輯實證論產生作用的一個適切的起點。Feigl將理論定義為是一套假定(a set of assumptions),這些假定是推源自邏輯數理過程的經驗法則。(p.2)

無論從理論的角度或歷史的角度檢視之,Feigl乃是不折不扣實證論代表人物。其早期為維也納學圈成員之一,並在1931年5月與Blumberg在《哲學期刊》(Journal of Philosophy)共同發表了《邏輯實證論》一文,被公認為繼承該學圈的哲學思想,也引發歐陸哲學的新運動。1930年秋天,他到美國演講,使其思想廣泛傳播到美洲。

基本上,Feigl認為在對科學知識的探索過程中,必須規定一些確定的標準。這些標準分別為互為主體的可驗證性(inter-subjective testability)、信度或是充分的證實程度(reliability, or a sufficient degree of confirmation)、確定性與準確性(definiteness and precision)、一致性與具系統性的結構(coherence and systematic structure)、包容性與知識寬廣度(comprehensiveness or scope of knowledge),茲分述如下(Feigl, 1953, 1981):

一、互為主體的可驗證性

此即為對於科學所謂的「客觀性」（objectivity）的另一種敘述。其中所包含的不僅是個人自由或文化偏見或偏好，而是必須徹底地達到一個嚴格的要求，即任何一位具有適當知識與觀察或實驗設計技能者，都能在某種程度上檢測（證實或推翻）科學的知識命題。互為主體性是強調科學研究本質具社會性，如果任何的事實（truths）只允許具有特權或處在某種地位者才能取得，這種具神秘性或夢想式特性所宣稱的知識命題，並無法由他人獨立重複予以檢視時，所謂的事實已非科學上所探求的知識類型。由此可見，互為主體性的可檢測性，清楚劃分了人類的科學與非科學活動。

二、信度或是充分的證實程度

這是科學知識的第二項規準，它使我們能夠區分什麼是所謂的「純粹意見」（mere opinion）（或更糟的迷信）與知識（明確證實的信念）之間的差異。此規準可以用來作為辨別科學與非科學知識命題間之差異。過去，科學知識雖面對某種程度上的區分，然而並沒有對明確證實信念、理論、或科學假設之間的差異進行精準的類化，在此情況下，任何一個知識命題都有可能被接受成科學知識或被推翻。普遍上，根據草率的推論或薄弱的類比判斷所形成的事實命題，與人類所接受的科學真相（scientific truth）之間是不同的（這裡所謂的科學真相是指原本處於不為人類所接受、正確機率極低，但最後卻受到有利證據支持而形成的知識）。舉例言之，占星學或煉金術對人類來說並非全無意義，但是當所有可資利用的證據都壓倒性地反對它們時，它們被視為是錯誤的。因為缺乏證據的支持，這些所謂的占星學或煉金術也就無法在學術殿堂發光。因此，一切的科學必須講求證據的支持。實驗與統計分析的技術就是用來識別機率與法則的最佳工具，也是用來增加知識信度的最佳方法。

三、確定性與準確度

此為科學方法必須具備的規準，它說明科學知識命題的概念，必須儘量明確的加以釐清。在質性分類科學層次中，這相當於試圖將所有廣泛的各領域模糊情形減至最低的程度。在量化科學層次中，概念的精確性是經由測量技術的運用，來獲致較大程度的改進。此種測量的設計通常也提高了客觀性的程度。

四、一致性與具系統性的結構

科學研究中，希望尋找能夠嚴謹結合的事實組群，其彼此之間具有系統的結構。在描述的層級中常產生如分類或分組的系統、圖形、與統計圖表。在解釋的層級，整組的法則或理論性假設受到應用，科學的解釋則包含於假設演繹過程之中。而法則、理論或是假設，構成了推論的前提，使我們能夠從符合邏輯或數學邏輯的方式，導出觀察過程或是具觀察性的事實為何。這個事實通常是不屬於原有的領域，因而被漸漸統整於一個統一的結構中。

五、包容性與知識寬廣度

這是Feigl提出的最後一項科學規準，它使科學知識與常識性知識有所區別。主張科學它不僅經由大膽與概括性的假設，與藉由精巧的技術（被驗證過的工具）來考驗種種假設，更可讓人們得以超越感官經驗。擁有望遠鏡、顯微鏡、光學分光鏡、測謊器，以及其他數以萬計的科學發明，使我們得以擴大感覺，對遠距離中大得離譜、小得異常、或是被隱藏與遮蔽的世界做間接的觀察。由知識包容性所產生的科學進步，是令人印象深刻的科學特徵。然而，因為所達到的知識範圍是經由努力才達成的成果之一，就不能將這種知識與後設理論混為一談，或藉由語意的神奇來描述知識圖像。聰明的科學家並沒有提出一項終結性的世界解釋，他們將統一的假設公開，以便修

正。一旦新證據顯示錯誤存在時，他們隨時準備好修正其解釋或是捨棄該解釋。此種自我修正成爲科學最重要的特徵。研究者必須銘記：當科學對於世界的解釋達到統一性與完整性時，這並不表示我們已達到了科學的最大成功，而是要瞭解所有的科學知識都具有被修正的可能。

　　以上關於Feigl邏輯經驗論的研究觀點，Feigl坦承並非那麼容易達成，但認爲值得不斷嘗試以達到相近的境界。重要的是，他提出了「暫時性答案」（tentative answer）的概念，即所有的科學研究成果都是暫時性的被證明是對的，科學家不應排除該結果被推翻的可能性。Feigl的思想影響了教育行政領域的部分學者，使得其所提出的實證理念被廣泛應用在教育行政研究領域當中。

貳、Griffiths的實證主張

　　Griffiths是美國教育行政界極負盛名的學者，其思想很明顯深受Fiegl與邏輯實證論的影響，這點可由Griffiths（1959）所提出的主張看出端倪：

> ……行政研究如果要更符合科學，其必須採用科學的特點。行政之研究必須遵守以下幾個科學特徵，即客觀性、信度、操作型定義、一致性或系統性結構、與包容性。雖然此時行政領域尚未使用這些方法，然而行政內容是可以以科學的方法來操作的。
> （Griffiths, 1959, p.45）

　　Griffiths認爲建構行政理論具有許多輔助性的功能，包括了導引行動、解釋行政的本質，或是使行政導向於一個新的面向與具系統性的知識。Griffiths早期的思想，繼承了Feigl的觀點，認爲任何的教育行政研究必須具備Feigl所提出的五項規準。其對於行政理論的論述也是基於經驗性法則的假設。簡而言之，Griffiths早期的觀點可以分成以下三點說明（Evers & Lakomski, 1991）：

1. Feigl的假設演繹（hypothetico-deductive）架構分成假設與可驗證性來敘述，Griffiths在書中用了很大的篇幅來強調、闡明其理論之核心假定；而這些核心假定可以推論出「一大套的經驗性法則」。Griffiths特地建立了一套可驗證性命題，以推論這些經驗法則，雖然並未完全實現，但整體觀之卻可以看出其建構假設演繹架構的企圖心。事實上，其理論並沒有像Feigl理論中有那麼多的純數學邏輯推理，但其使用邏輯實證論的知識結構來驗證理論的用意卻極為明顯。Griffiths以為，行政理論中所出現的設計與證據的價值性，應以其是否具有邏輯實證論的架構與符合可驗證性的要求來決定。

2. Griffiths花了許多時間在建立專有名詞的操作型定義。認為理論建構的最大問題在於操作型概念的發展。關於此點，Simon、Bridgman、Hempel、與Feigl等諸位學者也都曾發表過看法。對於邏輯實證論者而言，操作型定義顯得非常重要，因為它能夠使理論中的專業名詞給予清楚的經驗性內涵。然而，Griffiths在定義專業名詞時，卻碰到令他頭痛的難題，一些名詞如決策、組織、權力、與權威等等，根本無法寫成操作型定義。

3. Griffiths的行政科學理論的敘述中，避開了價值（value）。本質上價值之理性不像事實命題，它們根本無法完全根據經驗與客觀方法加以驗證（verified empirically）。價值並不被納入於理論系統之中，而只被視為是變項。因為不同的人都有特定的價值，並依其價值觀來進行價值判斷，這都會影響了行政實踐。所以當時教育行政研究寧可將之視為「變項」。

參、Simon的教育行政科學化觀點

Simon行政理論中的實證觀點，可以從其《行政行為》（*Administrative Behavior*）一書窺探究竟。該書明顯地應用了邏輯實證論的論點來建構行政決策理論，而第十五章更以量化方法之資料分析過程為例，說明行政行為應如何使用科學方法來進行理論建構與分析。

基本上，Simon指出科學可分為兩種，一為理論科學，另一為實踐科學。理論科學只在意「命題是否被驗證、及意義的事實層面，不考慮倫理層

面」（Simon, 1976, p.249）。根據他的看法，科學家的角色就是檢視顯而易見的行為或經由觀察可作邏輯上推論的事實命題（factual propositions），科學家應該保持客觀的態度，在進行推理時，也要以事實做為根據。為了避免個人主觀因素影響了研究結果，Simon十分強調價值中立的科學研究態度。

在研究上嚴格區別事實與價值因素，是社會科學實證論傳統的基本主張。在行政行為的研究上，Simon更以二者之間的區別做為其方法論的出發點。而區別此二因素的理論依據，即為邏輯實證論的知識基礎。

Simon（1976）認為「事實命題」乃是一種對可觀察的世界及其運作情形的敘述。原則上，事實命題可以加以驗證，以決定其是真是假，與它們所敘述的世界是否會在實際狀況中發生。然而，「行政決定」並不僅是一種「事實的命題」，同時也可以是對事物未來狀態的描述，此種描述在嚴格實證意識上可以為真，亦可以為偽。不過它們常具有命令式的性質，即它們寧可選擇一種事物之未來狀態，作為指導其行為朝向所選定的可行方案。此種命題具有倫理的特質，稱為「價值命題」（value proposition）。此類命題應用類似「應該的」（ought）、「好的」（good）、及「偏好的」（preferable）等倫理用語來進行命題的建立。然而，「行政決定」是無法正確地用倫理用語來表達，因為其無法完全化為「事實用語」，故其失去了實證意義，不得不排除其於研究之外。

Simon（1976）指出，一種命題是否正確，必須將其直接與經驗作比較，亦即與事實進行比較，或是與具實證性推理的命題進行比較。價值命題卻無法進行比較的工作，因為價值命題主張的是「應該」（oughts）而不是「事實」（facts），其正確性根本無法藉由實證或理性的驗證獲得。Simon認為一個句子如果具應該的、偏好的、與可欲的性質時，就很難進行客觀的描述，也不是一般科學所要處理的層面。

具體而言，事實命題乃是對有關可觀察的世界及其運作情形的陳述，價值命題是「偏好」的表現，兩類命類的區別與一般所謂的「描述陳述」（description statements）和「規範性陳述」（normative statements），或

「實然問題」（'Is' question）與「應然問題」（'ought' question）之區別相同。事實命題是可以證明眞假，即證明世界上是否實際發生了所陳述的情形。價值命題則宣告某種特定情況的可欲性、偏好與應然爲何，由於此種命題無客觀之是非，不能以經驗或推理證明其正確性。Simon進一步闡明兩種命題的不同，他以爲所謂的事實命題是可以經由實證的、客觀的方式來檢測其正確性，而價值命題的正確性只能透過個人的主觀專斷；而事實命題不能引出任何價值命題的推理，價值命題也不能直接採自經驗（事實）事件中。科學命題皆爲事實命題，科學研究以事實命題爲對象，而價值問題則不能以科學的方法來處理（吳清基，1986）。

綜言之，Simon認爲符合邏輯實證論之行政理論必須滿足下述三項條件，而這些條件也是行政科學方法論之主要特徵：

1. 理論應具可驗證性。這表示理論中所隱含的概念，可以藉由進一步的觀察，來加以證實或推翻。如果是被證實，則表示理論獲得證據予以支持；相反的，如果是被推翻，則表示理論必須捨棄或進行某種程度的修正。而一切的程序，是建立在假設演繹邏輯之上。

2. 在教育行政理論的建構過程中，專門術語必須是具操作型定義，以方便觀察與測量程序的確認。

3. 教育行政的行爲科學理論應排除倫理成分：Simon的行政理論和Feigl、Halpin等人一樣，採用了邏輯實證論的研究觀點來建構行政理論，爲理論運動下的理論革命重要代表。他堅持客觀的社會世界觀，才能夠進行價值中立的研究，並宣稱唯有經此一途徑才能擁有能夠管理組織、改進組織的知識。

 教育行政科學化的特徵與理論建立

壹、科學化的研究特徵

檢視Halpin、Griffiths、Simon等學者早期的思想，以及Hoy and Miskel著作中對社會科學方法論時期的描述，教育行政科學化所主張之方法論具有以下四大特徵：

1. 理論之形成來自一個假設演繹邏輯架構，其主體乃在從眾多事實的命題中，採用歸納法的形式，最終求出普遍性且可類化結論的過程。堅守實證原則。
2. 理論的證明來自於特定情況下的經驗可驗證性。如果觀察結果符合理論假設，則理論被證實為正確。
3. 所有理論中的專業名詞必須具有操作型定義。
4. 將價值與倫理成分排除於教育行政研究之外。

實務上，此時期流行的實證論，也承繼部分先前時期（如古典組織理念時期）之主張。管理大師Taylor在1911年出版的《科學管理的原則》（*The Principles of Scientific Management*）一書，創立了所謂的泰勒主義（Taylorism）[9]，並帶動了後來發生在美國教育領域的「績效運動」（accountability movement）。其中，科學管理的一些想法被視為是實證論教條應用方面的先驅，Taylor也曾經將科學管理的原則與實證論進行比較，發現科學管理原則在許多層面上與實證論不謀而合，其中道理如表2-2所示。

9　泰勒主義即指只重視組織效率與生產成果的領導導向。其忽略了組織中，個人層面的關注。

表2-2 科學管理原則與實證論的關係

實證論的基本假設	科學管理的原則
1. 世界上只有一個實體。	1. 工作應有科學方法,並為每一件工作方法的唯一正確法則。
2. 研究者與被研究者之間,必須清楚劃分兩個部分。	2. 經營者與工作者之間必須清楚劃分,以追求工作上的進步。
3.「事實」即是普遍、不受脈絡影響的產物。	3. 科學管理的原則可以普遍地應用在任何的工作環境中。
4. 因果之間是可以清楚地分離出來。	4. 工作怠惰的因素是可以劃分成兩大部分來探討,並可進一步矯正之。
5. 科學方法不受偏見所影響,它是價值中立的。	5. 科學管理原則將傳統的偏見一掃而空,並從客觀的研究建立了新的工作規範。

在邏輯實證論影響下,教育行政理論發展走向一般社會科學實證傳統之路,其研究典範在教育行政研究領域通稱為實證典範,在教育研究法中,多使用量化研究。具體而言,在進行以實證論為主的研究前,研究者首先必須先有一個控制良好的實驗設計,並符合以下幾個條件(秦夢群,2011):

1. 能夠在情境中分割出所感興趣的變項,對之加以研究,並同時控制其他干擾變項。此項條件可用實驗法或統計方法來完成。
2. 受試者與研究者在角色扮演上必須分開;個人不可同時進行兩種工作。
3. 為了控制變數與配合實驗設計,一般而言,量化方法遠比非量化方法適用。
4. 假設考驗是研究過程中相當重要的部分,也是實證論所重視的假設演繹法則。假設的設定一般是基於對某種理論觀點的挑戰或驗證,因此任何假設皆可能會被支持或拒絕。
5. 研究的結果經由統計分析並將之類化推論到所取樣的母群體中。

貳、科學化的理論建立過程

Hoy and Miskel在1996年的著作《教育行政：理論、研究、與實務》（*Educational Administration: Theory, Research, and Practice*）中對教育行政科學化的理論建立過程加以描述（請參見圖2-3）。他們將理論定義為「一套互相關聯的概念、假定、與原理原則，被系統化地用來解釋與描述教育組織中行為的規律。部分假設將會從理論中被提出來，以進一步對概念之間的關係進行瞭解」（p.2）。此定義有三個重點：(1)邏輯上，理論包含概念、假定與原理原則；(2)理論的最大功能在描述、解釋與預測行為規律；(3)理論應具啟發性（heuristic），以刺激、引導更進一步的知識發展。

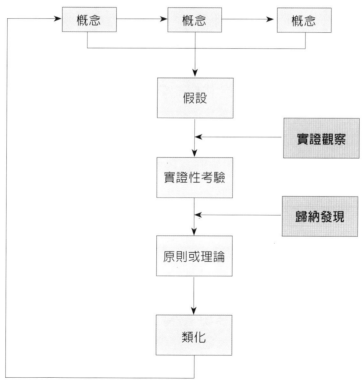

圖 2-3　實證論導向之研究理論發展系統圖

　　以上的定義中明顯看出Hoy and Miskel認為理論的建立必須通過實證方法，其功能在描述與預測。較不同於以往的純粹實證論，Hoy and Miskel強調了理論啟發性的重要性，亦即理論具有引導觀察，做為實驗的基礎重要功能，傾向同意「觀察具理論依賴性」的看法。因此，他們指出任何的研究假設都為研究者的偏見所左右。

　　從圖2-3中我們瞭解到理論系統可包含四大要素（component），即概念（concept）、假定（assumption）、類化（generalization）、與假設（hypotheses），各元素之間是相互連結且密不可分的。其中，概念是指被賦予具體、普遍化意義的術語，以便於對現象進行系統性測量；假定是被視為真且理所當然的陳述。更確切地說，在沒有證據的情況，我們仍然會相信其為真；類化則是表示對共通的兩個或兩個以上的概念的陳述或命題，因此它牽涉了兩個或兩個以上概念的特定關係；假設則是對至少兩個或兩個以上變項之間關係的預測性陳述。圖中顯示任何的概念，最後都必須與類化加以連結，以做為對現象（或理論）的解釋。而理論必須經由假設的不斷驗證，才能確認其正確性。在研究的過程中，研究者最初藉由有限的實證證據將假設進行類化。但這些類化後的概念，必須再經過長時期實證性證據的累積，才能發展成為解釋現象的規律與通則。

　　基本上，Hoy and Miskel對實證典範支持的程度，並不隨著後實證論之興起而降低。然而，由於邏輯實證論不再獨霸，漸漸變成教育行政諸多研究典範的一種。面對多元典範林立，之後Hoy and Miskel也對於實證典範做出修正之建議，但仍深深肯定實證論方法論對教育行政理論建立之貢獻。

參、邏輯實證論與理論運動的貢獻

　　自1974年Greenfield開始，邏輯實證論的方法論遭到群起而攻之的局面，學者紛紛指出由實證典範所建構的知識基礎是有問題的；然而也有不少學者仍肯定其對教育行政理論發展的貢獻。Griffiths（1988）指出教育行政知識之所以能夠累積龐大的知識基礎，仍不得不歸功於理論運動；Willower

（1988）評估理論運動的優缺點，也肯定了實證論所做的貢獻；Evers and Lakomski（1991）也評論：運用自然科學純客觀的方法是否真能瞭解並解釋變化多端的人文或社會現象，實令人懷疑，但客觀的理論研究是為建立一門現代科學必備條件，卻是無庸置疑的。Evers and Lakomski（1996b）更進一步指出教育行政科學化的兩大貢獻：其一，藉此建立嚴謹的知識生產規則，以做為專業化的知識基礎，而最終能給予學校、官僚體系、教學、領導與組織設計等方面適用的普遍化原則，並使用實證途徑來確定這些真理，這樣就能不斷的發現更多現象（例如社會系統的行為）的普遍性原則；其二，研究成果可以立即拿來使用，因為成果是經過實驗證明為能有效達成目標的途徑。綜言之，教育行政研究若沒有理論運動之發起，則知識體系之建構則無法達到今天之規模。

第五節　本章小結

　　邏輯實證論為二十本世紀對教育行政研究方法論最具影響力的學派。該學派主張者雖然在方法論的看法上略有差異，但整體來看，邏輯實證論繼承Wittgenstein、Russell、Mach等人的思想，並堅持以下四個大原則：

1. 可檢驗真偽的命題才是有意義的，有意義的命題才可以檢驗其真假。
2. 檢驗真假的標準為客觀經驗。
3. 理論與觀察之間是可以完全獨立的。
4. 科學研究對象是感官經驗。

　　邏輯實證論者認為，只有經由以實證、經驗為基礎的驗證過程，才符合科學研究的基本原則。此種單一典範觀點深為學者所詬病。在邏輯實證時期，研究者多認為運用實證原則的研究才算是科學，以為只有實證方法能引導真理

的出現；以為現象背後的「實體」只有一個；以為由實證方法中，證據的累積即可進行實體的再現（representation）。此種理性之夢後來遭到許多批評。

即使邏輯實證論面臨了諸多困難，但是其在自然科學上許多驚人的成就卻讓「實證論是否應繼續存在」這個問題找到了答案。因此1950年代時期，科學的方法進駐了教育行政研究領域，並被認為是最佳模式（one best model），大部分行政學者一直樂觀相信教育行政學很快就能成為一門應用科學，而此想法一直維持到1980年代。興起於1950年代的教育行政理論運動，即希望透過科學的方法來建立精確、具通則性質之理論。此種理念很快地從美國本土擴散，逐步影響了加拿大、澳洲等其他國家。特別是美國本土學術界所發起的理論運動，主張方法的科學化，使得實證方法成為教育行政方法論主流。

從歷史的角度觀之，教育行政領域的實證典範理念源自於Feigl、Griffiths、Simon等人的推介與鼓吹。特別是Feigl的主張，對於教育行政科學化的影響至少有以下三點：

1. 使教育行政之理論建構，開始經由法則類化與假設驗證等途徑來進行。
2. 使教育行政學術研究，開始使用操作型定義。
3. 使教育行政研究中事實與價值兩者分離，價值從行政理論中被剔除。

綜而言之，教育行政研究的實證典範轉向，實有助於教育行政學成為一門科學，基於實證典範的導引，教育行政領域快速地建構龐大知識體系，並且脫離一直為人詬病的「純粹經驗主義」。但是教育行政領域最終仍無法倖免於實證論方法論霸權心態的夢魘。有識之士認清了實證論在方法論上的限制及在知識基礎上的缺陷，於是開始尋求方法論變革，造成另一場大型典範轉移運動在1970年代中旬後爆發。這場新典範的轉換並不僅止於方法論的取代，而是引進多元典範（multi-paradigmatic）的理念，使得教育行政方法論進入後實證論時期。

第三章

後實證論與教育行政
典範之轉移

教育行政研究內容相當複雜，
並非同質的與統合的，
因此無法以單一的方法來探討。
過去的研究者卻似乎忽略這一點。
〜T. B. Greenfield

　　本章主要目的在對教育行政方法論之後實證論發展情形進行敘述。第一節探討社會科學研究中，後實證論的發展，分從Popper、Kuhn、Feyerabend等學者之主張，說明社會科學研究的後實證轉向。第二節則著重陳述後實證論對於實證主張的反動與批判。第三節論述教育行政方法論革命倡導者Greenfield之主觀主義與主張。第四節闡述Hodgkinson的人文主義，以及其對行政中價值與倫理層面的看法。第五節則針對本章之重點加以總結。

第一節　社會科學研究的後實證轉向

　　在二十世紀初聲勢如日中天的邏輯實證學派，其興盛時期並不如預期般的長久。雖說該學派曾受到當時戰亂與納粹黨政治迫害，然而其本身所設定的種種基本假設，後來反而成為學派發展的最大絆腳石。

　　1950年代當世界觀主義者（globalist）[1]出現後，邏輯實證研究傳統面臨了前所未有的挑戰。世界觀主義學者注意到科學變遷的問題，並強力反

1　此處世界觀主義者係指一批新認識論者，他們以全觀的（holistic）研究態度出發，強調任何科學知識皆具有歷史意涵。最具代表的人物為Thomas Kuhn、Imre Lakatos、Larry Laudan、Paul Feyerabend。

對「接受觀」（received view）的觀點[2]，主張嚴謹地看待科學變遷與發展過程中，歷史與時間兩大層面。他們鼓吹「新科學哲學」（New Philosophy of Science）[3]，使科學哲學自1960年代開始，即形成另一個新探索觀。世界觀主義者對接受觀（如實證論）的教條與觀點，提出以下論點（McGuire, 1992, p.145）：

1. 反對理論語言與觀察語言二分的情況。世界觀主義者聲稱沒有規則性的標準可以提供理論與觀察二元分化的有力證據，因為觀察是深受理論所影響的。比起觀察，他們寧願給予理論更多的重視。這與採行接受觀的科學家剛好相反。實證論者把科學實踐與變遷，視為是實驗法與實驗技術的態度，被世界觀主義學者評為是引科學入歧途的做法，兩大不同觀點也為此引發不休的辯證。

2. 駁斥「理論之間的變革是具逐漸累積性」的觀點。世界觀主義者認為邏輯與實證內容（即使是早期已被證實的理論）不能完全的被保留下來，因為舊理論有可能被新理論完全取代。這否定了「觀察語言與理論變革中，具意義不變性」的主張。

3. 否定理論可在特定時間內，經由證實的過程進行精確評估。此因不同知識領域與權威並沒有一個絕對的原理原則。理論推估是一件複雜的事，在理想化的判斷邏輯之外，尚有許多層面牽涉其中；再者，理論變革是歷史現象，無論是整個歷程或是部分發展，都無法脫離社會與歷史脈絡。

4. 認為實證論者對「發現脈絡」與「證成脈絡」之間的區分是一項誤導行為。因為太專注「證成」這個邏輯議題，反而忽略了科學發展的原動力與檢視科學發展的不同脈絡。世界觀主義學者主張的「新科學哲學」，即是將焦點轉向「科學如何形成」這個問題。

---

[2]　接受觀者認為人類是被動的動物，一切的知識與意義都是即存的，因此，他們強調人類是經由外顯事物來獲取知識。

[3]　新科學哲學意指不同於以實證論為立論基礎的新興科學哲學觀點。

5. 對於基礎主義（foundationalism）[4]投以強烈的懷疑眼光。基礎主義認為任何的知識或本體論項目都是可以化約的。「邏輯原子」、「口述命題」、「感官材料」、與「增加經驗性內涵」等觀點，都是持以化約論觀點。基礎主義走一元論的路線，他們以為只有一個理論可以代表意向獨立的世界，關於此點，世界觀主義學者深覺不以為然。

6. 反對以完全價值中立的方法生產客觀知識的做法，主張如此會過分簡化科學的圖像。

7. 指出科學理論實踐必先於理論建構。

以上七點批判不但挑戰了實證傳統，也顛覆了實證論的基本假設。基於實證論之基本假設及研究方法仍存有諸多困難之處，且其對於諸項問題也無法提出適當的解釋，使得對實證論的反動愈演愈烈。以下先從實證論到後實證論的發展過程進行論述。

壹、Popper之否證論

在進入後實證論的討論之前，必須先瞭解「否證論」（falsificatism）觀點，因為它是第一個對實證論造成巨大威脅的立論。否證論的倡導者為Popper，他早期就讀於維也納大學。在那段日子，Popper對於有關科學轉換的議題很感興趣。他雖然不曾直接參與維也納學圈，卻曾數次與該學圈成員分享彼此的想法。維也納學圈成員多屬激進的實證論者，因此討論的範圍多集中在尋求一個標準來分別何者具科學意義與何者不具科學意義。當時的Popper也關注類似的問題，不同的是其將重點置於如何建立科學與偽科學之間的分界線。Popper對於邏輯實證論較具規模的批判始於1934年的〈科學發

4　基礎主義者的觀點認為：世界的變化具有固有的一套自然法則，只要掌握了自然法則，人類就可以操控自然界的變化與發展。而且世界和思想都可以還原為最終的成分。通常，基礎主義泛指過去風行一時的實證論傳統。

現之邏輯〉（Logik der Forschung）一文。由於該文係刊登於維也納學圈的相關刊物上，其英文譯本又晚至1959年才問世，以致英語世界中，部分人士誤會Popper是邏輯實證論的擁護者。

一、否證論的基本主張

(一) 反對歸納邏輯，支持演繹邏輯

1923年，Popper開始接觸美國經驗主義者D. Hume（休謨）的作品，深深以為Hume對歸納法的反駁已使歸納法曝露其缺點。Hume對歸納邏輯最大的質疑乃在如果「所有已被發覺的X是Y」，那麼可否導致「所有X是Y」的結論？Hume認為有其困難，因為所有已被發覺者仍是有限的數目，無法做出無限與普遍性的結論。基於此，Popper發現實證論的最大困難在於「歸納邏輯」，因為「歸納邏輯」根本不能算是邏輯，邏輯實證論已經走向絕路。Popper舉了個有趣的例子說明歸納邏輯的缺失：當我們打開電燈開關1,000次，即使每次電燈都亮了，然而我們能根據什麼「邏輯」相信第1,001次也會亮？有限的實例不但不能確立「類化」的原理原則，而且也不能提高其「為真」的機率，因為原理原則所假定的實例數目是無限的、不可估計的，所以機率的分母也是不可估計的。由此可見，運用歸納法實有很大的問題。因此，Popper反對歸納邏輯，並積極建立假設演繹法。

(二) 否證原則

Popper認為科學不應只是純粹地進行設定假設、驗證或證實假設以獲得支持理論證據的工作。而應把焦點置於「在什麼情形下，理論會出現錯誤」這個問題。因為實例的功能不如反例來得有效用。實證不具邏輯效果，但是否證卻具有邏輯效果；科學實驗的功能不在於證實一個科學理論，而在於嘗試去否證特定科學理論；能通過實驗挑戰而未被否證的原理、原則，可以被暫時接受，成為「目前為止最合理的原理原則」。無法通過考驗者，自然被

淘汰。所以，理論、原理、原則在本質上都是一種假設，實驗與觀察則扮演批判的角色，具有選擇與淘汰的功能。

理論上，Popper（1968）一再強調科學應將重點放在「證明為偽」的程序上，其指出：

> 科學並不只是將觀察結果做整理，而是一種創造發明：在實驗的過程中，必須大膽提出多個猜測。一旦其與觀察結果牴觸，則假設自然會減少；觀察結果往往一致，然而我們必須瞭解到應以尋求一個決定性的反例來檢驗理論（p.47）。

Popper認為實驗必須以大膽猜測、自由批判的態度來進行，因為任何與理論反向而行的結果，都是可能發生的。所謂永存的真理並不存在，任何現存的理論都隨時準備再次被驗證。這個觀點剛好與實證論的主張背道而馳。

(三) 理性論與實在論的立場

在知識論上，Popper遠離了經驗論。因為他認為感官經驗往往不可靠、且會騙人。人難保不會有錯覺產生，因此我們應假定表象背後，仍有一個未被觀察到的實體，以做為驗證知識的根據。

在本體論上，Popper採取了實在論（realism）的立場，理由有三：(1)實在論較符合常識。(2)科學研究大多以實在論為前提。(3)到目前為止，反對實在論的論證都相當薄弱。實在論相信現象背後實體的存在。Popper以為實體尋得的方法，即是經由大膽假設、自由批判的過程逼近。

二、否證論與邏輯實證論之爭議

實證論與否證論在方法論上與基本假設上存在許多差異，因而引發不少的爭辯。其中Popper與維也納學圈發起人Carnap之間的筆戰最為明顯。其爭論可由以下兩大層面來討論（詳細資料可參考蕭明慧譯，1991），以下簡

述之：

1. 就理論之證明而言：Carnap主張科學的討論是有意義的，而形上學的討論則是毫無意義；所謂有意義的命題，原則上必須是以可驗證性為基礎，違背此原則的命題將是形而上而且毫無意義。Popper則否定了可驗證性（verifiability）的重要性。他認為可驗證性是荒謬的，即使是強而有力的科學理論也永遠不能被驗證，畢竟科學的範圍實在太大了。但是科學理論可以被測試，而且可能被證明是錯誤的。簡言之，Carnap主張證實原則，Popper則主張證偽原則。

2. 就研究理性而言：Carnap支持歸納法。邏輯實證論的基本方法是自十七世紀以來所常見的「歸納法」。也就是研究者小心地操作實驗，並照實地記錄結果形成結論，類化後得出假設與理論，不斷地發展新概念以使事物合理化、組織化。這是一種由下而上的方法。Carnap認為觀察是任何知識的基礎，這使得他終其一生皆致力於歸納邏輯的研究。Popper則支持演繹法。他贊同Hume的看法。早在1739年，Hume就曾指出人類從個別經驗所得到的普遍概念，頂多只是一種心理傾向（psychological propensity），這種傾向並不能賦予歸納的普遍概念任何支持理由或基礎。Popper引申此看法，認為證據多寡並無法支持一個科學理論。理性的方法則只有猜測與駁斥（conjecture and refutation），先做大膽的猜測，在實驗過程中小心查證，因此猜測將永遠持續地被修正或取代，以逼近真理。任何一個已通過多個實驗的假定受到支持時，我們不能馬上下定論說：這個假定可被永久支持。事實上，這個假定將在未來嚴格測試的波浪中，繼續受到考驗。演繹的哲學講求由上而下的研究過程，先形成理論的推測，然後導出結果，並測試是否為真。

📚 三、否證論的啟示

Popper與Carnap之間的辯論，間接引起不同陣營學者之論戰，最後難以判定勝負。然而在另一方面，檢視Popper的理論與傳統邏輯實證論，實有以下幾點相似處：

1. 兩者都相信一個不受時空所限制、不受科學理論演變所影響的眞理是存在的。
2. 兩者皆認同自然科學是理性的基礎。
3. 兩者都認爲觀察與理論之間，應有明確的分別。
4. 兩者都認爲證成的脈絡（context of justification）與發現的脈絡（context of discovery）[5]之間有基本的不同。只是他們都關注於驗證、邏輯、理性、方法論以及理論健全性的問題，關於發現的歷史情境，都不是他們關注的焦點。
5. 兩者的哲學都沒有時間性（timeless）：理論建構與實驗過程置外於時間、置外於歷史，也置外於脈絡。

否證論主張的最大啓示，乃在其指出研究者對周遭環境的認識都是一種猜測，只要有更好的論證或經驗出現，研究者應隨時準備好放棄任何原有假設；所以，身爲一個學術研究者應該隨時歡迎新批判，時時迎接新觀點。畢竟世界上沒有一個科學理論可以永不被替代。任何理論都可能隨時被新證據所推翻。但是Popper卻忽略了科學的歷史、社會、脈絡，以及研究者主觀性的問題，而成爲其理論上的重大問題。

貳、Kuhn之歷史取向的科學哲學

Popper對於邏輯實證論的批判，並未對傳統科學理性的優越地位造成革命性的顚覆，Popper本身依舊傾向抱持科學主義的態度，對於發現的脈絡之關心程度，遠遠不及證成的脈絡。然而，就科學活動觀之，兩大脈絡應處於同等地位，因爲前者關乎一套假設或理論是如何構成，後者則著重於有何理

5　所謂發現的脈絡是指就發現事件而言，歷史學家、社會學家或經濟學家們都會將重心擺在以下問題：是誰發現的？什麼時候被發現？發現的邏輯來自於猜測，抑是從對手那兒竊取的想法，或是二十年努力不懈的代價？是誰贊助此項研究……等。

由去支持這套假設或理論，兩者應相輔相成。

就科學知識的增長過程來看，傳統的實證模式太注重客觀規律性的發展應用。就方法論的原則而言，其著重於普遍性原則的應用，殊不知在實際的科學事業活動中，整個科學的發展過程是共同性和特殊性的統一，必然性和偶然性的統一，也是客觀規律和主觀作用的統一。

從科學哲學發展的歷史而言，T. Kuhn的主張是一個重要的轉捩點，因為他的思想引導科學哲學界進入另一場哲學思辨。在其他學門方面，科學研究的精神也廣受Kuhn新科學觀與研究觀的影響。

Kuhn早期致力於物理學的研究。在撰寫物理學博士論文期間，其研讀了科學史，並研究Galilei、Newton、Aristotle等人的力學理論，開始對科學的性質、方法和動力有了一些新的想法。後來，他轉向科學史的研究，並同時注重科學哲學的研究。雖然Kuhn一再被尊稱為科學史家，然而卻以科學哲學方面卓越的表現與成就聞名於世。其以科學史的創造性研究為依據，有力地批駁邏輯實證論的科學觀，而代之以一種典範轉換的科學觀（張巨青、吳寅華，1994）。

歷經15年的精心研究，Kuhn於1962年完成專書《科學革命的結構》（*The Structure of Scientific Revolutions*）。書中Kuhn用精煉文字勾勒出一個由歷史記載本身所浮現的新科學觀，並淡化科學史、科學哲學、與社會學之間的鴻溝。其把科學哲學與社會學的概念導入科學史中，使得科學方法論上完成了一次「典範轉移」[6]。二十世紀上半葉科學史的研究有很大的突破，這些突破對於Kuhn科學哲學觀的形成與發展，起了巨大的影響，茲分述如下：

1. 關於形上學對科學的影響方面，邏輯實證論者把形上學當作無意義

---

[6] 這裡的典範轉移，是指從基礎主義到歷史主義的轉換。Kuhn將一直被排除於科學研究之外的歷史向度轉變成為研究的焦點。這使得理論學家與研究者開始瞭解到社會脈絡與歷史對於理論形成具有強大的影響力。

之討論而加以排除。但科學史研究發現，科學家在進行科學研究之前，必須先有假定與預設，而這些假定與預設中，就有不少形上學的因素。再者，有些形上學思維往往在科學發展中扮演啓發的角色，而啓發的方向有時決定了一個科學傳統的發展命運。

2. 科學史研究發現，歷史上並不存在千篇一律的方法論規則。Kuhn發現在實際的科學史上，沒有一條方法論規則是永恆不變且正確的，不管它看起來多麼有道理，也不管它具有多麼充分的根據。科學在不斷進步的過程中，一些舊有理論自然而然的被淘汰，要發展出更具突破性的科學，就必須跳脫原有方法論的窠臼。從古代原子論（atomism）的出現、哥白尼革命的成功，到量子理論的興起、光的波動學說之發展，都是置傳統束縛於不顧所發展出來的。這些事實皆無情地批判了邏輯實證論的規範與方法論主張。

3. 科學史的發展中有不少涉及革命。以十七世紀的科學革命為例，這場革命不僅推翻中世紀的科學權威，而且也推翻了古代世界的科學權威。它不僅使經院哲學黯然失色，也顛覆了Aristotle的物理學。它不但改變了物理世界的圖象與人類生活的結構，也改變了人們處理日常精神活動的方式。

基本上，Kuhn認為科學史發展上有一個相當有趣的現象，即偉大的科學革命並非源自於「實驗」，而是歸因於探索者本身腦部所發生的變化。十七世紀的科學革命真正藉由「實驗方法」（experimental method）的地方並不多，當時的科學家努力從傳統觀念的資源重新組合並轉化出一套新的觀念系統。這是一種思路的轉換。科學革命的變化多端根本無法用單一標準來說明。

一、典範

「典範」一詞在早期甚少被學界所廣泛使用，自Kuhn的理論問世後，「典範」才一舉成為研究界的新焦點。無可否認典範已成為現今研究領域的核心概念。「典範」一詞的英文paradigm源自於希臘文的paradeigma，當作動詞用，原義是「並排陳列」（exhibiting side by side），在英文中則常解釋為「範例」（example）或指文法中的「語尾變化與字形變化表」

（Kerlinger, 1986）。《韋伯第三版新國際字典》（*Webster's Third New International Dictionary*）中也解釋paradigm爲「類型」（pattern）、「模式」（model）、「範例」（example）。因此，典範的一般意義是指可被參照學習的模式或範例。

依Kuhn的看法，一門學科在尚未成形之前，往往學派林立，眾說紛紜，沒有一個研究者共同接受的基本看法。一門學科若永遠停留在這個階段，則沒有機會發展爲成熟科學（mature science）。有些學科會慢慢脫離此階段，研究者會逐漸形成一股共識，並逐步發展出一套大家認同的觀點與方法，這個科學家們所共同接受的基本觀點和研究方法，即稱爲典範。

典範具有兩大特徵：第一，其具有獨特與突破的看法，因此能從科學研究中的敵對學派吸引一批忠心的歸附者；第二，其仍留有許多問題讓這一群研究者來解決。Kuhn（1970）指出典範對於學術研究的重要性，可以由以下敘述得知：

> 一個科學研究傳統，不論多麼專門，學者加入此一科學社群（scientific community）參與研究，主要都是由研究該科學社群之典範入手。因爲他所要加入的社群，其成員都是經由相同的模式習得該門科學的基礎，他加入之後的研究活動，很少會公開的提出對於基本前提的異議。研究者以共有的典範爲基礎，才能信守相同的研究規則及標準。此種信守的態度及因而產生的明顯共識，統稱常態科學（normal science），也就是某一特定研究傳統發生與延續的先決條件。（pp. 10-11）

由此可知，典範之所以會出現，主要由於其比起與之競爭的理論，更能成功地解決問題，而這些問題是屬研究界公認爲最緊要的。具體言之，典範包括了理論、原理、法則、方法、工具，研究者認同之並進而形成共同的價值、信念、規範、語言、與目標等等，以作爲瞭解及探索科學的基本架構。

典範概念提出後，引發了諸多的困難。由於Kuhn當初並未對典範一詞

做統一的用法，使得後繼的研究者深受困擾。Masterman（1970）的分析中即指出，Kuhn本人對典範一詞，最起碼以21種不同的意義來使用（周寄中譯，1992）。對此，Kuhn特地重新對「典範」進行概念上的修正與釐清，並收錄於《科學革命的結構》第二版的後記當中。

　　綜而言之，典範有兩個重要的意義：(1)其代表某一特定科學社群成員所共享的信仰、價值與技術等所構成的整體。為了避免典範一詞被誤解，Kuhn後來採用「學科基質」（disciplinary matrix）來指稱之；(2)其為科學家在解謎過程中可供參照的模型或範例，是為謎題的解答基礎，具有示範性的功能與意義。

二、科學發展模式

　　傳統上對科學發展的觀點是：「科學知識是不斷增加的，發展是一個直線的知識累積過程。」Popper雖然提出「否證原則」（principle of falsifiability），但也同時強調科學知識的增長是由於科學理論的替代，即新理論在內容上的豐富性及深刻性上超越舊理論，並且取而代之的過程。Kuhn從科學史的研究出發，指出了這兩種看法都不符合科學發展的實際情況，邏輯實證論的歸納觀點忽略了科學史中非累積的發展階段，即科學革命階段；Popper的演繹觀點則忽略了科學中受傳統束縛的常規活動。針對以上缺失，Kuhn提出了「典範變遷觀點」（perspective of paradigm shift）。

　　基本上，Kuhn希望藉由「典範」一詞來打破傳統認為科學發展就像滾雪球般累積的想法，指出每一次科學理論的革命，都迫使科學界推翻一種盛極一時的科學理論，他堅持科學的發展並非累積的而是通過真正的革命而形成的。

　　Kuhn的科學發展理論與傳統不同，可稱作「階段革命論」。由此觀之，科學是從前科學（prescience）階段，經過意見分歧又達成一致而進入常態科學的歷程。常態科學以一定的典範納入本身專業的基礎，經由認同的典範來進行研究、解釋問題，並設法使典範臻於完善的境界。然而在過程

中，「反常」（anomaly）現象會不斷的增多，終於使舊典範窮於應付而陷入危機中，最後導致了科學革命（scientific revolution），在新典範取代或修正了舊典範之後，隨之進入新的常態科學時期（金吾倫，1994）。

　　相較於Popper所提出的「科學理論進步在於一系列激烈的質變」的看法，Kuhn比較強調「科學的發展是通過常態科學時期量的累積而進入科學革命時期之非連續質的跳躍」，其理論模式可參見圖3-1。因此，Kuhn的理論中有兩個大變化，其一為常態科學的漸變，其二為科學革命的劇變。以下分析不同時期的特徵，以助於瞭解典範形成的實際過程。

圖 3-1　Kuhn 主張之科學理論革命發展模式

(一) 前科學時期

　　此時期各個研究者都在研究同一事物或現象，爾後由於出發點不同，意見紛紜與衝突的情況將不斷發生，而研究結果也雜亂無章，對於瞭解事實真相並無多大幫助。此時，研究者只能廣泛地蒐集資料與進行實驗，企圖能早日獲得證據，建立理論。學派林立、百家爭鳴、彼此競爭、眾說紛紜是前科學時期的主要特徵。在缺乏典範的指導下，人們根本無從對事實進行選擇、評價與批判。相反的，每一個人幾乎都援引形上學的信念來為自己的論點作辯護，或用某種形式的哲學觀點來加強自己的論證力量。

(二) 常態科學時期

　　當前科學時期中紛亂學說爭論不休之際，將會有一派最權威的學說逐步統一此門學科。此權威學說受大多數科學家的推崇與認同，慢慢地變成了學術界共用的「典範」。當某典範在科學事業中已經隱然掌握霸權之後，便進

入常態科學時期。此時期科學家所要做的即是增進事實與典範預測兩者間之吻合程度。Kuhn（1970）對此做了以下敘述：

> 只有局內人方能瞭解在典範確立之後，有多少善後工作需要做，以及從事這些善後工作是種多麼令人振奮的經驗。大部分科學家在他整個研究生涯中，就是在從事這種善後工作。這些工作就是我所謂的常態科學。不管我們從歷史或是從今日的實驗室內來仔細查看常態科學的活動，我們都會發現此種活動似乎是強把自然塞入一個已經做好而且沒有彈性的盒子內，這盒子是典範所提供的。常態科學時期科學家研究的目標並非去發現新現象，於是，那些未塞入盒子內的自然現象常被忽略。科學家的工作不再是發明新理論，而且他們也無法容忍別人所提出的新學說。反之，常態科學的研究目的在闡明典範提供的現象與理論。（p.24；程樹德、傅大為、王道還、錢永祥等譯，1994，p.68）

常態科學的主要特質在於科學典範成立後，所有的學術研究都深受此典範影響，研究的內涵只不過是對現有典範的完整化或小幅修正。常態科學是一種解謎的活動（puzzle-solving），當科學社群運用共同認同的信念與範例來進行解謎時，卻也容易引發新理論與新方法遭受傳統典範捍衛者的阻撓而深受打壓的情形。Kuhn指出科學社群對所共同認定的概念和方法論上的「典範」具有相當大的信心，處於此一社群的科學只會依此既有典範來進行專業性的研究。不幸的是，再怎麼精心設計的理論，總會有某些地方與事實無法吻合。這些現有典範對之無能為力的事實，即稱為反例。科學家會試著去解釋反例發生的原因，以維護既有典範的地位與價值，只是愈解釋反而愈突顯既有理論的缺陷。

(三) 科學革命與典範變遷

一旦反例無法解除而消失，其會慢慢累積使數量增加。當科學家忙於

修補理論破洞的同時，另一個新破洞卻逐漸擴大。而且在修正的過程中，有洞見的科學家會意識到既有的典範是有問題的。慢慢地，舊典範就陷入危機中。

科學革命並不會發生在旦夕之間，典範變遷爲一個逐步進行的過程。當愈來愈多研究者運用新典範來解決問題時，舊有的典範將被擱置於一旁。革命過程歷經了無數個辯證與對話，是科學家對所支持理論的一場保衛戰，也只有在具多元典範特徵的大環境中，才能避免科學方法霸權的阻礙。

三、典範之間的不可共量性

科學革命的發生有三個結果：(1)舊典範受到修正；(2)新典範取代舊典範；(3)舊典範維持原貌，新典範被打壓。事實上，新典範並不是全新的理論，因爲新典範源自於舊典範的某些基礎，通常混合著傳統典範中的概念與術語，只是在新的典範中，這些概念與術語都有了新的意涵。而且新舊典範之間在某些地方並不相容，也就是存在所謂的「不可共量性」，因爲兩套理論是無法完全以理論中立的語言（theory-neutral language）來表達或加以比較。Kuhn舉例說明一般認爲可以用Einstein的相對論來解釋牛頓力學，但事實上這已不再是Newton的力學，而是Einstein的力學。

不可共量性的概念很容易讓人聯想到相對主義，既然典範之間具不可共量性，那麼兩者之間的溝通、對話與比較不就太過多餘，而辯證不也成了各說各話的麻煩事！針對於此，Kuhn進一步指出，理論並非完全不可比較的。當理論不只一個時，我們應該瞭解哪一個與事實吻合程度較高，理論的優劣即顯而易見。

四、Kuhn 理論的啓示

綜上所述，Kuhn所提出的「典範」與「不可共量性」兩個重要概念，同時被不同研究領域所借用，影響程度可見一斑。其理論觀點可以整理成以

下四點：

　　1. 觀察語言與理論語言之間沒有清楚之劃分。

　　2. 科學不是累積的，而是經由革命完成。

　　3. 活的科學不需要嚴謹的演繹結構。

　　4. 理論（典範）之間雖具有不可共量性，但並非完全不可比較。

　　此處姑且不論Kuhn的思想所受到的置疑與批判，其思想對於學術界的影響的確相當深遠，其對於科學與研究所賦予的新見解，開啓了科學界反理性的態度。他的思想對於Griffiths、Greenfield、Evers、Lakomski等教育行政先進在思想上的發展，有相當深遠的影響，詳細論述將於後面章節進行說明。

參、Feyerabend的「怎麼都行」主張

　　Kuhn對於理性採取了保留的態度，認爲科學的目的並不是逼近眞理，典範的交替也不代表離實體愈來愈近了。典範與理論不可能達到對自然界一個完全、客觀與眞實的描述。在他的理論中，眞理僅是個多餘的概念。科學頑童P. Feyerabend將Kuhn的思想與其思想結合，尤其在理性問題的處理方面顯現了極大的變革野心，進而提出「怎麼都行」（anything goes）的主張。

　　Feyerabend早期受教於Wittgenstein，後來轉投Popper門下。由於受到Popper的理論與思想之影響，他開始對邏輯實證論提出質疑與挑戰。1950年代末，他更將矛頭指向Popper，批判其追求單一普遍性方法論的主張。其提出多元主義的科學觀，反對重建科學理性主義的規範，並且猛烈抨擊科學沙文主義。他以爲過去的改革者在革命的過程中，往往避開科學不談，而其主張即要針對「科學」這個概念提出批判（Feyerabend, 1978）。

　　Feyerabend指出自啓蒙時代以來，「科學理性」就展現高高在上的架勢，成爲人們追求的目標。到了近代歐洲，學者將科學理性視爲一股自由化

的力量，然而一旦某一理論擊垮敵人之後，其就開始自甘墮落，採取獨斷與權威的姿態以維護自身地位。由此觀之，理性發展使得科學以某一特定角度來瞭解世界的機會大爲增加，但卻同時迫使以其他角度體驗世界的觀點逐漸消失。基於此，Feyerabend提出「韌性原理」（principle of tenacity）與「增生原則」（principle of proliferation）加以說明其論點。

一、韌性原理與增生原則

在1970年代中旬，Feyerabend於其著作《反對方法》（*Against Method*）中說明對科學發展的重要看法。其認爲科學研究的問題在於科學理性常以權威霸主之態勢，迫使其他觀點消失。因此，Feyerabend反對否證論中反例的影響力主張，認爲一個大型理論並不會因爲一個「特例」而宣告瓦解，科學史上也未曾發生如此案例。其認爲反例即使出現，科學家仍會不顧一切，堅持舊理論的正確性。此即是韌性原理，與Kuhn所說的常態科學時期情況相當類似。即使舊有理論遭遇更多質疑，或是反例愈來愈多，科學家仍會堅持舊有典範的正確性，此也是常態科學所面臨的問題所在。因爲這時典範霸權與獨裁的情況很容易就會發生，新理論競爭者很容易被冠上「迷信」、「邪說」、「祕教」、「不科學」、「非理性」等標籤而被拒於科學殿堂之外。Feyerabend認爲在常態科學時期科學不會進步，因爲這時理論只具有韌性而缺乏增生（proliferation）特性。

基於此，Feyerabend認爲較佳的科學進步模式，乃是當某一事實或現象與理論不符時，應該發展更多理論來尋求答案，而非死守舊理論。主張在採納韌性原則後，研究者無需因爲反例的出現而急於推翻現有理論T，而是同時使用其他理論如T'、T"、T'"等去突顯理論T所存在的困難，並同時提出解決問題的方法。

簡而言之，Feyerabend希望告訴研究者：與其堅持舊有典範，直到極度憎惡受挫得不得不放棄它，不如另闢蹊徑而接受增生原則。

二、多元主義方法論

　　後孔恩（post Kuhnian）時代的來臨，主要源自於Kuhn，具有相對主義的濃厚色彩（因此被部分學者歸類爲科學無政府主義者）。Kuhn並未對理論多元化進一步釐清說明，Feyerabend則致力於補充這個部分。Feyerabend指出，理論發展在任何時期都應該是多元的。因爲只有理論多元化，才符合科學發展的實際需求。其指出以往的科學方法論，無論是邏輯實證論、否證論、或是典範轉移觀點，其共同毛病就是強調一致性，強調一元方法論（Kuhn強調的常態科學時期被Feyerabend當成是另一種一元方法論的展現），強調任何一個新理論必須接納舊理論的假設與內涵。Feyerabend對此加以批判，他指出「要求新學說與既有典範相一致是不合理的，因爲它保留的是舊有理論，而不是較好的理論。充分確證的理論相矛盾的假說提供給我們的證據，是用任何其他方法都得不到的。理論的增生是對科學有益的，而齊一性則損害科學批判能力」（周昌忠譯，1996，p.21；Feyerabend, 1988, p.37）。因此，新理論與舊理論之間，一旦只存在可推演與意義不變的關係，只會保護與僵化舊理論，談不上科學的進步與知識的增長。那麼，要使科學進步必須如何做呢？Feyerabend做了以下的說明：

　　　　顯然的，關於一種固定方法或者一種固定合理性的想法，是建基於一種非常樸素的人與社會環境上。有些人注視歷史提供的豐富材料，不想爲了滿足低級本能，爲了追求表現清晰性、精確性、客觀性、與眞理的理智安全感，而使此材料變得貧乏。這些人將清楚看到，在一切情境與人類發展的一切階段上，只有一條原則一直都可以加以支持。這個原則就是：怎麼都行。（引自周昌忠譯，1996，p.13）

三、對不可共量性的看法

Feyerabend相當推崇Kuhn所強調的「理論不可共量性」觀點。由於不同典範中的研究人員不僅有不同的概念，而且對於不同的事物也會產生不同的知覺，再加上從事研究的思想和工具都不相同，這使得典範之間的溝通與對話變得不可能，典範之間的相互比較也無法進行。由於競爭理論之間具有不可共量性，也就不可能有統一的評價標準，理論之間是無法比較的。由此可見，Feyerabend有關不可共量性的看法，比Kuhn更爲極端，完全否定科學理論之間的可比較性，可以說是後現代主義思潮的先驅。相關之敘述將在第五章進行論述。

四、思想特色

Feyerabend是繼Kuhn後對科學哲學界造成重大影響的人物之一。其思想的重心主要在於解放科學。他的多元主義方法論更支持了「非科學」存在的必要性，主張傳統上對於科學與非科學的區別是一種知識達爾文主義，是對於所謂的「非科學」的一種剝奪。這種二元區分的行爲是沒有意義的，科學界應該以一種更民主的方式來容忍各種知識（科學的或非科學的）的並存。而且科學是源自於非科學，對非科學的壓制將會限制了科學的發展。他聲稱先求「科學的解放」後，再談「科學的合理性」這個問題，才具有意義。

綜而言之，Feyerabend粉碎了實證論方法上一元論的美夢，支持了Kuhn典範不可共量性的觀點。只是，Feyerabend的立場較爲偏激。其反對以任何以科學發展爲由的單一科學方法。主張在科學將受益於同一時期的理論並存（即增生原則），即使被質疑爲無政府主義，也是有其需要的，因爲不強加嚴格的研究規範給科學家，將更具有人道主義的精神。

肆、科學實在論的反實證立場

學者Stockman（1983）指出社會科學中反實證的立場，主要來自於三大派別：批判理性主義（critical rationalism，即指Popper的思想）、批判理論（critical theory）、與科學實在論（scientific realism，於1970年代興起）（Stockman, 1983）。由於前兩者將在其他章節加以敘述，以下即先就科學實在論加以介紹，其在反實證陣營中扮演相當重要的角色。

一、何謂「科學實在論」

科學實在論較具體的介紹是出現在科學哲學大師I. Hacking的《再現與介入》（*Representation and Intervening*）一書中。書中指出科學實在論主張「正確的理論所描述的物質、狀態和過程確實存在。質子、光子、力場、與黑洞的眞實性，就像腳趾甲、滑輪機、溪流中的漩渦、與火山等一樣眞實」（引自彭懷恩，1999，p. 80）。

具體而言，科學實在論乃是後孔恩時期的產物，由於Kuhn所引發的理性危機，使得傳統理性受到相當大的質疑，於是在後孔恩時期中，許多科學家們對於實證論的方法論體系做了更爲深入的檢討，並產生許多新的方法論流派，科學實在論即爲其中一支。

二、科學實在論的反實證主張

彭懷恩（1999）指出科學實在論提出了不少相對於邏輯實證論的主張，茲整理如下：

1. 主張非原子論的本體論（non-atomism）。邏輯實證論採用「原子論」的立場，認爲任何的科學現象皆可化約成最基本的構成單位。科學實在論者則採取非原子論的立場，因爲構成社會現象之基本單元即是個人行爲，

然而個人行為之因果預測與實驗並無法讓複雜的人類世界化約成簡單的原則。因此，科學實在論直斥原子論的錯誤所在。

2. 主張非經驗主義的認識論（non-empiricism）。認為科學研究範圍應超出感官能力的範圍，不應侷限於感官能力上。因為人的感官容易犯錯，而且先入為主的觀念常常破壞了研究思維，就以天體論為例，同樣是觀察天體的運行，「太陽中心說」與「地球中心說」這兩種不同的理解所得到的經驗內涵是完全不同的。因此，對於「本質」的研究與觀察並不侷限於經驗或實踐的範圍。

3. 主張以回溯法（retroaction）取代歸納法。邏輯實證論將相似的現象放在同個範疇中加以討論，並尋求其間的規律性來做解釋現象的根源。科學實在論則主張對於現象的解釋，必須回到產生機制（源頭）去求得理解。

4. 主張科學理論的解釋模式應採用結構性解釋（structural explanation），而非律則性的解釋。邏輯實證論重視變項之間的因果關係與共變關係，進而瞭解理論對現象的可預測性，研究重點在建立律則。但對於現實社會中之結構性因素卻不加理睬，自然無法探得現象之本源，科學實在論則偏向結構性（社會）的解釋，而非侷限於律則性的探究。

此外，科學實在論對於實證論的非難與批評，最主要的有以下兩點：

1. 實證論無法處理「理論依賴」的問題。「原子論的本體論」與「邏輯實證論的認識論」認為，觀察和理論本身是嚴格區隔的，即觀察本身不具理論依賴性，然而現實的研究環境卻發現，任何的觀察都需由理論導引。

2. 實證論者不曾考量實證論的方法論使用在社會科學時的適切性。畢竟社會科學研究對象是人，而不是物質，人具有思想、行為，複雜程度不是只重視外在現象的實證論所能測量。實證論者將人當成自然物質來研究的態度，一直深為學界詬病。

科學哲學家對於實證論的挑戰與新典範的建構，顯示了對於科學進步努

力的決心。除了以上幾位學者之外，尚有多位傑出的學者如I. Lakatos（拉卡托斯）、L. Laudan（勞登），他們對於邏輯實證論也做了嚴厲的批判，並試著將傳統實證論與歷史主義的觀點相互結合，奠定了方法論上質量並重的概念，對於多元典範觀點之建立功不可沒（詳細資料可參考張巨青、吳寅華，1994）。

第二節　後實證論研究方法論之反思

　　教育行政科學之實證傳統源於社會科學，而社會科學本身的實證傳統乃經由Comte、Durkheim（涂爾幹）等大師的推波助瀾，才得以建立穩固的基礎。Durkheim主張以實證的方法來分析社會現象，因為科學的研究對象是純粹的社會事實（social facts），因此社會科學研究必須脫離形上學的思辨而注重經驗性材料研究。Weber在其名著《經濟與社會》（*Economics and Society*）中，開宗明義指出社會學是對社會行動進行「理解」（verstehen）[7]，以及對其發展及後果做因果說明的一種科學。他認為理解基本上包括實踐的評估，而因果說明則應該去除價值的判斷。Weber基本上是一位思想相當複雜的思想家，其主張「價值中立」的研究態度，在社會科學領域備受爭議；相對地，其思想也深受新康德學派的影響[8]，更將W. Dilthey [9] 提出的「理解」一詞發揚光大，並就行動、價值與因果關係，詳論社會科學之獨

---

[7]　Verstehen原為德文，其涵義與英文的understanding相同，即指研究者融入研究對象的情境當中，以同理內省的方法瞭解對方。亦有學者將之譯為「領悟」。

[8]　新康德學派是在十九世紀實證論意識高漲的時代中，德國學術界產生的一種回歸Kant的運動。新康德學派認為，實證論只是在物質及機械中，尋求物理的特性，而忽略了人本身是超越物質的一種存在。在Kant的哲學中，價值、意義及道德才是哲學探究的核心。所以，人類的文化與自然世界明顯須加以區分，而文化現象也應透過理解的方法才能獲得瞭解。

[9]　Dilthey是十九世紀著名歷史哲學家兼社會學家。其對當代解釋學的發展，產生相當深遠的影響。

特性。Weber曾對於其所主張的「因果關係」提出說明。他指出由於人們對於社會生活具有一種特殊的理解，因此社會科學中所謂的因果關係，是不等同於自然科學中的因果關係。因為自然科學所追求的是一種定律，而在社會科學的範疇中，因果關係只是一種「適當的可能」（adequate possibility）的概念。換言之，就社會科學的因果關係而言，因果只是一種可能的陳述，而非一種必然的絕對關係（江明修，1997；Ritzer, 1992）。

由於Weber對於實證論秉持保留態度，因此其學說並未造成社會科學領域對實證傳統的動搖。社會科學領域對實證傳統的大反動一直要等到新馬克思主義的出現。新馬克思主義也常被稱為「法蘭克福學派」（Frankfurt School），因為M. Horkheimer、T. Adorno（阿多諾）、H. Marcuse（馬庫色）等人，一開始就是以德國法蘭克福大學的社會研究所，做為創立與發展新馬克思主義思想的基地。另外，當代美國哲學家Quine對於實證傳統的批判也相當受到矚目。茲分述如下。

壹、新馬克思主義對實證論的批判

一、新馬克思主義發展背景

進入1960年代以後，西方各國一再出現嚴重的經濟危機。由於越南戰爭的爆發使美國社會陷入危機中，再加上其他思想上、文化上和道德上的因素，使得西方知識分子中的部分人士，把注意力轉向第一次大戰結束後，一直默默發展的新馬克思主義，企圖從這個新觀點中，尋求解除社會危機的答案。在當時人們對於社會機構的不信任感逐漸攀高，對於社會環境的強烈不滿之下，強調統治階級、勞工階級與弱勢團體權力重新分配與社會變革的新馬克思主義，因而造成極大的迴響。

二、對實證傳統的批判

　　新馬克思主義延續了馬克思主義（Marxism）對於歷史取向唯物觀的堅持。強調歷史哲學是一切理論的基礎，因爲唯有歷史哲學才能眞正揭示人類社會的發展過程，闡明人類社會走向正義化所應依據的批判原則與建設原則（高宣揚，1995）。法蘭克福學派和邏輯實證論同樣反對形上學的思辨，因爲形上學曾導致思想方法的僵化。不同的是法蘭克福學派強調個人的主體性（subjectivity），尊重主觀意識與主觀意志的作用，並認爲科學進步的機制來自於「批判」（criticize）。法蘭克福學派運用「批判」精神統合其理論之發展方向，確定其理論之基本目的，故又稱爲「批判理論」。

　　法蘭克福學派在某些方面的觀點與Kuhn不謀而合，對於所謂的「眞理」採用歷史的觀點。該學派明確指出眞理是由實踐所產生與檢驗的，眞理同時又爲實踐所服務。由於強調眞理的歷史性，人類的實踐也都在具體的歷史條件下進行，所以人的實踐離不開歷史脈絡，而眞理也必然打上歷史的烙印。

　　法蘭克福學派對於傳統理論之「實證傾向」做了嚴厲的批判。Horkheimer指出，在理論上所需要的，是進行全面性的批判，而實證論對此無能爲力。「實證論不但不對社會進行總批判，而且還把科學與技術絕對化；他們甚至把科學技術的進步，看成是一切合理活動的模範，把科學說成爲眞理的範本」（高宣揚，1995）。法蘭克福學派延續了馬克思主義的傳統，力陳現代自然科學把自己囚禁於科學技術的單向度研究中，對於社會的歷史發展過程視而不見的作法，是相當大的錯誤。

　　新馬克思主義發展到1960年代後，出現了傑出的學派大師J. Habermas（哈伯馬斯）。Habermas所建構的理論相當複雜，最爲人知的是「溝通行動理論」（theory of communicative action）。在理性與方法論的討論上，他將重點置於三個層面：工具理性（instrumental reason）、實踐或詮釋理性（practical or interpretive reason）、與批判理性（critical reason）。Habermas所建構的知識理論具有兩大任務：其一是批判從Comte以降的實證論；

其二是給予社會批判理論一個知識論的基礎。前者的工作在於「破」，後者則著重於「立」，兩項工作相輔相成（黃瑞琪，1996）。

Habermas指出自十九世紀後半葉以來，隨著實證論的崛起，哲學家對於知識的反省，已經變得極為狹隘。嚴格意義下的知識論早已經滅亡，取而代之的是科學哲學。而實證論對科學知識的反省也非常的膚淺，它忽略了Kant（康德）所重視的主體認識，無視於客體的構成，以為科學研究的客體或所謂的「事實」是「自然生成的」（given），忽略了客體中所存在的認識能力與主體性。

由於實證論的興起，接踵而來的兩大弊病隨之發生，其一為科學主義（scientism），另一為客觀主義（objectivism）。依Habermas的解釋，所謂的科學主義即是認為不應將科學視為各種知識中的一種，而是視科學與知識為同等，將科學置於絕對優勢的地位。在科學主義的心態下，科學變成了一種最為高級的知識，甚至成為唯一合法的知識。若以科學知識的標準來衡量所有其他知識，則其他種類的知識只好被當成「病人」或「犯人」來看待。在這樣的心態下，知識論變成單薄的科學哲學，而科學哲學則轉變成為科學方法論，只顧著闡明理論的建構與驗證的程序、分析科學的概念、假設、理論、模型、說明、預測等邏輯結構。這種專注於科學研究之過程與結果的邏輯結構，因而忽視認識主體的能力，形成研究界的一大弊病。實證論對於價值中立的膜拜，使客觀性成為其最重要的利器，結果形成了「客觀主義」。客觀主義將世界當作一個客觀自然生成的結構，包含了事實以及事實與事實之間的規律性關係。科學所追求的即是去瞭解此事實的結構。因為真理就是命題與事實之間符應，而產生了「真理複印說」（copy theory of truth）。實證論、科學主義、與客觀主義，可說是單一思潮的三種面相，或可譬喻成一種疾病的三種癥狀。三者各有所指，卻又如影隨行（黃瑞琪，1996）。

為挽救知識論的瓦解，Habermas遂發展「認知興趣」，以人類的社會文化生活為依據，發展出一個廣闊的認識論架構，以徹底反省知識的問題，並對方法論進行批判與修正。他認為實證論的兩個最大缺失在於：(1)科學統一方法論的獨斷。(2)將事實與價值、理性與決定，進行絕對二分。因此

改革勢必得先由這兩大方面著手。

　　批判理論對傳統方法論的批判可說是不遺餘力，而這些批判也影響了長久以來藉用社會科學方法論的教育行政學，也因此造成後來「批判理論」（critical paradigm）的興起。關於批判理論對教育行政相關研究之影響，將於第四章第二節中，進行深入的探討。

貳、Quine的反邏輯實證論主張

　　Quine在1950年代開始，對邏輯經驗論的基本理論與原理原則，展開銳利的攻擊，他從邏輯分析的角度批判邏輯實證論中的邏輯錯誤，並吸收實用主義思想，進一步提出了所謂的「邏輯實用主義」（logic pragmatism），以建立新穎的邏輯哲學。

　　Quine早年沉醉於研讀Russell的著作。在1930年代赴歐洲留學期間，參加了維也納學圈的討論活動，使他得以很早就一窺邏輯實證論的堂奧，在實證論當道的1930年代，即寫了兩篇從本體論角度研究邏輯哲學的論文，反對排斥形上學。1948年發展的論文《論何物存在》（*On what there is*），著手建立邏輯分析的本體論，並曾與Carnap展開辯論。1951年他發表了《經驗主義的兩大信條》（Two Dogmas of Empiricism），推翻實證論與經驗論的理論支柱，震驚整個哲學界。爾後，其連續發表一系列的論著，表達他的基本哲學觀點，並闡明其邏輯實用主義思想。由於Quine的思想極為蕪雜，本書只將焦點置於其對於實證論典範的批判部分。

　　Quine認為自Hume以降，至邏輯實證論的實證傳統，都仰賴兩個密切相關的信條做為立論基礎：(1)嚴格區分只以意義為根據、不依賴於經驗事實的「分析真理」和以經驗事實為根據的「綜合真理」[10]。(2)強調意義證實的

10　邏輯實證論將分析命題和綜合命題嚴格區分，因為前者的意義只靠邏輯分析證明，後者的意義要靠經驗事實證實。Quine以為分析陳述有兩類：第一類是邏輯上必然真的陳述，如「沒有一個未婚的男子是已婚的」，根據「A不是非A」的重言式邏輯關係，就可以確

還原論。Quine抨擊這兩個教條根本就毫無根據，應該予以拋棄，其結果就是轉向實用主義，並且否定形上學與自然科學形同對立的關係（姚介厚，1996）。

對第一個信條的批判中，Quine集中在意義理論中的分析性問題，並指出分析問題需要依靠經驗觀察，邏輯實證論常常大膽地玩起語言遊戲，卻忽略了真理雖有賴於語言，卻也必須依靠語言之外的事實。

對第二個信條批判的焦點為還原論。邏輯實證論運用大量邏輯符號從事世界的邏輯構造，將實體視為可以被肢解的個別陳述。Quine反對此種還原論的觀點，他認為實體是以整體的型式存在的，邏輯實證論過度窄化研究的焦點，以為每個科學命題皆可以孤立地還原為觀察經驗來加以證實。但外在世界的陳述不是個別地，而是以一個整體的形式來面對感覺經驗。科學研究雖然有賴於語言和經驗，卻無法藉由將科學整體分解為個別命題，來加以驗證。

Quine認為科學是有一具有內在聯繫功能的動態整體，它在與外部經驗接觸、衝突時，自身內部有理智選擇和調整的自由；邏輯實證論將科學視為靜態邏輯框架與零碎經驗的結合，將科學肢解成碎片並孤立事實，從而截然劃分分析命題和綜合命題，這樣只會使科學知識研究誤入歧途。他進一步運用實用主義的觀點來闡述以支持其立場。他主張：科學的概念系統是根據過去的經驗預測未來經驗的工具，人們對於某些概念之命題只是作為處理實體的不明確性所進行的定義，在某種程度上或許比神話來得有效，但卻無法反應整體的型式。

綜合以上各家之說，二次大戰後，社會科學界對於邏輯實證論的主要批判焦點置於三個要項：(1) 觀察無法獨立於理論。(2)實體是以整體的形式存

定它是真的。第二類是更大量常見的主、謂詞同義性的分析陳述，如「沒有一個單身漢是已婚的」，則通常被認為「未婚男子」與「單身漢」有語言形式的同義性，通過同義詞替換，就可使這類分析陳述也具有第一類的邏輯真理。然而，「同義性」的概念模糊，無法完全成為分析性的根據，反而要依靠經驗觀察，因此分析命題與綜合命題無法嚴格進行區分（詳細資料可參閱姚厚介，1996）。

在，無法以零碎的經驗拼貼獲致。(3)客觀與主觀、事實與價值之間，無法進行絕對的二元分化。

第三節　Greenfield 與主觀主義

主觀主義（subjectivism）與新馬克思主義雖然在1960年代就已顛覆整個歐洲哲學界，然而教育行政領域中，對傳統邏輯實證論的首次大反動，則要等到1970年代由加拿大學者Greenfield所提出具體批判。Greenfield原為安大略教育研究學院（Ontario Institute for Studies in Education，簡稱OISE）之教授。在過去的數十年中，由於其在教育行政領域的特殊成就，使得他成為國際教育行政研究發展領域中，赫赫有名的學者。

在教育行政理論方面，Greenfield在1974年於英國的布里斯托（Bristol）所舉行的國際交流研討會中提出其醞釀已久的觀點，對與會學者造成極大的震撼。其以現象學（phenomenology）的觀點為基礎，對當時的主流典範提出嚴厲的批判與指責，學界稱其為方法論上的革命。Greenfield所提供給大家的並非答案，在他的著作中，常常引出許多存在已久且發人深省的問題供人反思。他一直執著於研究如何公正、公平、謹慎地運用組織權力。理論上，他反對建立一套標準的規範，而是讓人們在自己的研究工作中，發現其中的窘境並進而尋求改進之道。

壹、Greenfield思想發展背景

基本上，Greenfield集中全力反對邏輯實證論在方法論上的以下主張與假設：

1. 理論結構是假設演繹的，也即是從特殊的例證中推論出普遍的原理原則。

2. 理論所隱含的概念是可透過觀察獲得證實。如果推論的事件與觀察結果相符，則表示理論受到證實。反之，則表示理論被拒絕。

3. 理論中之專業術語必須具操作型定義，一個理論的所有術語在測量程序上，必須是能加以明確定義的。

4. 將本質性的倫理（價值）命題排除於研究範圍外。

針對以上主張，Greenfield開宗明義強烈批判假設演繹法在使用上之限制。其以為觀察與理論之間根本無法拆開來談，因此科學上所謂的「完全的客觀性」是有問題的；社會實體是由意義、解釋、意向、與理解所組成，個人是以不同的方法來進行解釋，因此假設演繹法根本行不通。

另外，教育行政學本是一門相當複雜的學科，內容不是同質（homogenous）與統一的（monolithic），因此無法以單一的方法進行研究，過去的研究似乎完全忽略這一點。Greenfield深感實證論的束縛會阻礙教育行政研究的進步，於是提出以人文科學的角度重新定位教育行政學術。

Greenfield的思想深受組織理論發展的影響。當時由於L. Bertalanffy所提出的「一般系統理論」（general system theory）對組織理論所造成的震撼，使得組織從封閉系統轉為開放系統，相關學者開始瞭解到外在環境對於組織所可能造成的影響相當深遠，於是對回饋系統（feedback system）的研究投入相當大的心力。Greenfield對於組織研究特別感興趣，並認為應該使用新的觀念來進行組織研究。根據舊有的組織科學研究發現：學校和其他特定的組織本質上是不同的，學校組織雖具目標與層級結構，然而其運作並無法進行線性預測。學校行政人員所面對的雖然是例行性的工作，然而執行過程卻得面對變化多端的因素。研究人員必須提供實務工作進行時所需要且有效的理論知識，才能使組織成員得以順利完成其任務。

然而，當時教育行政研究已完全陷於實證科學熱潮中，並以之作為組織科學研究與瞭解學校與學校行政人員培育的理論基礎。一般組織理論被用來作為瞭解學校的工具，社會科學則提供了研究工具來確認與解決行政問題。這樣一個用科學觀所進行的組織研究，頗能促進組織的功能與行政實踐，在

相安無事之下，一直持續的被運用。

　　基本上，行政科學化的發展始於1950年代的美國。當時，由於美國理論運動之興起，學界開始認同「教育行政學」爲一門應用科學。1950年代末，理論運動轉移到加拿大，爾後又進一步對澳洲與一些歐洲國家之教育行政領域造成影響。理論運動強調教育行政學科爲一門專業，並運用實證方法來檢視理論與假定的適當性。然而，這樣的做法並無法眞正瞭解教育行政學術中更爲深入的議題，特別是倫理（ethic）與價值（value）這兩大層面。因此，一個新興的觀點於爲展開，它不認爲教育行政研究之目的是爲了建立基本法則，也不視教育行政組織爲普遍性法則的結構，而是主張學校組織是一個文化加工廠，包含了各個個體（individual）所擁有的不同意義與意圖，每個個體都是一個複雜的元素，對於組織之運作，具有舉足輕重的影響力。

　　此種新觀點發源於十九世紀的德國觀念論（idealism），哲學家統稱之爲現象學（phenomenology）。此方法論強調瞭解的驗證，其觀點在學術界並未受重視。但是，這個發源於歐陸哲學與社會科學並傳播至英美地區的思潮，已逐漸對於社會學與教育學研究有所影響。研究者應注意到以下兩大轉變（Greenfield, 1993a）：

　　1. 儘管很早以前，現象學傳統已經存在於某些社會學思潮中，然而自1970年代以後，才正式開始影響美國的組織研究。英國學術界有關組織研究的部分，也已開始反映現象學的觀點。

　　2. 因爲現象學議題涉及「心靈」層面，因而具體化了其基礎主張。現象學認爲對於社會實體之分析並不具一個固定的形式，比起普遍的想法與價值的展現，研究者更應該關注獨特的背景與脈絡。「組織」這個概念必須轉移焦點至特定時間、地點中個體之觀點爲何，而不是尋求普遍的規定與教條。因爲單一的想法、價值、與法則將使變異與差異減少，而把組織運作推向失敗之途。

因此，現象學觀點否定了組織是屬於「單一形式」的傳統觀點。任何的組織行爲並無法由傳統科學方法所建立的普遍法則來進行預測。

貳、方法論革命的要點

Greenfield（1993a）認爲在科學哲學領域中，傳統觀點與現象學觀點對於社會實體（social reality）的解釋不同。分別爲：(1)視社會實體爲一個自然且具規律性的自然生成實體，允許人類社會的存在，在其中，人們可以自由地滿足其基本需求。(2)社會實體被視爲是人類心靈所創作的形象，不具任何確定的形式，由人類賦予其存在與權威。

在第一個觀點中，組織被視爲是一個自然形成的系統，人類要做的就是去發現這個自然系統運作的規律。第二個觀點則視組織爲人類創作，其由現象學的角度出發，重視組織中個人對其環境、背景的認知情況，組織是一個複雜的實體，無論是做決策或是任務的執行，都是相當繁複的過程。組織並不是具單一形式的自然系統，它包括了個體複雜的行爲，個體可以做什麼？應該做什麼？必須做什麼？在大環境中，如何與其他人相處等問題。

Greenfield（1993a）以傳統系統觀做爲比較的對象，突顯出現象學與傳統觀念相異之處。他藉由以下幾個層面來進行比較（詳見表3-1）：

表 3-1　實在論與主觀主義對社會實體詮釋之比較

比較的向度	什麼是社會實體	
	自然系統	人類創作
哲學的基礎	實在論：世界是真實存在的，且其存在是可以被客觀認知的。組織是真實存在，具有其自我的生命。	主觀主義：世界是存在的，但不同的人會以不同的方式詮釋之。組織是人類創造出來的社會實體。
社會科學的角色	去發現社會與人類行為的普遍定理與法則。	去瞭解不同的個體如何詮釋其生活世界。
社會實體的基本單位	集體主義：社會或組織。	個人主義或集體主義皆可：個體可以以單獨或集體的形式存在。

（續上表）

瞭解的方法	確定允許集體性存在的條件與關係。構思這些可能存在的條件與關係為何。	對於個體對其行動的主觀性意義進行詮釋。並進一步去發現這些行動的主觀性規則為何。
理論	是科學家建立理性的組織性法則，用以解釋人類行為。	是一組個體用來理解其世界與行動的理性。
研究	對理論進行實驗性或準實驗的驗證。	尋求意義之間的關係。並瞭解其行動的結果。
方法論	實體的抽象化 (abstraction)；特別是經由數學模式或量化分析來進行研究。	為實體的再現 (representation)，以達到比較的目的。分析語言與意義。
社會	具有秩序，被一組一致的價值所統治。任何可能性皆無法超越此套價值。	衝突的。由個體的價值及可用的權力所統治。
組織	具有目標導向，目標獨立於個體之外。為社會規律的工具，為社會與個人服務。	受個體與其目標所影響。為權力的工具，一些人利用它來進行宰制，使有利的優勢永遠穩固，造成社會流動停滯。
組織病理學	組織若無法處於良好狀態，問題出在社會價值與個人需求方面。	不同的人以不同的方式進行，人們在追求行動中，永遠存在著衝突。
治療組織弊病的處方	改變組織的結構，以迎合社會價值與個人需求。	找出包含於組織行動中的價值為何，有哪幾種。如果可以，試著改變個體或群體的價值。

資料來源：Theory about organization: A new perspective and its implications for schools (p.7), by T. B. Greenfield, 1993a. In T. B. Greenfield & P. Ribbins (Eds.), *Greenfield on educational administration*, London: Routledge.

一、哲學基礎方面

　　傳統觀點認為世界是可以被客觀認知的。科學家普遍上認同宇宙上存在一個終極的實體（ultimate reality），此一實體可以藉由科學方法或理性分析形式來發現。在系統理論的研究裡，研究者普遍視組織為一有機體

（organism）。組織是真實存在的，運用人類所研發的方法，可以觀察到實體的樣貌。組織中任何活動都具有特定目的，其必須與環境相互回應，以適應環境的改變。一旦組織無法適應環境的改變，則勢必被淘汰。所以組織的命運完全視其環境適應力的強弱而定。依據「達爾文式邏輯」（Darwinian logic）對組織的看法，體積小、機敏性強、民主的組織將取代大型、僵化、龐大笨重的科層化組織。當研究者急著思考如何讓組織適應變化多端的環境的同時，往往忽略了一個問題：理論的角色只是告訴我們「組織是什麼」，而沒有告訴我們「組織應該是什麼」。本體世界與現象世界的差異往往被忽略。

現象學對於組織的陳述，與傳統系統理論大相逕庭。依現象學思想先驅Kant的看法，他將世界二分為本體世界（世界原貌）與現象世界（感官世界）。對Kant而言，實體的世界是真實存在的，但人類永遠也無法透過直接的方法去理解它，因為實體常被不當詮釋或曲解。人們一直在學習、詮釋、與創造其所「看到」的實體。事實上，人並沒有建構（make）他們的世界，而是創作（create）了世界。所以，現象學者主張「人常是被未裝任何彈藥的槍所射殺」。理由很簡單，人們操控了詮釋，也就操控了真理。依此而論，現象論者相信主觀因素對知識發展的影響力，提醒人們現象世界中，人類創作是真實存在的，他們希望削弱霸權式的主觀理解與不當的意義扭曲，積極尋求社會本質中，社會生命的解釋。

二、社會科學的角色

現象學觀點之所以重要，在於它提出相對於Weber、Durkheim等社會學者的研究觀。傳統實證觀點深信一個終極、可被客觀理解的實體是存在的。因此，Durkheim用盡一生的心力在建立社會學基本形式的概念，以做為社會學的普遍規律。Weber則發展人人遵守的組織觀念、教條，以做為激發員工工作動機、增進組織效能的依據。Durkheim的組織觀點偏向普遍性與抽象化，Weber則偏向特定化與具體化。

現象學觀點則認為，組織是人類創作的社會實體（invented social real-ity），而人類也具有應付此實體的能力。基本上，這樣的觀點是直接對We-ber「人文科學」（cultural sciences）中對客觀性敘述與要求之質疑。Weber認為「人文科學」也能像科學般，建立一個邏輯上相當嚴格方法來做為建立特定基本社會事實的工具。事實發現，人文科學並無法對各實體中人類行動的結構做直接的瞭解。因此，尋求管理社會實體的最高法則，變成了異想天開的想法。而那些由Weber、Durkheim所建立的最高法則皆只是贗品，其方法也並不是基於邏輯與公平的旨趣所建立。Weber曾指出「人文科學無法憑藉著對社會認知的洞察，獲得客觀的社會實體」（引自Greenfield, 1993a, p.9）。然而，這個限制反而成為該門學科獨特之處，因為它可以進行自然科學所無法辦到的事，也即是進入實際田野中瞭解行動者（actors）的觀點，以對其行為做深度的詮釋。Weber也曾指出主觀詮釋的方法論對研究的貢獻，他以為「研究者可以完成一些用自然科學法則所無法達成的任務，即對個體之行動做主觀理解。……透過科學方法，我們根本無法瞭解行為的基層本質為何，只能觀察互相關聯的變項關係，並以這樣的觀察做基礎，進行類化的推論」（Weber, 1947, pp.103-104）。

人文科學專家也許無法發現最高的普遍法則，然而他們能夠依據一個嚴密且具有邏輯的方法，來詮釋人們心中社會實體的形貌為何。由此，我們不難瞭解，自然科學與人文科學之間的學術功能具有區別性，人文科學旨在理解不同個體對社會實體之看法為何，而不在發現宇宙世界中之最高普遍原則。因此，社會科學所要提供的，是對社會形式的解釋與澄清，以褪去神學時代的神秘色彩。社會科學讓人類得到啟蒙，使人類從被壓迫中得到解放。依現象學的觀點，這些力量都源自於人本身，而不是來自於社會實體中的抽象元素，而實體也無法操縱人類的任何行為。

三、理論方面

傳統觀點採取自然系統的觀點，假定社會實體具集體性（collectivity）。實體是存在於組織與社會之中，並假定最高普遍原則的存在，此時理論研究重點在於說明實體是如何獲得一致性的結果、應如何改變以使得整體之效率能提升。以自然系統觀點出發的功能分析（functional analysis），即視社會實體為一組織，而非只是一個說明（explanation）。由此觀之，理論勢必比研究更為重要，因為它告訴我們，不能單靠感官來做為認識的主要管道，而是要我們去注意在許多事件背後的最高實體為何，因此光憑一些研究是不足以進行驗證與否證的工作。

現象學的觀點重視個體，並尋求任何與之相關的世界詮釋。此派理論重視來自於特定組織的資料做為扎根基礎。而這些資料都圍繞於特定人物與特定目的與意義的解釋。所以科學的探究，主要目的在於如何去詮釋在不同時間、地點之實體形貌。基於個別信念之不同，每個個體對實體之看法都會有所不同，想法的差異可藉由個體之間之比較來瞭解。換句話說，現象學觀點將建立組織普遍規律與理論之美夢給粉碎，並告訴世人組織具有多面性與不可預測性。Kuhn（1970）曾指出理論的建立並非純粹只做為實體的可能性解釋，也可以做為尋求實體（真相）的指導原則。因此，選擇什麼樣的理論、方法來進行理論建構，其實牽涉了規範與道德的問題。

📚 四、研究方法論方面

依傳統系統理論的觀點，研究的進行只是為了證實某個理論。所謂的理論，通常係指由科學家所建立、對現象的普遍性解釋。Kuhn（1970）則否定以上的定義，並指出上述所謂的科學理論並不具開放性，充其數只能當成是「科學家的共識」。現象學者認為：研究、理論、與方法論三者之間，必須緊密地結合，理論必定產生於研究的過程，並與調查所獲得的資料緊密關聯。理論的目的在於說明（explanation）與澄清（clarification）。而研究與理論依靠研究主題與對象，才能完成其目的。

實證論者偏好運用實驗法來建立變之間的關係，研究過程運用大量的數理模式進行顯著性考驗以推論因果，然而社會科學畢竟與自然科學不同，其

並不存在著亙古不變的規則與定律。

　　以現象學為基礎的研究，放棄了一直以來社會科學所強調的數理模式與利用電腦處理龐大資料的量化過程，著重於特定場所個體經驗的處理，所以個案研究、比較法、與歷史法成為其主要的研究途徑。研究的目的在於對組織的深度瞭解。現象學者認為：再好的數字處理也無法掩飾研究結果的空泛性，如果不及早認清數字遊戲的危險性，將使社會科學研究陷入危機當中。

五、社會與其組織方面

　　傳統的觀點認為，社會的問題即是秩序的問題（problem of order），如果沒有社會與組織，將造成人類世界陷入無政府狀態。而社會秩序被視為是一個以普遍價值做為基礎的管理系統。

　　依現象學的觀點：組織為一個實體（entity），個體具意義的行動決定了組織目標能否達成。組織本身無法進行思考、行動、設定目標與作決定，這些活動都由個體來進行。然而並不是每個個體都進行著同樣的行動與思考。因此，組織是一個人類意識型態的表達場所，而秩序的問題也成為控制的問題（problem of control）。社會的問題不在於是否應該維持秩序，而是由誰來維持？其手段為何等等。現象學的觀點視組織為一個戰場，而不是一個維持秩序的工具，所以個體努力運用其對社會實體的詮釋，來換取更多的組織資源與權力。在戰場上是運用「語言」來進行攻擊與防衛。

六、組織病理學與治療處方方面

　　傳統系統理論學家習慣從組織內部尋找病狀以治療之，這些病狀源於組織對其環境的適應不良、終極目標的無法達成、組織成員個別需求無法獲得滿足等等。對於這些病狀的解決之道，傳統系統理論著重於改變組織的結構以增進組織對環境的適應力，提高組織績效。

　　現象學者則視組織結構為人類信念的體現，因為組織為人類創作的實

體。基於此，如果組織有任何的問題產生，則必定源自於組織中個體的衝突信念（conflicting beliefs）。解決的方法不能只單純去改變組織結構。因為組織是實在，有其自己的生命，所以必須去注意到構成組織的人類行動。研究者必須把「組織」這個抽象的概念具體化，當研究者實地去審視組織時，才愈有可能尋得不同個體意義的表情。誰的想法意圖影響了其他人？如何改變這個意圖？這種種的問題才是現象學者深感興趣的。另外，在改變組織結構時，必須瞭解有兩個因素會影響改革的成功與否：(1)既存的組織中個體對實體解釋的多寡；(2)個體對新觀念的接受度。

參、Greenfield思想之評析

　　Greenfield的思想重要之處，在於其將人類主體性（human subjectivity）的重要性加以突顯。傳統行政科學目的旨在建立普遍原則，一旦原則建立，即意謂研究之路已達終點。而普遍原則的建立只依精確的因果模式與相關的經驗事件做為基礎，再加上適當的推論即可建立，並未對特殊個體的想法進行詮釋，實無法對現象做充分的瞭解。針對於此，Greenfield即從主觀主義出發，認為理論之建立，乃是個體尋求解釋世界之各種現象而來。然而，由於不同個體有其不同之「意義建構」方式，世上並無所謂普遍與大型理論之存在。因此，教育研究必須轉向注重個人意志與主體性的型塑。

　　在另一方面，Evers and Lakomski（1996a）指出Greenfield對於傳統觀點有兩個重要批判：(1)其攻擊傳統只單從實證性資料進行假設演繹推理，就能達到客觀性的說法。Greenfield反對客觀性，並將觀察與理論之間的分野模糊化，主張任何的觀察都牽涉某種程度的詮釋；(2)其極力主張社會科學與自然科學之間具有相當大的差異，無法以相同的研究方法來進行理論建構。自然科學追求客觀性，社會科學則深具主觀色彩，無法以實證性資料進行驗證。

　　在閱讀相關著作後，發起理論運動的學者Griffiths（1995）將Greenfield之方法論觀點，歸納成以下幾點：

1. 對邏輯實證論進行持續性批判。
2. 對1950與1960年代所進行的理論運動，採取嚴厲否定的態度。
3. 堅信組織並不是真實存在的實體，而只是人類創作的社會實體。
4. 大力主張主觀主義，認為要瞭解這個世界，必須採用此一新觀點來檢視。
5. 認為過去的教育行政研究成果凋零，主要是由於迷信行政科學化所造成，而邏輯實證論必須負起責任。
6. 對自我與組織之間的整合，給予高度的關注。
7. 宣稱教育行政為道德學科（moral art）。
8. 重視理論並為行政科學提供新的觀點。（p.153）

　　以上的論點雖然看似繁瑣，實際上，前六點可以合而為一。Greenfield指出由邏輯實證論所建構的方法論體系是充滿缺陷的，過去的教育行政研究成果之所以空泛，都拜實證科學所賜。他認為實證科學走向，根本無法求得實體。此外，由於理論運動的興盛，教育行政方法論上的實證主張形成了獨大的局面，不使用實證方法之研究結果被恥笑為「不具科學性與學術價值」。對於實證典範所存在的這些問題，Greenfield認為唯有承認多元實體的存在與使用不同的研究工具進行研究，才能使教育行政研究之危機解除。

　　針對以上主張，Griffiths（1995）卻認為Greenfield的看法過於極端，幾乎全面將理論運動的主張完全推翻，卻未能提出實質之替代方案。此外，Evers and Lakomski（1994）認為Greenfield希望將教育行政視為是「人文科學」（humane science），而與希望教育行政「科學化」之趨勢有所牴觸，因此遭遇實證研究者極大批評，至今仍方興未艾。

　　Greenfield雖然對實證科學的做法感到厭惡，他同時對於批判理論者、解構主義者（the destructors）、後現代主義者（postmodernist）、激進的女性主義者（radical feminist），與Evers and Lakomski所努力建構的連貫論（coherentism）都做了毫不客氣的評論（Greenfield, 1993b）。然而，其卻唯獨對現象學情有獨鍾，並大力推薦以現象學觀點進行教育行政研究。依此

論之，Greenfield雖然支持多元方法之使用，但在某種程度上仍然帶有些許獨斷論的色彩。

肆、Greenfield對教育行政研究的貢獻

Greenfield在教育行政領域活躍數十個年頭，並對教育行政方法論所存在的問題進行深入的評論。具體而言，即使其看法曾遭受多方抨擊，其對教育行政領域的主要貢獻仍有以下四點：

1. 使「多元典範」的研究觀點在教育行政領域萌芽：Greenfield以現象學做為個人立論基礎，以主觀主義來對客觀主義採取嚴厲的批判。Greenfield強調實體並非邏輯實證論所主張的只有一個。世界存在著各式各樣的實體，而且實體即為人類的創作，並非是客觀的自然存在。既然人類的主觀性常主導了研究之進行，那麼方法論上多元性、差異性的存在本就無可避免。研究者要認清的是：多元主義才是促進學術進步的原動力。

2. 確認教育行政研究的主觀性色彩，主張運用現象學的方法來進行研究：自邏輯實證論之基本思想介入教育行政領域之後，教育行政學者在研究上強調實驗設計的嚴謹度、混淆變項的排除、抽樣的隨機性，最重要的是研究過程必須完全符合客觀性的要求。這也是為何實證方法一直勤於發掘控制干擾變項的緣故。Greenfield卻一再確認教育行政研究對象具主觀的性格，排斥絕對客觀性的規範，反對實驗室色彩濃厚的教育行政研究。

3. 將倫理與價值層面重新納入教育行政研究中：邏輯實證論提出科學價值中立的要求，並將「事實」與「價值」進行二元分化，以為科學是可以且必須不受價值因素的影響。然而許多事實證明，不只是社會科學，即使是講究價值中立的自然科學，也都無法避開價值的影響，譬如領域的選擇、問題的偏好、理論的比較、假設的形成、測量的形成、測量工具的選擇等，處處都受到研究者個人主觀偏好與觀值觀的影響（Lincoln & Guba, 1985）。Greenfield認為教育行政研究永遠無法避免價值或價值因素的影響，因為組

織是人類創作的實體。

4. 將觀察與理論之間的分野剔除：Greenfield深受Kuhn與Feyerabend等科學哲學大師的影響，主張觀察與理論之間是無法區隔的。任何的觀察都深具理論依賴性（theory-laden），理論引導任何的觀察，沒有理論引導的觀察顯得空泛而不實際，也無法被證實；相對的，任何的理論如果沒有觀察，則理論將失去進步的可能性。

第四節　Hodgkinson 與人文主義

除了Greenfield，另一位加拿大學者Hodgkinson的評論也對教育行政研究領域，產生相當顯著影響。其檢視教育行政歷史發展，從中提出自我的理念。不但挑戰邏輯實證論的假定，同時也發展出可應用於行政理論與實踐方面的新觀點。

首先，其認為在邏輯實證論之籠罩下，教育行政研究已經面臨教育行為失去價值意義的問題。其次，其企圖發展一套理論來解決教育行政中有關「價值」與「倫理」的問題，這是以往邏輯實證論研究者所不願觸碰之課題。以下分別敘述之。

壹、教育行政研究的倫理問題

開宗明義，Hodgkinson首先闡述任何行政活動均非絕對客觀，而是牽涉到哲學的思維。行政活動就是哲學活動的一種，因為任何的知識乃源自於哲學。其以領導為例，舉出以下四種錯誤的圖像（Hodgkinson, 1991,1996）：

1. 哲學家皇帝型：此類型乃衍生自希臘哲學家Plato的理論。在其所著之《理想國》（*Republic*）中，Plato描述一個分工合作的社會結構，不同階級需要不同教育，以維持社會的生命力。基本上，其主張整個社會只需要

一個集智慧與美德於一身的領導者。其行為雖從「善」（good）的觀點出發，但卻超越在理性與道德之上。

2. 權力主導型：以追求絕對權力為唯一目的，並且不擇手段達其所願。其行為明顯忽視道德與倫理，可以N. Machivelli（馬基維利）著作之「君王論」（Prince）為代表，強調即使欺騙狡詐，在權力之獲得前提下，均可被諒解。

3. 傳統領導型：行為不考慮道德因素，而僅以傳統或習俗為準，即使與現今社會之思潮已有所扞挌。

4. 技術導向型：將道德或價值等哲學思維加以排除，而注重「事實之客觀性」，因此淪為技術導向的專家，僅能依照所謂之「標準程序」行事，形成所謂之「管理主義」（managerialism）。

由以上之言論，可以明顯看出Hodgkinson反對行政行為排除道德與價值之作法。基本上，其主張行政作為基本上屬於道德活動，任何決策都牽涉主觀抉擇，其必須由一套完備的知識加以領導。Hodgkinson將以上看法做為其中心主張。因此，他首先批評邏輯實證論學者（尤其是Simon）主張行政理論不應存有倫理命題的看法，認為將倫理成分剔除，乃是極不恰當的做法。他對實證論者批判不遺餘力，反對邏輯實證論視教育行政為科學，將倫理成分抽離之作法。事實上，行政無法脫離哲學而獨存，因此在本質上，他主張教育行政屬於人文科學而非科學（as a humanism not a science）。Hodgkinson提出兩個重要的看法：

1. 哲學是使行政行為導入正確思維與評價過程中（包括合理性、邏輯、與價值）不可缺少的本質。
2. 哲學為行政活動中最基本的元素（引自Evers & Lakomski, 1991）。

Hodgkinson檢視行政學門之知識基礎，發現當時的行政學中，竟然不存在任何特定的哲學思維。會造成如此局面，其歸咎於教育行政與組織乃受到

實證典範影響所致，特別是Simon對「原型模型」（prototypical exponent）的例示。Simon認為組織就像是一輛巴士，而行政者即是司機，在如此的安排下，哲學何須存在？再者，Simon認為行政過程包括選擇與執行等層面以達成組織的目標，而整個過程在一個「有限理性」（bounded rationality）的狀態下完成。因此，哲學的角色很明顯的由技術的決策步驟所取代。

Hodgkinson卻堅持認為，行政理論的建立過程中，哲學永遠扮演著重要角色。他指出，行政學和管理學之間永遠存在著區別性，前者牽涉了判斷性的觀點，而後者只顯現了組織的活動。他努力對兩者之不同進行辯解，並勇於對教育行政中的一些哲學觀念進行澄清。其中，對於邏輯與價值之間的分野，Hodgkinson（1983）做了以下的論述：

> 哲學的認識層面可以分為兩大領域：哲學與價值。前者探究事實、結構、一致性、一貫性、因果關係、與次序性等問題。後者則經過評價的過程探討倫理、道德問題，以瞭解人類意向的複雜性。因此，它的研究對象包含所有人類心中的理性元素，必須結合兩個領域的知識，才能深入瞭解組織行為。（p.6）

由此可知，Hodgkinson極力主張哲學思維是包含在任何行政的事務當中。哲學不僅能夠提供行政理論的協調性架構，它也對行政實務、決策、與行動等方面具有其特殊的意義。

我們可以再由行政與管理之間的分野，瞭解Simon對於政策與行政兩者間如何進行區分（可參見第二章第三節）。所有Hodgkinson所提出來的規範性問題，事實上存在於Simon對於「政策」的觀點上。畢竟，倫理的推理與倫理行為，是人類必然存在的現象，即使是Simon早期的觀點，也很自然地包含了哲學觀點。

在Simon的理論中包含後設倫理（meta-ethic）的看法，即視倫理為知識的合法性基礎。哲學也因此失去了對於「應然」之決定能力。可是由於倫理並不是知識，它既無法適當地成為決策理論的一部分，也無法在決定的過

程中扮演任何角色。因此，關於「應然」的問題，並不應該包含於政策理論之中。依Simon的看法，所有決策的目標都是被實證性的探究所決定。但事實上，行政行爲卻是由人們的主觀的、情感的、非認知性的偏好所決定（Evers & Lakomski, 1991, p.103）。

　　Hodgkinson不贊同Simon的實證論與其所謂的後設倫理，也否認了適當性集體偏好的可能性。認爲倫理命題可視爲知識，且爲主觀性的知識，因此哲學與行政間本來就是合而爲一，在行政問題的解決上，永遠少不了哲學討論。特別是權力的問題方面，因爲行政者擁有權力（power）。權力的大小視組織的大小和控制幅度而定，有了權力才能進行裁示以落實行動。權力深深影響他人的生活與整個社會的運作，也成爲絕大部分罪惡的根源。爲了反抗巨大組織中這些根深蒂固的毛病，哲學成爲抗拒的力量，特別是經由技術理性的分析與應用，來解決價值的問題與衝突，遏止罪惡的發生。所以，行政從本質來看，屬哲學的活動。

貳、教育行政研究的價值問題

　　Hodgkinson在價值方面的討論開創了不少新見解。首先，他認爲價值命題是永遠也不能清楚證明何者爲是、何者爲非，因爲價值命題與邏輯命題或可由實證性資料驗證的命題，在性質上完全不同。行政作爲將價值抽離事實的原因即在於此。在傳統Weber科層體制觀點下，組織是個分工合作、公私分明的結構，任何行政事務必須要能分清是非、認明步驟，造成價值的成分必然地被排除。

　　Hodgkinson（1978）指出價值是關係到可欲的（desirable）與激發力量（motivated force）之概念，其偏向濃厚的主觀性。關於「價值」一詞，其做了以下敍述：

　　　價值只能存在於價值擁有者的腦海中，然而其深深影響一個人對
　　　特定事件的態度，在工作上或是其他場合應該如何表現。……客

觀的科學（邏輯）術語將之視爲是「眞」與「假」問題的處理，
而主觀的觀點則視之爲「好」與「壞」、「對」與「錯」的問題
來處理。（p. 105）

　　針對以上觀點，可以先從Simon對事實與價值的看法來進行分析。Si-mon（1976）認爲事實命題與價值命題相較之下，事實命題是較精確的，因爲它可以透過驗證來確定其是否與事實一致。而價值命題則屬於個人的偏好取向，對於客觀的科學研究毫無幫助。因此，Simon只將焦點置於前者。Hodgkinson並不認爲價值陳述無法分出對錯。因爲研究者在實證觀點之下，遠離了質性方法的使用，造成了自然主義的謬誤，才會誤以爲價值陳述的非科學性，事實上由事實與「實然」的數量仍可以證明一個價值命題或是「應然」問題。Hodgkinson這些觀點都與Simon的看法背道而馳。

　　Hodgkinson同意主觀性知識的存在價值。眞與假的陳述雖爲客觀的、科學的知識所應用，可是這不表示研究者就可以忽略或否定主觀性的存在。撇開價值的考量，價值與認知的信念在性質上較爲相似，或者說它們本來就是一個混合物，價值中本就摻雜某種程度的認知與情感成分。此也是Hodgkinson認爲價值擁有具體結構的原因。

　　圖3-2即爲Hodgkinson對於價值概念的分析性模型。他認定價值可細分成三種類型，而動機基礎是個人價值、信念、行動的來源。第三種類型（個人偏好）呈現了「好」這個概念。它們是以個人的情感做爲基礎，進而構成個人的偏好結構。這個結構是自我判斷的、最原始的並且附屬於理性之中。其他的兩種類型偏向於價值的哲學層級。Hodgkinson相信從哲學的思維，更能精確地對價值進行正確判斷，因此由下而上觀之，第二類型的價值又可細分爲兩種類型：類型a是基於共識所產生，經由專家意見或是集體中多數決而定；類型b則是將焦點置於未來事務狀態的可欲性或對於價值判斷後伴隨而來的結果分析。有鑑於第二類型之價值可以經由理性而獲致，第一類型的價值則是位居於所有哲學層級的最高程級，它們是凌駕理性之上的。Hodgkinson以「原理原則」（principle）一詞來表示第一種價值類型。此類

	等級	心理學用語	哲學用語	價值類型
正確的	原理		宗教主義（Religionism）	
	原則	意動的 （Conative）	存在主義（Existentialism） 唯意識型態（Ideologism）	I（凌駕理性的）
	結果 (2a)	認知的 （Cognitive）	人文主義（Humanism） 實用主義（Pragmatism） 工具主義（Utilitarianism）	II（理性的）
	共識 (2b)			
好的	偏好	情感的 （Affective）	邏輯實證論（Logical Positivism） 行為主義（Behaviorism） 快樂主義（Hedonism）	III（附於理性的）

圖 3-2　Hodgkinson 的行政價值分類圖

資料來源：Cognitive perspectives on values in administration: A quest for coherence and relevance, by P. T. Begley, 1996, *Educational Administration Quarterly*, 32 (3), p.408.

價值是以原理原則、形上學做為基礎，並以倫理符號（ethical codes）、命令（injunctions）、或戒律（commandments）的形式存在。它們不能以科學的方法進行驗證，也無法經由邏輯辯論進行判斷。就成分而言，它們是意志多於理性。根據Hodgkinson的說法，第一類型的價值中意味著某種信念、信心與承諾的行動（Begley, 1996）。另外，Hodgkinson有三個主張與其價值模型互相關聯：

　　1. 比起其他兩種類型，第一類型價值是至高無上的、更為真實且經過良好判斷的，或是在哲學上更具辯護能力的。雖然Hodgkinson本身也無法回答「第一類型價值或許在某種情況下，是由結構完整的第二類型價值演進而來」這個問題。

　　2. 經過一段時間後，價值常傾向於降低其等級，而喪失了其真實性與道德洞察的能力。

3. 價值衝突，特別是行政中的價值衝突，較偏向於使用低層級的價值觀來解決問題。（引自Begley, 1996, p.409）

以上三點主張中，第二及第三點與Begley（1988）所進行的研究發現結果類似。從Hodgkinson的主張中不難發現，他視邏輯實證論之方法論爲較爲低層次的問題解決途徑，強烈批判邏輯實證論對於價值問題的忽略。畢竟一個問題若無法解決時，實也應該想辦法尋求答案，而不是將它當成是非科學、或混淆因素而擱置於一旁。

基本上，Hodgkinson將教育行政視爲是一門實踐學科。理論之建立必須與行動之踐履加以結合。教育行政研究除非包含教育目的、道德、價值、情感之反省，否則即可能失去教育實踐的意義性。追求客觀的理性，極易落入只重「方法」而輕「價值」之問題。（例如學校一味強調量化指標的績效，進而形成升學主義）。Hodgkinson認爲如何對行政「事實」與「價值」加以統合，乃是組織領導人的首要任務。

Hodgkinson對教育行政理論發展最大的貢獻，在於其將價值重新嵌入行政理論與實踐當中。其說明價值的不可排除性，將教育行政定位爲人文科學而非科學。其反對長期以來邏輯實證論之研究傳統，並重新評估其理論的適當性，對於教育行政典範轉移有著重要的貢獻。此外，Hodgkinson由於主張教育行政具有道德特性，因此彰顯了教育主體性的思考。教育行政之運作應基於社會成員之基本價值，因此，其具有獨特性與主體性。基於此，教育行政與一般行政在領導與決策上有所差異，不應過度移植其他領域之「定理」（如經濟學市場理論）於教育行政運作中。

Hodgkinson之著作甚豐，對於道德、領導、決策均有所涉獵。限於篇幅，以上僅就其在研究方法論之相關主張加以簡述。讀者若需深入瞭解其學說，還請參閱相關英文著作。其中又以《Towards a Philosophy of Administration》（1978）、《The Philosophy of Leadership》（1983）、《Educational Leadership》（1991）、與《Administrative Philosophy》（1996）四本書最爲重要。

第五節 本章小結

理論運動的發展，使得教育行政研究逐漸邁向科學化、精確化，也即是所有的教育行政研究皆應以理論做為基礎。在科學化的運動中，教育行政研究的方法論問題由規範性導入實證性，這個由規範時期進入社會科學時期的變遷，是教育行政學的第一次大規模的方法論轉向。在理論運動獨霸教育行政研究的1970年代，部分研究者（如Halpin）卻發現實證典範並無法如預期般為教育行政知識帶來豐碩的成果。加上自然科學哲學中，Kuhn、Feyerabend等大師思想的擴散以及社會科學理論家Adorno、Habermas、Quine、Bernstein等人對實證論的質疑所引發的方法論論辯，使得一些有識之士深深瞭解到教育行政方法論必須進行變革，因而出現Greenfield、Hodgkinson等具革命態度的學者，這可說是教育行政領域第二次在方法論上的轉移[11]。

Kuhn認為科學的發展具革命性，而非累積性，當新典範取代舊典範之後，所有舊典範的觀念與知識基礎將被揚棄，因此科學革命是個永不休止的歷程，對於尋求「最後真理」的慕道者而言，這無非是當頭棒喝。知識是不斷在變動，而典範間將永不休止的進行革命，實證論所努力建構的最終理論在此時顯得愚昧萬分。接著Feyerabend提出多元主義方法論以推動多元實體、多元典範的觀念。Feyerabend勇於向科學權威挑戰的態度也啓蒙了Greenfield，使得教育行政方法論革命正式爆發。

Greenfield被視為是引進德國觀念主義，使得教育行政領域產生巨大理論分裂，使研究方法走入後實證論時代的先驅。概覽其所提教育行政方法論的革命重點，我們發現其並未因此建立一套完整的理論，大部分的評論家將他二十年來的作品只視為是評論（Evers & Lakomski, 1991; Griffiths, 1995）。Evers and Lakomski（1996b）肯定Greenfield對於方法論革命所做的貢獻，但其方法論觀點本身實也存在著一些問題，特別是對主觀性的過

11　部分教育行政學者也將之稱為新理論運動（New Theory Movement）。

度強調，極可能導致學術領域的分裂。他們認爲「Greenfield雖強調個體主觀意念主導了個體行動，然而我們如何知道個體內在動機與理性，與其行爲的關係爲何」（p.136）。我們認爲，Greenfield主張多元典範之建立與強調避免特定方法論霸權的存在；然而其本身卻一再提出丟棄實證論的主張，認爲實證論所導致的方法論霸權與研究內容之空泛，已危害了整個教育行政領域，事實上並不完全正確。Griffiths（1978）檢視美國的情況發現，早期雖然大部分的研究者較偏好使用實證方法來進行研究，但仍有一些研究者採用了其他研究方法來進行研究，只是數量偏少。由此可見，雖然實證典範普遍上較受到學術界的青睞，然而表現在方法論上的霸權，仍是人類本身的問題，而非方法論本身的問題。

此外，Greenfield的理論觀點大部分仍停留在敘述層面，除了提出對邏輯實證論的反對意見，實際上對於教育行政方法論上應有的實際做法，卻並未提出具體說明。或許這就是爲何教育行政研究界一直無法全面使用新興典範（現象學觀點）來進行研究的主要原因。

Greenfield強調主觀主義，反對客觀科學，並以文化觀點做爲評論的基礎。但是，如果主觀主義毫無限制的發展，教育行政研究也將變得霸道武斷。Greenfield之方法論觀點難免有缺失，然而其對於教育行政研究的批判觀點，是相當重要的，畢竟它勇於對教育行政領域既有典範、方法論以及研究內容進行檢視，對理論運動以來研究者所建立的知識基礎之適當性進行確認。

Greenfield晚期雖開始關注倫理面向的探討，但在其作品中關於此方面的討論仍相當少，然而其針對「價值外於理論」的批判，可做爲對傳統科學的重要評論之一。他本身相當佩服Hodgkinson所提出來的一些看法。Hodgkinson對於教育行政中的價值層面進行許多深入的探討，其主要之四本著作，皆強調注重行政學中價值與倫理問題的分析（Hodgkinson, 1978, 1983, 1991, 1996）。Hodgkinson（1978）指出過去的學者認爲將價值外於理論並不爲過，然而單由檢視組織中的決策過程來看，其不但無法避開價值的論述，更確切地說，價值是決策過程的最基本本質。因此，教育行政研究本來

就無法避開價值的討論。Hodgkinson更進一步提出價值理論，可惜卻無法精確地說明「價值層面」究竟爲何，也無法提出更爲具體的價值分類，這使得價值理論至今仍流於純粹的理論論述。

綜而言之，Kuhn、Greenfield、Hodgkinson等學者思想之所以重要，就在於其開創了不同於實證論之方法論觀點，使得教育行政研究進入百花齊放的後實證論時期。

第四章

後實證論與多元典範之發展

> 當邏輯實證論的主張遭受前所未有的困境時，正確的態度並非因此而逃離客觀性與實在論的主張，而是應該去覺察除了觀察與實證性資料的多寡外，是否還有其他的證據可做爲理論建立的基礎。
>
> 〜Colin Evers & Gabriele Lakomski

　　自然科學研究領域中，對於實證論的批判，深深的影響了社會科學方法論的發展。1980年代以後，單一證成模式的方法論歷經各個學派之批判與後實證論者之質問而逐漸宣告式微，整個學術界也由實證論轉入後實證論走向。有別於傳統實證單一證成模式，後實證論強力主張必須針對邏輯實證論之研究方法與工具進行反省。後實證論的發展主要表現在以下幾個研究轉向（吳瓊恩，1995；秦夢群，2011；Lincoln, 1985）：

　　1. 從單純機械式的世界到複雜多樣的實體觀：世界不再是由簡單的幾個因子所組成，科學研究也不再一味地只是尋找變項之間的因果關係與定理，而是開始關注具有個別性、動態性、與特殊屬性的實體。

　　2. 從層級節制的世界到無層級的世界觀：過去強調長幼有序的金字塔式分層，將逐步轉化爲一個不分層級的世界，新秩序的形成是交互影響、互相牽制、與同步關注的。

　　3. 從機械的宇宙觀到全像關注的宇宙觀：世界不再呆板地像臺機器，每件事物相互關聯就像個大網絡一樣，每一部分都與整體息息相關。

　　4. 從宇宙有限觀轉向至宇宙無限觀：以往的「科學終結觀」被完全剔除。宇宙世界中，特別是社會世界，其複雜程度即使靠精密的數學模型也無法預測與控制。未來具高度不確定性，人類對於事物本質的瞭解還相當有

限。

5. 對於假定的猜測從直接因果到互爲因果：過去對因果的預測只重視
因果鏈的建立，而忽略了互爲因果的可能性，後實證論學者則極爲重視非線
性關係的探討。

6. 從純粹客觀性到多元觀點透視的方法論轉向：實證論力求研究與推
理過程完全達到價值中立性的理想，後實證的觀點卻主張主觀性乃是無處不
在。然而用「主觀性」來取代「客觀性」並不恰當，因爲科學研究不能流於
個人主義與相對主義。後實證論觀點用「觀點透視」（perspective）來表示
同一現象的多重觀點與多元實體的建構。

以上幾個方法論轉向是針對實證論所進行的批判與反省。Lincoln and
Guba（1985）將後實證論者對實證論典範的批判，做了以下的歸納：

1. 實證論導致了人們對科學的誤解。實證論無法釐清「發現的脈絡」
與「證成的脈絡」之間有何不同。前者重於處理科學理論之起源與根源問
題，後者則是去證成它們。實證論者忽略了前者的存在，只將焦點置於後
者。再者，實證論過分運用科學來進行預測與控制，因此產生了許多科學上
所謂的「實用的指標」（pragmatic criterion），這些指標目的雖在導向成功
預測與控制，但卻使得其他合法性的觀點被迫排除於外。

2. 實證論無法適當處理理論與事實之間的關係。實證方法依觀察來驗
證假設，以獲致正確性的結論。過去理論中的未判決狀態一直被視爲是歸納
的問題。因爲在演繹法中，一旦確認了前提的正當性，則結論必須是真實
的，因此理論上結論應該也只有一個。但是演繹的途徑雖然關閉，歸納的大
門卻仍然開放著。雖然大部分的理論多多少少都能與觀察結合，但沒有研
究者可以保證反例不會出現。由此，我們瞭解到整合性的最高法則（最終理
論）是無法形成的。因此，所有的事實都具理論依賴性，研究者很清楚任何
的事實都無法脫離理論的影響，觀察語言同時也是理論語言。影響所及，許
多的理論仍處於未判決的狀態，使得最終理論並不存在。而推理的過程基本

上是個循環不斷的過程。

　　3. 實證論過分依賴操作主義（operationalism），而操作主義又逐漸被認為是不完備的。因為其所依賴的資料絕大部分係以「感官」（sensation）經驗為基礎，而鮮少處理感官以外的議題。

　　4. 實證論有兩個主要主張是矛盾且無根據的。其一為決定論（determinism），因為其對人類自由的追求剛好背道而馳，而且近年的研究發現（例如非線性理論或是Heisenberg所提出的「測不準原理」）也說明了決定論的錯誤。其二為化約論（reductionism），其以為所有的現象（包括人類行為）皆能化約為終極的法則。近年的數學與物理學相關研究也已指出化約論的謬誤。

　　5. 實證論忽略了受試者主體性的存在，以為事實不應包含倫理與價值層面。這也是近年教育行政研究深受攻擊的一點。自Simon以降，支持實證論的學者無不鼓吹價值與事實之間的分離。然而後實證論觀點卻發現任何的研究思維皆無法避開哲學的思維。

　　6. 面對近年其他領域所浮現的新觀點，實證論已經相形見絀。其中包括Godel的不完備定理[1]（incompleteness theorem）、Heisenberg的測不準原理（uncertainty principle）[2]、貝氏定理（Bayes' theorem）[3]、與混沌理論（chaos theory）等。這幾個理論使得實證論的一些基本前提，包括本體論、客觀性、因果推測等遭受到前所未有的挑戰。

　　7. 實證論對於其本身設定的前提所遭遇的困難無法提出解釋。實證論在本體論上假定了一個單一、可知實體的自然存在；在知識論上假定了觀察者與觀察間分化的可能性，以為知識是可以超越時空與脈絡；在研究結果的

---

[1]　所謂的不完備定理，即指沒有數理的定理系統可以同時給予該系統本身的不完整性與一致性的資訊。換句話說，它主張沒有一個數學理論能在保有完整性的同時，兼顧其內在的一致性。

[2]　測不準原理主要係指特定粒子（如質子）之位置與運動軌跡無法被同時精確獲知。

[3]　貝氏定理主張沒有一個與量子理論相容的理論，可以將事件分化與獨立。

分析上，假定了直線的因果推理的正確性，以爲任何的一個果皆起於某一特定的因；在價值論方面假定了價值的中立性。以上種種假定都已呈現破綻，實證論對於他人的指責也無法提出有力的證據進行辯護。

在科學哲學的思維上，實證論出現以上之問題。實務上，臺灣地區的教育學者也指出實證方法（主要以實驗研究爲主）運用在教育研究上的限制（王如哲，1999；林清山，1993；黃政傑，1987），茲綜合如下：

1. 教育研究的主體過於複雜，無法以單一變項法則來進行研究。
2. 教育研究常涉及價值判斷，實驗室的客觀觀察有其困難。
3. 社會科學現象常爲單一事件，不具可重複實驗性。
4. 教育研究對象是人，實驗研究無法排除觀察者與被觀察者之間的交互影響。
5. 實驗控制的非人性設計，使研究結果的類化程度降低。
6. 量化的測量工具無法精確測得複雜行爲，因爲外顯行爲背後的想法很難藉由量化步驟加以探討。

基於以上實證論的方法論缺失，和基本假定的謬誤，教育行政學者於是在反省及思辨的過程中，開始提出異於傳統的研究觀點。在後實證時代，教育行政研究呈現百家爭鳴的新風貌。有關理論發展之歷史脈絡可參見圖4-1。

從圖4-1中可以發現，教育行政理論的最大突破來自於Greenfield主觀主義的批判。在Kuhn的多元典範概念提出之前，教育行政研究一直深受實證論所桎梏。實證論所強調的假設演繹邏輯、操作型定義、觀察語句與理論語言的分離以及將倫理、價值等主觀命題排除於研究之外等主張，化約了教育行政學科豐富的內容與事實。Greenfield自1974年開始，對實證論進行嚴厲的批評。他致力研讀Kuhn與Feyerabend兩位科學哲學大師的作品，發現實證論的驗證邏輯與假定，存在著相當大的問題。

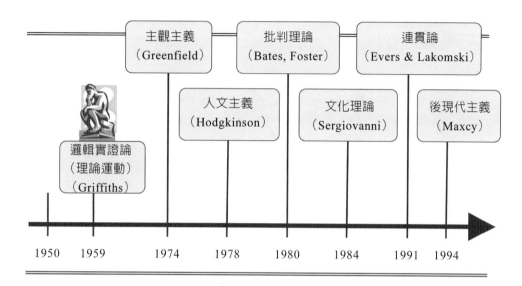

圖 4-1　教育行政方法論各時期理論發展圖

作者按：1. 圖中之年代劃分是以教育行政學者相關代表作之發行年份為主。
　　　　2. 圖中之年代劃分僅供參考，尤其是在後現代主義部分，因為派別繁多，且對
　　　　　 教育行政領域之影響並未顯著，故先以 Maxcy 在教育行政領域之專著劃分年
　　　　　 代。

　　Greenfield認為理論與觀察之間根本無法一刀切成兩半，因此實證科學中所一再強調的「客觀性」是有問題的。社會實體是由意義、解釋、意向、與理解所組成，個人以不同的方法來解釋，因此假設演繹法也是行不通的。

　　在多元實體觀念的影響下，許多教育行政學者相繼提出新的研究典範，認為要促進教育行政學術的進步，必須運用其他新典範。這些新興典範舉舉大者，包括了Lincoln and Guba兩人所大力提倡的自然論；以新馬克思主義為立論基礎所發展形成的批判理論；結合現象學、詮釋學、人文主義、文化人類學所發展出來的文化理論；Evers and Lakosmki所提出的連貫論、以及近年開始受到學術界熱烈討論的後現代主義。本章主要即對於幾個教育行政研究領域之新研究觀點加以敘述，這些新研究觀點包括了自然論、批判理論（包括女性主義）、文化理論、與連貫論。後現代主義由於其基本假設與觀點與後實證論時期之其他方法論有很大的差異，將在下一章中進行論述。

第一節 自然論

後實證論中所強調的多元實體、多元典範等概念使教育行政研究之多元方法主義能夠落實,並造成1970年代後教育行政研究典範增加的速度加快許多。這裡先以備受學術界推崇的兩位學者Lincoln and Guba(1985)所提倡的自然論來勾勒後實證論的圖像。部分華人教育學者(如歐用生,1989),已有專著對於自然論之研究步驟、資料蒐集方法進行討論。本書限於篇幅,僅就自然論之基本假設、研究特徵、適用性、與如何增進信度方法等四個層面來進行敘述。

壹、自然論之出現

後實證論時期,影響教育行政研究深遠的第一個新研究理論為自然論(秦夢群,2011)。自然論為當今質性研究中發展得最為完整的典範,其擁有異於傳統的特定主張。教育學領域自然論之首倡者Guba(1985)即指出「自然論一詞不應解釋為新典範比舊典範更為自然之意。其主要指出研究的進行並非在人為操控的、實證設計下的情境中,而是傾向於在自然的環境中進行」(p.102)。

由此得知,自然論與傳統行為科學研究取向之不同,主要在於其離開了實驗設計與干擾變項控制的情境,企圖在自然、非人為的情境中,獲得更接近事實的研究結果。人的世界是複雜的,自然論者並不以為透過實驗室或固定的研究程序,即可全盤掌握社會實體或研究對象之豐富表情與複雜性。在自然的情境下,研究對象雖然充滿開放性,然而也使得研究結果較能運用到現實的教育環境中。

影響所及,自然論之研究方法論主張,實質鼓勵教育行政領域之研究開始採取質性研究方法(王如哲,1998;Owens, 1982)。其鼓勵研究者從新角度去探求更具洞見的答案,以能解決行政與組織運作上的難題。

貳、自然論的基本主張

自然論的起源可追溯至十九世紀末的觀念論哲學傳統。觀念論的知識論應用到研究時，發展出以下四大論點（Levine, 1992）：

1. 實體並不是獨立於人的理性而存在的客體、事件或事實，而是經由理性的社會交流過程所創造出來。因此依不同的觀念而有不同實體的存在。觀念論者反駁實在論與實證論所建構的知識論及方法論。認為經由直接與隱性的論述（tacit discourse）將可使實體現出形貌。

2. 由於實體是集合群體的智慧所創造出來的產物（a product of collective cognitions），任何對實體的討論或科學研究，都無法排除價值（value）、信念（beliefs）、先入觀念（preconceptions）等因素的影響。傳統實證科學所強調的「價值中立」、「客觀」的科學形象是不可能存在的。觀念論者指出：價值陳述是科學研究過程中不可或缺的一部分。因為研究者是依據其本身所認同的一套道德、價值與信念來進行研究。這些價值觀與信念都由社會與歷史環境所決定的，故所謂「眞實」（real）、「合法」（legitimate）的科學活動，都會因不同社會、不同時空而有所不同。

3. 依觀念論的看法，所謂的事實並沒有包含對外在客觀事物因果關係的預測性陳述（法則），因為後者（果）是不存在的。事實存在於可靠、條理分明的論述當中，經由不斷的辯證過程而形成。知識也是經由詮釋、解釋的過程而達成。研究者通常將自己定位於體驗（experience）與瞭解（understand）的角度來執行觀察，故其研究主題必須植基於研究者與被研究者的行為。對於理解的詮釋行動，稱為理解[4]，唯有經由受過良好訓練、有見識的觀察者，才能擔當資料蒐集的工作。

4. 觀念論者認為，以數字為基礎的關係是模糊不清的。個人行為的重要性與背景，是無法以先天觀念做為理解的基礎。此因人的行為不具固定的

4　請參見第三章之註7。

特質，隨著時間、地點、動機等等因素，人的行為常常產生了非預期的改變。因此，科學研究中假定行為與脈絡為穩定不變的特質，是大錯特錯的做法。數字畢竟只能從表面猜測事實，真正的道理尚需藉由文字來進行。

參閱相關文獻（吳瓊恩，1995；歐用生，1989；蔡秀涓，1993；Evers & Lakomski, 1991；Lincoln & Guba, 1985），可以進一步由五個層面比較分析自然論與實證論（請參見表4-1）。以下即分別敘述兩者之間的差異：

表 4-1　實證論與自然論基本假定對照表

比較層面	實證論	自然論
就實體本質而言	單一的、 既有存在的、 可預測與控制的、 可以分隔的。	多元的、 建構的、 不可預測與控制的、 整體不可分隔的。
研究者與研究對象的關係	研究者與受試者之間相互獨立、互不相干。	研究者與受試者間會產生互動，兩者間無法做清楚區隔。
類化的可能性	超越時間與脈絡的類推是可以達成的。	假設永遠無法不受到時間和脈絡因素的限制，因此超越時空與脈絡的推論是不可能達致的。
因果關係連接的可能性	真正的因是存在的，它們可能暫時優先或同時產生影響力。	所有的實體處於平等的地位，我們無法從影響力中區別因果。
價值在研究中的角色	研究必須完全價值中立。	研究深受價值影響。

資料來源：*Naturalistic inquiry* (p.37), by Y. S. Lincoln & E. G. Guba, 1985, Beverly Hills, CA: Sage.

一、本體論方面：有關「實體本質」的論述

實證論者認為：宇宙中存在著單一、有形的實體，可以將之分隔成許多小部分與歷程，每個部分皆可以獨立地加以研究。對實體的探究採取聚斂性的思維，並堅信實體是可以被預知與控制的。

自然論者認為：宇宙中存在著多重建構的實體，它只能以整體性觀點來進行研究，而研究結果必然會引起許多衝突性的看法。一旦對多元實體的研究採用擴散式的思維，研究後所引發的問題，事實上會比解答還要多。另外，對實體的預測與控制是不可能的，因為人類只能對實體達到某種程度的瞭解與領悟。

二、知識論方面：研究者與研究對象之間的關係

實證論者認為：研究者與研究客體是相互獨立的；研究者與研究客體間要保持區別性，以避免互相干擾的可能性發生。

自然論者認為：研究者與研究客體之間會產生交互作用並相互影響，兩者間無法分隔開來，特別是當研究客體為「人」時。

三、就類化的可能性而言

實證論者認為：研究的目的在於發展規律性的知識體系，以進一步建立不受時間與脈絡所限制的通則與公理。

自然論者認為：研究的目的旨在發展個別性的知識體系，以進一步描述個體的詳細情況。自然論將重點置於個案分析。

四、關於因果關係推斷的可能性

實證論者認為：每個行動（研究結果）是可以透過事件發生的先後關係

來進行解釋。各個變項之間，何者為因，何者為果，皆可由推論獲得。

自然論者認為：所有的變項都處於平等的地位，且行動只能就影響行動及行動中各部分之多元互動的因素、事件及過程來解釋，而互動本身則模糊了因果的推演。因此，從效果量大小並無法區分出何者為因、何者為果。

五、價值論方面：研究中價值的角色為何

實證論者認為：研究過程具價值中立性（value free），須以客觀的方法論來保證研究的客觀性。

自然論者認為：研究過程是無法達到價值中立的，原因至少包含以下五點：

1. 研究方法深受研究個體價值觀的影響，特別在問題的選擇、問題的評估、政策選擇等價值因素都會影響研究工作。
2. 研究方法深受所選擇之典範影響，因為典範主張會主導整個研究過程。
3. 研究方法深受「基本理論」（substantive theory）的影響，研究者會運用其所選用的基礎理論來做為資料蒐集與分析的導引。
4. 社會脈絡中之價值因素也會影響研究之進行。
5. 從以上四點可以發現研究方法是價值共鳴的（value-resonant）。問題選擇與評估、政策選擇運用、典範、基本理論、與脈絡，都必須呈現「一致性」，才能確保研究法能產生有意義的結論。

參、自然論之方法論特徵

從以上的敘述中可知，自然論所提出的研究觀點與實證論完全不同。自然論主張在無任何實驗設計與變項控制的情形（即在自然情境）之下，進行個體研究。其所提出的質性方法，近年開始成為教育行政領域備受青睞的研

究典範。依以上五點的敘述，Lincoln and Guba（1985）描述了十四個自然論運用在研究上的意涵，其要點臚列如下：

1. 自然情境設計（natural setting）：自然論本體論假定了實體的不可切割性，若遠離了脈絡與情境，則對實體的研究就無法進行，因此自然論者選擇在自然情境、脈絡中來進行實驗。

2. 使用人做爲資料蒐集工具（human instrument）：由於所有的工具都與被研究者直接相關接觸，自然論者相信唯有透過人，才能抓住與評估不同互動間的意義，而最直接的就是用「人」來做爲蒐集資料的工具。

3. 隱性知識的運用（utilization of tacit knowledge）：自然論者主張隱性（直覺的、感覺的）知識，包括陳述性知識（指以語言表達的知識），因爲多元實體之間的細微差別，只能藉此察知。此外，研究者與被研究者間多多少少都會產生互動，唯有運用隱性知識，才能公正準確地呈現研究者的價值模式。

4. 偏向質化方法：雖然自然論者並不排除使用量化研究法的可能，然而一般上，他們偏愛使用質化方法來進行研究。質性方法被認爲更適合處理多元實體的問題，因爲它可以透露研究過程中，研究者與受試者之間的互動關係，使得研究者進行現象描述的態度，可以被輕易地察覺。再者，質性方法對研究過程中所發生的相互影響與價值模型，更具敏感性，也較能掌握。

5. 採用立意抽樣方式（purposive sampling）：自然論者不喜歡隨機抽樣的原因，在於它使得一些特殊少數（deviant cases）受到排除與壓制，導致多元實體無法體現。

6. 運用歸納式的資料分析：自然論者偏愛使用歸納的資料分析，因爲歸納的過程較易從資料中發現實體，也使研究者與受試者之間的互動情形易於被瞭解。

7. 扎根理論（grounded theory）的運用：自然論者偏愛浮現自資料中的本質性理論，因爲先前的理論可能無法包含即將被發現的新知識。自然論者雖然堅持研究過程的價值中立性是不可能達成的，但卻同時主張研究者應

儘量維持中立立場，因爲依據先前理論所進行的觀察，極可能影響新知識的發生。再者，先前理論往往根基於類化，對於特殊性的事物與情境無能爲力。特定脈絡中所產生的相互影響，或許只能依據其特定之脈絡元素才能彰顯，而扎根理論也較能夠對脈絡中的價值問題進行回應。

8. 臨時改變研究設計的可能（emergent design）：自然論者在研究設計與執行上採取彈性的態度，他們會因研究的需要而對研究設計進行修正，因爲他們堅信先前的架構是無法容納不同多元實體的需求，而不同的價值系統都會牽涉於互動中，進而影響研究結果。因此，研究者與現象間互動之產生是無法預測的，採取彈性的設計將可避開鑽牛角尖危機的發生。

9. 商議式的研究結果（negotiated outcomes）：自然論者較偏愛商議式的意義與解釋，因爲研究的結果有賴於研究者與受試者之間的關係與互動，並在複雜的環境脈絡彼此互動與認知的過程中，經由商議與討論取得共識。

10. 個案研究報告的型式（the case study reporting mode）：自然論者較偏愛個案研究報告的型式，更甚於科學或技術報告的型式，因爲在任何多元實體所面臨的情境中，個案研究較容易對實體從事精密描述（thick description）。此外，經由反思報告的方式，將具體的脈絡情境、研究主題加以表達，將更能使得讀者產生共鳴，達到研究成果被廣泛傳播的效果。

11. 重視個別性的陳述（idiographic interpretation）：自然論者傾向於個別性的資料詮釋（包括結論之獲取），因爲不同的詮釋對於不同的實體都具有不同的意義，而詮釋又牽涉了脈絡與情境因素（這包含了研究者與受試者間的交互作用、所牽涉到的情境面向、相互型塑因素、與個人價值等等），所以自然論者放棄了律則性的資料分析方式。

12. 對研究結果的暫時性運用（tentative application）：自然論者喜歡將研究發現視爲暫時性的成果，在應用時必須經深思熟慮，因爲實體是以多元的形式存在。由於研究成果是依研究者與受試者之間的特定互動所獲致，因此其結果並不適用於所有的情境。

13. 焦點決定的研究範圍設定（focus-determined boundaries）：自然論者是根據隨時出現的焦點來設定研究範圍，唯有如此，才可允許不同實體對

焦點作不同的界定。因此，自然論者在面對多元多變的實體時，其研究焦點偏向於隨著研究的進行而產生變化、調整，或是對研究焦點本身進行重新的省思，以更密切地掌握實體的形貌。

14.研究可信賴度具有特定的指標（**special criteria for trustworthiness**）：自然論者習於去尋找一些與傳統不同的信賴指標（包括內在效度、外在效度、信度、與客觀性等），因為自然論偏愛新的指標與研究操作方法的應用。

以上所陳述的十四個特徵之間，明顯具有一致性與相互依賴性，各特徵都與後實證論中所發展出來之基本理念相結合，彼此之間相互輝映，影響方法論的走向甚為明顯。

綜而言之，自然論者必須運用自然設計的方式來進行研究，因為揚棄先前理論或假設，研究才能撇開偏見，避免「控制」行動的發生。大部分的自然論者無法運用實驗研究法，因為他們不曉得應該如何進行，主要由於其擁有與實證論者完全不同的研究思維。例如在研究分析中，若理論是以材料（data）做為基礎，自然論者將以歸納的方式進行整理。由於自然論者無法確立材料的精確形式，必須以開放式的適應性工具（人類）來進行研究。因為人具有智慧，懂得運用質化方法來擴大其視聽，也即是運用第六感（直覺）來進行觀察、訪談、文件分析等。然而質性研究所獲得的資料不具普遍性的推論，也沒有因果的陳述，而只進行個別性的詮釋，也因此其研究結果雖具脈絡性，但由於外部效度（external validity）降低，其應用面向也深具限制性。

肆、自然論與實證論在研究方法上之差異

實證論與自然論之間的基本假定是對立的，那麼研究者應當以何種指標來選擇研究方法？究竟實證論方法與自然論方法間，應用在研究上各有何優劣？茲分析如下：

　　基於實證論的研究，其研究目的不僅止於探索「眞實的」世界，而是要獲得終極性的原理原則。所以，在評估方案中，判決者通常希望藉由隨機性的樣本來進行普遍性推論，如果研究結果顯示了其適當性，那麼就能夠進一步進行普遍性推論。外部效度愈高，則表示方法的適用性愈高。

　　爲了降低觀察者本身的偏見，研究者必須想辦法減低主觀以強化客觀。特別是在研究者與受試者之間社會距離的保持，實證論者會以正式的資料蒐集工具（例如紙筆問卷）來減少互動所產生的情緒性偏見。

　　在實證論之下，研究者會儘量想辦法控制不知與不可知的事物。例如，隨機過程一般是從全部研究母群體中選取樣本。此時研究者或許尚不確定樣本之間有哪些差異性必須排除，他們只需要運用隨機分組的方式，就可以預防組間差異的存在。可是，一旦無法從母群中隨機選取樣本，則研究者會想辦法來對未知變項進行控制，一些毫無相關的變項或所謂的混淆變項，將被排除在研究之外。

　　實證論相當在乎研究結果的可複製性，如果兩個相同的實驗獲得了一致性的結果，則研究者認爲整個研究的過程具有信度。信度對於實證研究而言，乃是極爲十分重要。

　　實證論會要求一個預定的實驗設計。一旦研究的議題、範圍決定後，就沿著一個既定方法與步驟進行。每個步驟的執行都是爲了考驗假設、回答研究問題。研究者對於外部效度、客觀性、內部效度、與信度等問題相當關注，因爲這些指標被視爲是判定實驗成功與否的要素。

　　另一方面，自然論對於實體本質的假定與瞭解方法的建立，放棄了實證傳統中所強調的客觀性、效度、與信度，而是強調主觀性的運用。信度與效度對自然論而言，意義並不大。爲了避免不可靠、偏見或純意見式資料的產生，自然論選擇經由私人的、親密的瞭解來建立研究效度，對現象的瞭解尤其強調運用「近距離」（close in）觀察來蒐集事實與可靠的資料。實證論者習慣運用大量的資料來進行證實的動作，而自然方法論者則從單一個人或小團體的瞭解中，來證明某個想法。

　　爲了達成類化的目的，實證論研究者倍嘗艱辛。瞬息萬變的世界與變異

性的存在，已使實證論的法則再也無法讓人信服。實證論者希望讓社會科學也像自然科學那樣藉由「硬性資料」（hard data）來建立普遍性律則，但卻忽略了社會科學與自然科學在本質上並不完全相同。自然論者則偏向於「軟性資料」（soft data）的獲取，在理念較爲符合社會科學的要求。再者，自然論注重事實的脈絡性，他們堅信任何的觀察與研究，都無法離開脈絡與情境。這成爲自然論最重要的特色。

伍、自然論增進信度的方式

實證論與自然論的基本假定不同，實證論極爲注意研究的客觀性，自然論則常被詬病爲太過主觀、研究結果不具信度與效度。研究者使用自然論時也會面臨諸多問題。舉例言之，當研究者進入某組織中，面對人與人之間各式各樣糾纏與動態的互動型式，研究者必須對如此混亂狀況有所瞭解。同時，研究者必須確認自己對於整個組織的瞭解行動，可以產生具信賴的解釋。只是，研究者要如何運用自然論方法來分類複雜的行爲模式，以釐清什麼是「眞的」發生了？研究者要如何證明其所瞭解的事件是不具偏見或沒有被錯誤訊息所誤導？研究者又如何讓這些研究發現能夠被視爲是對實體的可信賴詮釋？自然論者認爲對於實體之建構，應以整體性觀點加以透視，然而由於因果關係的多元性、事實的多樣性，即使相同的情況中也許存在著許多的「眞實」、所有的眞實也都離不開其脈絡（context-bound），因此所謂的研究結果是很難去分辨對錯，研究者只能運用多種的研究技術，來增加研究結果的可信度。較爲重要的技術有以下六種（Owens, 1982）：

一、延長資料蒐集時間（extension of data-collecting time）

情境涉入時間的長短，會嚴重影響研究結果。研究開始時，研究者進入田野，開始學習田野中的相關語言，慢慢地被接受與信任。直到最後，沒有

人把他當成外人看待。時間允許研究者從一般的廣泛議題中尋得一些非典型的情境。時間也讓研究者加深其對事件的觀點透視，並進一步檢視其是否戴著「有色眼鏡」進行研究。總之，時間在本質上可以讓研究者從第一印象進入深層的瞭解，進而消除先入為主的觀念，使其所獲得的研究資料深度化。

二、運用三角測量法（triangulation）

即指研究者運用大量不同來源的資訊與材料，來對同一事物進行分析。議題在訪談、文件或觀察中產生，以不同的來源交叉檢驗議題、資訊、不同觀點的正確性。所以，研究者應該使用多元資料蒐集技術，這包括訪談、文件分析、自我陳述、問卷、觀察等等，因為唯有如此，才能獲得交叉檢驗與驗證所需的材料。

三、利用成員檢查正確性（member checks）

除了以上的兩個方式，研究者必須想辦法經由其他相關的管道，來確證其所蒐集到的資料與資訊。組織中其他成員的參與是相當可行的方式，特別是成員所給予的回饋。

四、蒐集指定的適當材料（collect referential adequacy materials）

研究者應盡可能對研究發現與相關的材料製作一個檔案，這可以包括所有相關的文件（如手冊、回憶手稿、或其他短暫出現的材料）。最好也包括錄影帶、錄音帶、照片、與短片等等。這些材料將可幫助研究者保留消逝的記憶。要注意的是，研究者千萬別為了蒐集這些資料而破壞了脈絡的原始性。

五、發展精密描述（thick description）

在冗長的觀察過程中，為了達成精密描述的目的，研究者必須進行嚴謹的三角測量、成員檢驗、驗證資訊、與蒐集相關適當資料。所謂的精密描述就是要對所有的觀察與資訊進行整合。

六、運用同僚研商（peer consultant）

在觀察過程中，研究者可以選擇具資格的同僚，一起分享工作的過程與經驗。若是學院教授，則可以找一些對自然論方法或質性方法熟識的同僚教授分享心得；若是研究生，或許可以找論文指導教授或論文委員相互討論。同僚的研商將可以指出問題的重心，或是研究者所沒有注意到的缺失。研究者應把這些討論記錄下來，視為回饋，以做為下一次改進研究的重要參考。

實務上，歐美地區由於有Lincoln、Guba等大師的提倡，自然論已儼然成為可與實證論分庭抗禮的重要研究觀點。在臺灣地區，自然論也有不少學術工作者致力研究，並有一定之成果（胡幼慧，1996；徐宗國譯，1997；高敬文，1996；歐用生，1989）。可惜的是在教育行政領域中，卻未興起風潮，利用質性方法來對學校組織與行政問題進行研究的論文，比例上仍舊較少。教育所牽涉的對象既然是人，那麼研究者更需要以最直接的觀察來進行研究。透過人與人之間的真實互動、以理解的方式來進行對實體的探測，才能對於「真理」的探求有更大的幫助。

第二節　批判理論

批判理論興起於1970年代末，並開始對教育行政研究產生影響。基本上，批判理論為眾多類似理論的組合體，針對傳統的科學主義加以批判，強

調組織在權力衝突之宰制與再製過程中進行演化運作。

批判理論的崛起對教育行政研究中價值處理的問題帶來相當大的衝擊，其較具系統的理論基礎主要來自於Foster（1986）的作品，之後經澳洲學者Bates極力推廣，才使得批判理論逐漸受到教育行政領域的重視。批判理論主要源自於社會學理論中之批判理論，雖然批判理論存在著許多不同的觀點，然而最重要的思想乃來自於Habermas對於方法論與社會方面的批判。

在教育上有關馬克思主義的著作經常出現在教育史、教育哲學、與教育社會學等學科當中，尤其Bowles and Gintis（1976）的著作中廣泛引用新馬克思主義來對社會問題進行批判。他們指出學校主要功能已變成在提供勞動力，以適應經濟結構所要求的階層分工。不同的工作需要性質不同的勞力，而從社會、經濟的觀點來看，教育制度的目的在扮演勞動力分配的角色。因此，他們以流動、選拔、社會分工的再製等層面作為分析的主題，強調學校不僅接受了既有之階級、種族、性別、制度，更藉由甄選過程，使不同社會、經濟階級的兒童具備了市場所要求的特質（歐用生，1989）。批判理論愈來愈受到教育行政學者青睞的原因在於：它放棄了純粹理論上的質性與量化之爭，將焦點轉至社會脈絡因素對教育影響的層面，例如政府的形成、社會資源分配、領導實踐等面向，揭露教育中不平等（inequality）與非正義（injustice）的問題。批判理論彰顯解放性的意圖（emancipatory purpose），企圖改變教育組織與實踐，以達成合理性與社會正義（Robinson, 1994）。簡言之，批判理論將教育行政研究一直以來所忽略的道德與倫理問題提出來討論，以期教育實踐皆能符合公平原則。

壹、批判理論的興起

批判理論對於教育行政批判的野心相當大，其主要顯現在對理論適當性的檢證，這使得批判觀點不但實用，且能打破傳統的包袱，積極尋求改進的途徑。批判觀點的出現，使得社會科學研究不再只侷限於實證或是詮釋的觀

點。

　　要對「批判理論」下定義相當困難，因為批判理論或批判研究這個概念源自於社會學，擁有眾多的理論與派別。批判理論之興起係由於人們對於現存社會的「正義」與「平等」議題感到不滿，希望從另一個角度尋求解放與突破。批判理論的發展最先表現在學校教育過程、結果與經濟因素的關係。其對教育的批判可分為兩個時期（Robinson, 1994）：

　　第一個時期中，批判理論學者主要視學校教育為社會再製的過程。學校被視為是根據不同的規定，給予來自不同階層的小孩有差別的教育，以複製社會階層勞動市場與經濟。支持此論點的學者有Bourdieu、Bowles、Gintis等學者。

　　第二個時期中，批判理論學者主要在揭發教師與學生的圖像已經成為經濟體制下的被動犧牲者。他們試圖尋求抗拒暴力的方法，並設法讓學校人員建立反惡勢力的勇氣。這使得學校中的批判理論支持者要求將權力下放給學校，提出了學校本位改革（school-based reform）口號，其代表人物有Habermas、Bates。

　　批判理論應用在研究方法時，帶來了對既有方法論的反省。首先是對既有典範的批判，然後對學校組織的權力與控制的真相進行剖析，進而產生了所謂的女性主義（feminism）、學校本位改革等新興議題。

　　批判理論學者並非走理想主義或烏托邦主義路線，它基本上仍留意整個大環境的改變，並認為所有瞭解與行動皆無法離開脈絡。因此行動、想法、瞭解過程之間具有相互依賴性。限於篇幅，相關教育行政的批判理論以下僅以Habermas、Adorno、Bates三位主要學者的主張分別加以敘述。

貳、Habermas的社會批判理論與教育行政研究

一、社會批判理論的基礎

自馬克思主義發展以來，社會科學即存在著批判性知識之基礎性問題。Marx本人以及馬克思主義者將「批判」（critique）視為一種嚴密的科學，有如當時的自然科學。然而與自然科學不同之處，乃在其並不具驗證性的準則，而是充滿價值判斷與道德譴責。

馬克思主義最初並不被法蘭克福學派所接受，而法蘭克福學派代表人物如Horkheimer（霍克海默）、Marcuse（馬庫色）等人也各自對於「批判」提出個別看法，但他們卻被批評忽略社會批判基礎的建構。第二代法蘭克福學派靈魂人物Habermas則認清了批判基礎與標準的建立是無法迴避的，因此他接受馬克思主義的觀點，認為「思想乃是根植於社會生活的物質條件及歷史形態，資本主義的社會組織係將社會壓迫並加以制度化，因此根植於資本主義社會現實的思想方式是一種意識型態，亦是一種扭曲、錯誤的意識」（黃瑞琪，1996，pp.166-167）。這樣的指控預設了一種正確、非扭曲意識的存在，以做為批判的基礎。另一方面，Habermas認為應該建立系統性的批判基礎，以做為解放宰制的工具。

自1960年代開始，Habermas即朝此目標邁進，此時期他主要以知識論做為通路，發展出一個廣闊的知識論架構，一方面是為了對實證論進行批判；另一方面則將批判性的知識加以合法化，以做為批判理論的基礎。1968年所出版的《知識與人類旨趣》（*Knowledge and Human Interest*）一書，即為其重要的批判內容。到了1970年，Habermas開始著重溝通理論之發展。這時他將先前的一些想法，包括從知識論方面所建構的批判基礎進一步加以拓展，希望從溝通行動的內在結構，發展出社會批判理論的基礎。其在此方面所做的努力總結於《溝通行動理論》一書中。

二、Habermas 的知識論架構

　　Habermas知識論是以「認知興趣」（cognitive interest） 做為關鍵概念，係指人類在引導知識研究的基本生活興趣。傳統將個人之價值、興趣、情緒、內在動力等視為主觀要素，知識若想達到客觀性，就必須將這些主觀因素排除。這造成知識與生活旨趣之間的關係切斷，使知識與理論之間形成了鴻溝。

　　傳統的方法論原則之所以不妥當，乃在於其未能掌握一項重要的事實：日常生活中的興趣，有些是屬經驗性的、個別的；有些是非常基本的、根植於人類生存的需要的，二者不可混為一談。前者由於是屬經驗的、個別的，因而可能充斥任意與主觀，而與知識的客觀性互不相容。Habermas指出，所謂「興趣」係指人類基本的生活興趣，其能決定人在世界中的取向（orientation）。這種基本的生活興趣能決定學術研究的方向，而構成知識的一個先決條件，Habermas稱之為「認知興趣」（黃瑞琪，1996，p.168）。由此可知，所謂的認知興趣即包含了個別性與主觀性的元素。

　　既然生活世界的因素會影響知識的建立，這意味著知識和生活之間的關係是密不可分的。而「認知興趣」則成為連接兩者的重要環節。「認知興趣」一方面來自於人類的生活（尤其是社會文化生活）；另一方面它又決定了學術研究的方向及知識取向。綜言之，知識興趣去除了社會、知識、與理論之間的落差，使得知識落實於人類生活之中。

　　Habermas以「認知興趣」為知識構成的軸心，從社會生活的三大領域（勞動、語言、權力）中，衍生出三種認知興趣：技術的興趣（technical interest）、實踐的興趣（practical interest）、與解放的興趣（emancipatory interest）。茲分述如下：

(一) 技術的興趣

　　按照Habermas的說法，人類的社會文化生活中，無法再化約的基本要素之一為勞動。人類藉由勞動來獲取資源，以維持人類的生存。在勞動的領

域中，人類典型的行動方式爲「工具性的行動」（instrumental action）。工具性行動所關注的，是對世界進行正確的預測及有效的控制。因此人類對於現象的規律性、一致性具有根深蒂固的興趣，這就是所謂「技術的興趣」。

「技術興趣」是影響人類生活的重要層面，也因之導引學科之研究取向與知識特質。根植於技術興趣之學科主要是以「經驗—分析學科」爲主，包括了大部分的自然科學（以Newton線性物理學典範下之學科爲主），與一些社會科學（包括以實證論爲基礎的部分學科）。

經驗—分析學科之目的在建立具有律則性的知識，其方法論架構即爲律則性命題的驗證，其輸出的知識形式則是資訊（information）；主要包括了經驗現象之陳述、解釋、一致性的類推、與預測控制等等。

(二) 實踐的興趣

除了勞動，「語言」是另一種人類社會文化生活之基本要素，儘管不同區域或不同族群之間的語言有相當大的差異，但人類藉由語言來溝通互動之現象卻是一致的，因爲語言關係到人類社會文化之產生、傳承、與變遷。

在溝通互動的領域，人類典型的行動方式是「溝通行動」（communi-cative action）。溝通行動所關注的是對他人之動機、意向的瞭解，因此人類對於相互瞭解與溝通所根據的是「互爲主體性」（inter-subjectivity）態度，也具有根深蒂固的興趣。

根植於「實踐的興趣」所產生的學科即爲「歷史—詮釋學科」（histori-cal- hermeneutical science），這一類學科主要包括人文學、史學、與部分社會學科。而此類學科的主要目的，則在尋求對社會文化現象獲得詮釋的瞭解（interpretive understanding）。歷史—詮釋學科的方法論架構是對特定文本之詮釋（the interpretation of text），所指的文本包括歷史事件、現象等。此種學科輸出的知識形式則是解釋，如對傳統、文本、行動等之意義的闡明與理解。

(三) 解放的興趣

　　除了勞動與語言，Habermas提出社會文化生活的第三種生活要素：權力與意識型態，也就是所謂的「支配」（domination）。此種生活要素表現在人類的行動上，則成為一種「有系統地被扭曲的溝通方式」（systematically distorted communication），乃由於權力與意識型態進入溝通結構所造成的。在Habermas的架構中，權力並沒有勞動和語言那麼基本。勞動和語言是構成社會文化生活的兩個基本要素，而權力是衍生性的。扭曲的溝通預設了正常、未扭曲的溝通，人類具有追求「自主」與「負責」，是為了「解放的興趣」。

　　根植於「解放的興趣」的學科類別為批判取向學科（critically oriented science）。主要基於解放的興趣，其目標為反省與批判。這一類的學科包括心理分析、社會批判理論，與具有反省性與批判性的哲學。Habermas認為解放的興趣的檢證是相當重要的。

　　批判取向學科的方法論架構是自我反省（self-reflection），其輸出的知識型式為對意識型態、權力關係的分析與批判。關於Habermas的知識論架構，可參見圖4-2。

知識形式	資訊	解釋	批判
	⇑	⇑	⇑
方法論架構	律則性假設的檢證	作品的解釋	自我反省
	⇑	⇑	⇑
學科類別	經驗性－分析性的學科	歷史性－詮釋性的學科	批判取向的學科
	⇑	⇑	⇑
認知興趣	技術的興趣	實踐的興趣	解放的興趣
	⇑	⇑	⇑
取向（關注）	技術性的控制	互為主體的瞭解	解放、自主、負責
	⇑	⇑	⇑
行動類別	工具性的行動	溝通行動	被有系統地扭曲的溝通
	⇑	⇑	⇑
生活要素	勞動	語言（互動）	權力（支配）

圖 4-2　Habermas 之認識論架構圖

資料來源：批判社會學：批判理論與現代社會學（p.171），黃瑞琪，1996，臺北：巨流。

📚 三、Habermas 的溝通理論

Habermas認為真理乃是經由互為主體的理性討論所形成之共識，在溝通行動的脈絡中，涉及「真理的問題」與「經驗的問題」。前者是指無法單純地靠經驗證據來解決的問題，而是必須藉由理性的討論來達成合理的共識，亦即在沒有扭曲的溝通情境下所達成的共識。此真理觀雖然批判了實證論的真理對應說，然其本身也遭受到一些學者的批評與質疑。批評者認為Habermas所提出的「共識」在特定典範內，將會形成了一種封閉的意義系統，造成外在實在世界並無任何的對應關係，則知識成立的先驗條件將難以形成（吳瓊恩，1995）。

Habermas後來提出「理想溝通情境」來解決「合理性共識」這個問題。他認為在無宰制的溝通情境下，才能獲致免於宰制的共識，因此對於「溝通行動」進行了深入的探討。他所提出的溝通行動理論架構可參見圖4-3。

圖 4-3　Habermas 溝通行動理論基本架構圖

資料來源：*The theory of communicative action volume 1: Reason and the rationalization of society* (p.333), J. Habermas, 1984, Boston: Beacon Press.

基本上，Habermas認為溝通行動包括達成理解的行動（action oriented to reaching understanding）與共識的行動（consensual action）；在共識的行

動中，經由對情境的共同界定，來預設一個背景的共識所隱含的有效性聲稱，此有效聲稱可以藉由溝通過程來檢定其真假。

而策略性行動則包括了隱藏的策略行動（concealed strategic action）與開放的策略行動（open strategic action）。前者包含無意識的欺騙與有意識的欺騙兩種。無意識的欺騙表示參與溝通者對於共識行動的基礎並未完全肯定，而投以敷衍的態度。後者則操縱自己的策略態度，欺騙溝通參與者，使用詭計以達成假共識。Habermas 即希望倡導溝通行動，而批判策略行動。

溝通理論最主要的目的是對人類溝通能力的重建。欲達成理想溝通情境的目的，則必須先建立人類的溝通能力。溝通能力是在兩個或更多的主體之間，使用語言以創造共識和同意的各種看法，並藉由言辭行動（speech act）[5]與言辭行動中預設的有效性聲稱[6]來達成。

Habermas所提出的溝通行動理論相當複雜。此處姑且不論其繁複過程，可以理解的是，Habermas之所以將一切的溝通都置於理想的言談情境中，其重點即希冀任何的一種論述（discourse），都可以得到解放。Habermas進一步指出理想溝通情境之社會脈絡中，透過批判性的自我，將使得解放成為可能，而解放之目的即在使人類自扭曲的溝通情境中恢復其主體性，彰顯真理與正義。Habermas認為解放源於理性對話之達成。關於理想溝通情境在現實中並不常見，但卻是進行「理性討論」時必要之假定。Habermas對其所謂的理想溝通情境，做了以下說明：

> 理想溝通情境既不是一種經驗現象，也不完全是一種觀念建構，而是人們在參與理性討論之必要假定。此一假定可能與事實相

5　言辭溝通行動是指將語句應用於特定的溝通情境。Habermas認為完整的言辭行動包含兩大要素：意思要素（illocutionary component）與命題要素（prepositional component）。兩個要素都必須建立在互為主體與命題內容的層次上才能成功。

6　Habermas將言辭行動的有效性聲稱分成四項：可理解聲稱（comprehensibility claim）、事實聲稱（truth claim）、正當聲稱（rightfulness claim）、與真誠聲稱（truthfulness claim）。這四種聲稱皆為理性的聲稱，所有的溝通都以此為理性的基礎。

悖，或與事實相符。然即使與事實相違背，在溝通過程的運作上，仍然是一有效用的幻構（an operatively effective fiction）。因此我認為理想的溝通情境，代表一種人類的期望、預示。此預示本身就足以保證我們能夠將實際上所達成的共識和合理的共識關聯在一起，有時理想溝通情境可以當作任何實際上所達成之共識的一個判準；因而其具雙重性質：它既是一種期待，但同時又實際發生作用。（引自黃瑞祺，1996，p. 263）

四、Habermas 批判理論對教育行政研究的啓示

Habermas有關社會科學研究之問題陳述，促使教育行政之知識基礎再度進行了一場反省，教育行政實踐過程之合理性與物化問題也重新受到檢證。批判觀點應用到教育行政學時，非常重視組織中權力與控制之揭露、人類主體性之重建。以下就幾個大項，說明Habermas批判理論對教育行政研究的啓示：

㈠ 對實證論者霸權心態加以斥責

首先，Habermas揭露教育行政方法論上的單一典範取向的不當。在其知識論的架構中，提出了三種學科類別，表明了知識論上單一形式知識的聲稱是不符常理的。再者，由經驗分析學科所發展的知識，只重視工具理性，會破壞了人類多元異質的主體。因為生命充滿著不同的可能性與潛能，個體皆具有開展自我的潛能。工具理性將人視為工具，是相當不合理的。此外，科學主義將科學視為信仰而不再只是所有可能知識的一種時，方法論的宰制即應運而生。Habermas主張方法論上應排除此種方法霸權心態，才能落實多元典範的構想。

㈡ 對意識型態加以批判

Habermas的觀點中不論及社會主義，而代之以「解放」這個概念做為獲得自由的方式。尤其是科技與行政官僚形態，應注重無宰制的溝通，才能獲得「眞實」。過去對於文化事業的忽視，尤其是對宰制的文化層面的重視，造成了人與人之間之疏離。Habermas提出「解放興趣」，旨在突顯人類是自主、負責的主體，他不應受權力所宰制與支配。近年來，世界各國相關之教育反省與改革皆受到「解放」概念的衝擊，特別是中央與地方權力的重新分配、教育正義之落實、與學習權的爭取等方面，均顯示反映Habermas批判理論的影響力。

㈢ 重視主體性解放與不平等的導正

Habermas對於社會上所存在的不平等與控制進行揭露。其認爲組織中物化的問題一直是相當嚴重的。物化的意義至少有以下兩點：(1)人沒有主體存在或主體未能掌握的非人世界；(2)人由主體逐步客體化過程中的極致發展（吳瓊恩，1995）。在教育行政中的科層體制與封閉系統下的組織理論，都將組織集合體視爲物，在管理方面忽略了人類主體性。尤其在溝通上所謂的「上行溝通」、「下行溝通」中所呈現的宰制性共識，皆是後工業社會中的最大敗筆。

Habermas提醒世人在各種教育情境中，必須站在平等的立場來進行協調與溝通。此因每個人都是一個主體，都有不同的思想與意向，也唯有在無宰制的溝通情境，主體性才得以彰顯。其看法或許流於理想，然而對於教育行政中，人性化關懷的覺醒，卻是相當重要的。

㈣ 歷史 ─ 詮釋取向研究途徑的開拓

過去教育行政學之研究只重視工具性的行動，對於行動的研究偏向於行爲之類化與分析，也就是從部分的分析中，蒐集整體的形貌。Habermas則提出了歷史詮釋學科的存在。由於他認爲任何的知識都是被扭曲的，而用來

宰制人類是語言。除非透過互為主體性的瞭解，否則確切的意義將永遠無法
被發現，真理也將永遠隱藏於意識型態之中。

在研究上，研究者應該運用訪談與觀察，從實際的溝通與互動中來瞭解
真相。這就是為何批判理論的研究工具是人（human being），而不是紙筆
工具。因為唯有透過人與人之間的心靈互動，才能使多元的實體與真相現出
形貌。

參、Adorno的批判理論與教育行政研究

一、Adorno 的思想基礎

基本上，Theodor Adorno（阿多諾）的批判理論並不牽涉解放與掙脫
人類理性發展限制束縛的概念，而是運用猶太文化中的救世主觀念（Mes-
sianic idea），特別是以「拯救」（redemption）做為理論基點。這個觀念
與十九世紀德國猶太人所主張的社會同化論（assimilationism）不同[7]。依救
世主的觀點，在人類悠久的歷史中，拯救的想法時而被尋得，卻從未被實踐
過。在拯救的世界中，人類試圖逃離歷史的轉向，尋找自由的國度。救世主
的想法常常讓人無法置信，因為它太過於抽象，無法經由一般的理論獲得解
答。Adorno的哲學思想即是對救世主觀點的闡明，他指出烏托邦雖是個模
糊的想像，可是這樣的一個想法無論是在過去或未來都會存在。在烏托邦的
國度裡，所有的事物都能隨性自然發展（the way things are），所有壓抑性
的束縛思想都很自然排除於外。然而，在後資本主義的社會中，人類卻完全
受到現有體制的宰制，人類唯一能做的，只是從藝術家的作品解放自己。

Adorno的文化批評（cultural criticism）是其批判理論的重點。首先其

7　社會同化論者，是在十九世紀與二十世紀初，抗拒啓蒙運動與當代合理性權威的一股新勢
　　力。

就科學思維與實證論科學哲學中的「僞明晰性」（false clarity）所造成的「啓蒙運動的自我毀滅」（self-destruction of the Enlightenment）加以批評。理性的自我破壞使得文化衰頹，其結果使得人性無法進入眞正的人文環境，而是進入了一種新式的野蠻狀態。Adorno對實證論（即科學主義）的批判，在後期轉爲一種對「科學與技術合理性」（scientific and technological rationality）做爲新的宰制形式的批判。此種宰制形式乃是二十世紀採取資本主義之先進工業社會的特徵（廖仁義譯，1991）。由此可知，批判論者基本上相信意識型態是一種維持宰制狀態的主要力量，也因此強調對意識型態的批判是解放過程的主要力量。

二、Adorno 批判理論對教育行政研究之啓示

Adorno的概念應用在教育行政研究時，主要強調行政者之思維必須是實存的（concrete），也即非科學的（non-scientific）。這並不表示所有的思考都只是主觀性的，而是行政者之任何思維都不應受普遍的標準所限制。那是因爲行政的活動與科學的活動不同，行政者必須瞭解到這一點。任何的確定性都會低估了脈絡的複雜性。

Adorno認爲科學研究與行政之關聯性並不大。因爲行政與文化之間無法分離，科學的觀點運用在行政時，很自然地會形成格格不入的局面。例如：科學家習慣以規律性的態度來判決一個安排，而結論卻往往與該有的答案不同。因此，在教育層面上，實務的整合有時比技術的問題更爲複雜。Scheffler（1985）專攻Adorno思想的研究，他詮釋以爲「教育層面的事務必須對不同觀點的語言與步驟具有敏感性，並且懂得如何互相連接……」（p.100）。由此觀之，行政者必須像專家一樣去啓發批判性的問題，使做決策不再停留於技術層面。Hodgkinson（1978, 1983）對此也做了回應，他認爲教育行政研究必須是奧秘的（esoteric），也就是哲學的。運用特定的規則做爲行政概念建構的工具，是非常不妥當的。

Scheffler（1985）進一步指出，教育行政者應具有自我意識與批判的

態度。也就是一種自我的覺醒（self-awareness）。這並不是與生俱來的本能，而是需要去發展。自然覺醒包括了四個元素：對個別主體的覺醒（awareness of individual agency）、對文化脈絡的覺醒（awareness of culture context）、對習慣的覺醒（awareness of habit）、與對當代知識的覺醒（awareness of contemporary knowledge）。就猶如人類個體，社會情境同樣呈現了無限的可能性，行政者必須懂得抉擇哪個部分必須去實踐、哪個部分必須減到最小、哪個部分又必須忽略。這就像去瞭解文化脈絡所設定的行動參數（parameters of action）一樣，必須去瞭解它們潛在的相對判斷。行政行為也必須去反省「一個即存的習慣與政策」。除此，行政者必須避免掉入行動是「受限於自然環境、獨立於人類知識」這個假定。因為行政者並不是歷史過程中的單一組成分子，而是屬於此過程中的主體。經由知識，他們必須明白情境是可以改變的。Scheffler提出其謹慎與卓越的警告，認為行政者應體認潛在評鑑的多樣性、應對於制度設定有所覺知、應相信所有的情勢都可以經由知識而改變。這些警告說明了沒有一個固定的模式可以打造出更好的社會。也因此，行政決定更應該去注意其他層面。除了從事實中獲得一個準確的計算結果，我們更應具批判性。這不表示我們常常必須持反對與懷疑的態度，而是在面對或處理問題時，瞭解到依據多種可能性問題解決模式來解決問題，特別是一些受脈絡與習慣所限制的問題。簡言之，具有批判性即是處理複雜辯證問題的具體方式。

　　此外，Adorno也相當擔心合法性控制的問題，此即是行政者與當前社會之間關係的問題。依當前的歷史環境，學校教育存在著兩大危機：(1)學校教育受到合法性體制之控制，使得學校教育只單純以消費者需求來做為辦學依據。(2)學校只單純教導利益族群所需要的課程。Adorno就曾指出，以上兩個危機，事實上最高的控制都來自於相同團體，也就是互相勾結的資本家們。在這種情況下，會造成行政往往與文化脫節，致使社會變得冷酷且被操縱著。這樣一個「消費者優先」的社會，根本就無法清楚地區分什麼是教育需求（educational need）、什麼是時尚（fad）、什麼是流行（fashion）。社會文化直接地附屬於市場機制的影響。在這此環境下，教育需求

皆受到消費者社會所保護，更確切地說，是消費者主導了教育的走向。

　　消費者主義當道的社會，是個「生產性的社會」（productive society），因為生產需求控制了消費者的思維。例如社會概念中，表示社會是由勞工與生產者所組成，學校會想辦法做因應，使得整個教育的活動儼然成為經濟產物。Frye（1970）就曾對一個生產性的社會提出了抗拒的理由：

> 當我們（無意識地）接受一個生產的機械觀時，則社會即陷入無法抗拒與無法逃避的緊急狀態中，對於文理學科與科學的保衛者，將持續地發出驚慌失措的哀嚎。人文主義不只是一個裝飾的價值，當整個教育陷入經濟的魔掌時，人文主義就變成一個轉化的角色。當用人文主義的角度來檢視教育時，教育品質一旦下降，則表示教育生病了。挽救方法只能依靠有識之士來改造文化，畢竟以技術的角度進行科學研究，就僅能進行「科技」革命，卻無法達到本質改變的功能。（引自Maddock, 1993, p.16）

　　生產性的社會並不是個民主的社會，而是個獨裁、專治的社會。它增加了人與人之間的不平等，使得一個民主國家的形成只能流於理想。行政者只會想盡辦法建立集中式的領導，以強化操作功效。文化的影響力消失殆盡，漸漸的在人類社會中，任何革新的想法都缺席。「行政即科學」這個觀念所帶來的危機至此可見。

　　所以，身為一個教育行政研究者，應該具有兩個智性美德：其一為「超然」（detachment），這是科學的特徵；其二為「關懷」（concern），是文學的基本特徵。科學上的行政概念將所有的知識與真理放進一個與之互相適應的結構，使得人們忽略了個人關懷與整體關懷間具有差異性，結果造成了人類生命中夢想、期望、人性價值等本質生活都遭受否決，生命本身也遭受否決。忽略遲早帶來鬥爭，也帶來了傷亡慘重的結果。所以「超然」必須與「關懷」結合，以明白不確定性的存在以及與己相異的看法比比皆是。所以，我們不必刻意去要求一致性的規範，而應同時關心文化的保存與育

成。沒有超然的關注是空的，沒有關注的超然則深具破壞性。

肆、Bates之批判理論

另一位對教育行政科學中實證觀點（包括邏輯實證論與邏輯經驗論）做出嚴厲批判的學者為Richard Bates。其對於實證論的主張（如價值與事實的分化）也做出相當有力的批判。Greenfield對教育行政研究方面的批判立論基礎來自於現象學與Kuhn、Feyerabend等科學哲學大師的主張，而Bates則是以新馬克思主義做為批判基礎。1980年代之初，Bates從批判理論的觀點出發，對邏輯實證論追求價值中立的研究態度，進行一連串相當密集的批判。

(一) 思想簡介

在教育行政領域，Bates的思想雖不像Greenfield那樣矚目，然而其所推崇的批判理論方法論卻也造成不小的影響，特別是在教育行政與課程兩大方面。Bates深受批判理論的影響，因此，他習慣先從鉅觀的角度對教育行政研究問題進行批判，再經由微觀的角度檢視教育行政實務方面的各項難題。Bates認為，教育行政領域中的實證論傳統並沒有去正視學校知識傳遞的問題，對於學校已淪為統治階級寡占利益與優勢的工具，以及統治階級藉由教育來促成社會不平等之事實並未加以陳述與批判。實證論傳統只重視運用實證觀點來進行普遍法則的建立，卻忽略了學校中一些更為迫切需要解決的問題。Bates堅信教育行政已經淪為控制的技術（a technology of control）。他說：

> 學校中可供使用的知識結構先受到教育系統中的各個分層部門的篩選，然後是教師以其專業的形象散播特定的意識型態……這些結構，使得行政者與教育系統所進行的控制結構力量加大，學生之行為、發表言論時的觀點、與生命隨機性完全遭受控制而不自

知。而且，教育行政可以被視為透過知識結構與經驗執行控制的過程。（引自Park, 1999, p.369）

(二) Bates 的三大哈伯瑪斯式批判

Bates引用法蘭克福學派大師Habermas的三個重要觀點來支持其論點。首先，Bates借用Habermas作品《合法性危機》（Legitimate Crisis）中，對於現今資本主義所產生的嚴重問題進行批判與分析。依據Habermas的觀點，現代化國家可區分為三個主要的次系統：經濟系統、社會文化系統與政治行政系統，而次系統之間有可能發生四種類型的危機。關於這四種類型的危機，Bates（1985）做了以下說明：

系統是以整體的形式存在的，如果其中一個次系統無法良好運作時，危機就會產生。因此，如果經濟系統無法適當地提供足夠的商品與服務，則經濟危機就會發生；如果政治系統無法使國家利益與人民權益之間做一個理性平衡的決定，則理性的危機就會產生；如果政治系統無法提供令人滿意的社會與福利制度，則合法化的危機就會出現；如果一般人民之間所共同分享的價值、傳統思想與期望之間，無法維持其分享模式時，則動機性的危機就會發生。（pp.26-27）

基於以上論述，Bates（1985）主張把教育這個次系統納入成為其中一個主要次系統，認為教育系統是國家維持其發展過程中，一個相當重要的工具，並進一步指出教育系統扮演著四個重要的角色：

1. 提供人力培訓與生產技術知識之經濟系統。
2. 成為最方便的控制機制（mechanisms），經由有計謀的運作與人力市場的訓練計畫，使得經濟層面能受到合理的控制；另外，也可藉由語言來對公眾進行思想的灌輸，而教育就淪為思想灌輸的最佳管

道。

3. 經由政治與經濟的合法性秩序，使教育機構成爲重要的社會化機構。

4. 對於年輕一代之動機與社會法治觀念的發展，扮演著關鍵性的角色。

　　統治者往往可以藉由以上四個層面的控制，來使國家陷入危機而不自知。Bates批判美國的學校教育已經無法發揮其正當之教育功能，無法成爲解救個人與社會的工具。在菁英教育制度之下，教育淪爲上級階層維護其地位與財富的工具。Bates進一步以馬克思主義的社會學觀點來支持他的論點。其認爲國家危機的形成是源於教育系統產生了問題。而現今學校系統所存在的問題，他以爲有三點：

1. 當教育系統以所謂的「機會公平、公正的原則」做爲發展方向，教育成果的好壞又完全以此原則做爲教育原則時，就會造成了財物分配的不公平。

2. 學校無法對社會階層提供向上流動的同等機會，因爲所有的機會大部分都由「勞力市場結構與個人利益」所決定。

3. 當菁英教育思想風氣過盛時，學校會沉溺於該思想，以爲唯有透過菁英教育才能創造公平機會，卻因而讓有利團體繼續嘗盡甜頭，讓不利團體在追求成功的過程中跌跌撞撞，體會了生命的無奈。

　　Bates由此做出定論，力主學校教育是由社會控制的機制所控制著。爲了克服資本主義所帶來的弊病，研究者需要一個更適當的研究走向，此走向關心人類的解放與如何建構一個更美好的世界。此新興研究模式的立論基礎來自於現象學與批判理論兩大理論傳統。

　　Bates引用Habermas的第二個觀點是源自於其主張的溝通行動理論與理想溝通情境觀念之間的連接。Habermas認爲人類是懂得運用語言爲工具的動物，也是發明工具的動物，Marx的思想強調「階級衝突」，卻忽略了

「再製」（reproduction）問題（例如由於社經地位之較低，偏遠地區學生無法得到平等之教育品質，因而無法翻身而造成階級再製）。在馬克思歷史唯物思想中，極少提及社會合理性的建立。Habermas則對於合理性的討論相當深入，其對溝通之分析，主要目的在揭發日常語言被系統性曲解的可能性，以促使所有的溝通能在無宰制的情境下達成。Bates運用極大的篇幅來說明如何進行社會組織重建，其目的在提升決策過程中的民主性，並鼓吹人類的解放。他聲稱在學校中，語言不再只是溝通的工具，它也是控制的機制之一，他堅信學校行政情境中協調的論述（discourse of negotiations），很顯然的存在著所謂的特定支配型式。批判的教育行政取向目的即在於澄清、檢視與糾正不當的論述。要達到以上的目的，則必須將被曲解的意義（語言）修正過來。

Bates引用Habermas的第三個觀念源自於其知識論，即關於知識的本源與科學本質的討論。Habermas視實證論為科學主義的一個例子，因為實證論將合理性的定義窄化，以為只有運用科學程序進行方法論分析者，才符合科學理性的要求。Habermas本身並沒有完全否定實證科學觀點，他的看法是：實證論只是許多可能的科學知識的其中一個類型。Bates將這個觀點納入教育行政學的討論中，他以為自Weber到Simon，教育行政研究的進步與否取決於運用邏輯實證論、經驗主義、功能主義、行為主義科學的觀點，或單由數字高低來判斷組織效能與效率高低的做法是不妥當的。

Bates雖然對於教育行政過去的實證傳統進行了廣泛的批評，也將社會學上的重要理論引進教育行政研究中。其思想對於教育行政領域中，批判理論的發展有著舉足輕重的影響，值得相關領域之學者加以重視

伍、女性主義

批判理論發展至1980年代時，將研究焦點轉移至行政組織中的性別意識型態批判，其中「女性主義研究」（feminist research）尤其值得關注，而知識論上更已將女性主義納為重要的研究途徑（Longino, 1999）。Kenway and Modra（1992）認為女性主義之主要訴求在於讓人們瞭解性別是型塑社會的現象之重要因素之一。女性主義相信女性在社會構造中被置於不平等的位置，一直以來深受剝削、貶視、與壓制，相關之教育內容也成為共謀者，女性主義即要終結此種不公平、不平等的社會配置，強調女性的重生。

在教育行政方面，1990年代以來關於女性主義觀點的運用，呈現蓬勃發展的局面（Bjork, 2000; Blackmore, 1996; Hill & Ragland, 1995）。研究者以女性主義觀點檢視了教育行政運作，發現整個教育行政界向來以男性所獨霸，女性無論在職位、聲譽、地位都受到擠壓而難以進入權力中心。

證據顯示自1960至1970年間，美國女性在管理層級中的名額幾乎空白。在當時，美國學校行政學會（American Association of School Administration，簡稱AASA）有98.7%的會員是男性。在1975年由美國健康教育與福利部（U. S. Department of Health, Education and Welfare，簡稱DHEW）的統計報告中指出，全國13,037位長官中，只有65位為女性。1988年美國國家教育資料中心（National Center for Educational Information）所編的報告書中指出，在學校中教學之教師有65%是女性，卻只有4%有參與學校行政職務（Sergiovanni et al., 1992）。

傳統社會認為女性在能力上較男性差，因此在重要行政職務上聘用男性來擔綱較為合理，認為女性在先天本質上本就不適合領導工作。諷刺的是，Meskin（1979）對女性領導者進行的一項研究中，發現女性領導者與男性領導者在效能方面的表現並無明顯差異，而且女性更偏向於使用民主型領導，在行政績效上，女性也有凌駕男性的趨勢。

Shakeshaft（1987）所出版的《教育行政中的女性》（*Women in Educational Administration*）中，對200篇論文與600篇研究報告進行了整理，對於男性與女性風格之差異，做了以下的結語：

1. 女性領導者以「與他人的關係」做為行動的中心。
2. 女性領導者將焦點置於教學與學習方面。
3. 女性領導者本質上較注重學校社區的建立。（引自Sergiovanni et

　　al.,1992, pp.113-114）

　　Blackmore（1996）對教育行政領域中之女性主義研究，進行後設分析中，發現女性代表不足（under-representation）一直以來被認為教育行政中的一個難題。近年一些有關女性的研究將性別視為變項來進行分析，並試圖將教育行政中女性的聲音釋放出來。

　　有關女性主義的關注在於種族、文化、社會正義與實踐等層面，在早期其主要目的乃在揭露理論中的「男性至上」取向。近年，女性主義加入了「後結構主義」（post-structuralism）與「反再現主義」（anti-representationism）等觀點，試著從社會制度的解構來進行男女權力的重新分配（請參見第五章）。綜言之，女性主義是尋求女性的解放，特別是透過權力、文化、平等、控制、衝突與合理性等議題來進行辯證。關於此方面的研究，仍處於辯證與對話中。

　　值得注意的是，2000年2月發行的《教育行政季刊》，即以「教育領導階層的女性」（Woman in the Superintendency）為主題，進行了一系列教育行政領域中，女性主義發展的討論。研究發現，早期的女性研究旨在瞭解女性與男性在管理階層的比例如何，近年則將焦點轉向女性所受到的不平等待遇與性別歧視方面的探討，以及敘述這些女性如何在男性統治的行政環境中，力挽狂瀾的實際情況（Brunner, 2000; Skrla, Reyes, & Scheurich, 2000）。

　　Collard and Reynolds（2005）集合美國、加拿大、澳洲學者之論文出版《教育之領導、性別與文化探討：男性及女性觀點》（*Leadership, Gender, and Culture in Education*），指出若欲分析與瞭解女性主義或性別探討，則必須從其所處的社會、系統與組織來瞭解，才能一窺堂奧。整體而言，學校女性領導者，社會對於女性領導者仍具有刻板印象，仍須努力突破。

　　Oplatka（2006）則檢視學校女性領導者在開發中國家之情形，以瞭解女性領導者之職涯發展之障礙。該研究檢視13篇刊載於教育行政、教育性別研究及比較教育的期刊論文，分析女性職涯發展的障礙（包括家庭義務、

女性受教權保障不足、職場男性比例偏高等）。

　　國外相關問題的研究成果已相當豐碩。而在臺灣地區，有關女性主義之研究已受到重視。胡幼慧（1996）從社會學的角度探究臺灣地區婦女在職業、婚姻、家庭中的角色，即以批判的角度來進行討論。王逢振（1995）則從理論推介的角度描述女性主義的發展。蔡美儀（1992）探究臺灣地區女性教育主管性別角色、自我概念、社會支持與工作適應之關係，以量化方法進行變項之間的關係檢視，並未由批判角度對女性權力地位做檢視。黃麗蓉（1995）以「組織中的女性領導」為題，檢視了臺灣地區女性在組織的表現，多停留在描述性層面，只重視傑出女性領導者生涯發展成功的關鍵性因素以及女性領導的困境。侯怡楓（1997）以「一位國小女性校長領導實際之個案研究」為題，檢視國小女性領導者在行政上的特點，但也僅止於對女性領導者之領導方式與特質進行質性探究。鍾靜宜（1999）雖然從女性主義觀點檢視臺灣地區教育、職業地位取得之性別差異與變遷，然而對於過去女性所遭受的抑制與不平等待遇之分析時，卻只著重對臺灣地區社會變遷基本調查資料進行次級分析，對於女性主義方法論批判較無明顯之呈現。

　　之後，潘慧玲（2000）所主編之《教育議題之性別視野》一書，為少數對相關議題之論文結輯，書中對教育行政領導、課程與教學、教師生涯等領域，從女性主義的觀點加以論述與分析，值得進一步閱讀。簡成熙（2005）指出女性主義知識論強調女性獨特的經驗對知識產生之效用，雖可突顯女性對知識生產的優先性，但也可能會助長傳統性別的刻板印象。陳素秋（2007）指出隨著性別平權運動的發展，臺灣在過去幾年來，透過各項法令政策，成功顛覆諸多過去不利於女性的公、私劃界。洪淑芬（2008）探討臺灣地區國民中學女性校長對父權主義之知覺，以及其在傳統父權主義影響下從事學校領導時，所採取之策略，並分析不同背景變項的國民中學女性校長對傳統父權知覺與所採取之領導策略差異。其中發現國民中學女性校長在學校組織領導策略中常採用以身作則、默默領導與女性優勢特質的溝通方法。邱鈺婷（2008）從後結構女性主義的觀點分析6位國中女校長之問題解決心智運作，指出後結構女性主義的分析觀點能解構教育行政

領域傳統男女校領導研究之論述，且女校長在問題解決心智運作受其主體位置脈絡影響而呈現多元的樣貌。范熾文（2008）指出，女性主義可說是批判理論近年最具成效之理論，雖女性主義的領導觀點偏重私領域，強調人際關係、倫理發展及情感交流，但此種概念能突破男性思維，提供教育行政研究新的思考方向，同時協助女性主管能突破玻璃天花板障礙，讓組織領導者能重視多元文化差異，打造公平正義的組織文化。

陸、批判理論對教育行政理論發展之影響

批判理論與Greenfield的現象學（詮釋典範）在某些層面上持相同的看法，兩者都重主體性、特殊性，輕客觀性、普遍性。批判理論在學術界正方興未艾，然而從批判的角度來對教育行政問題進行分析的研究，至今在國內仍然不多。綜而合之，批判理論對教育行政相關研究的影響如下：

1. 其為教育行政方法論開啟了另一個研究方向。社會科學研究不再只有實證與詮釋的方法。過去實證論重視價值中立與原理原則的建立，自然論強調主觀性價值對研究過程的影響。批判理論則另闢蹊徑，勇於對所謂的「真實」進行批判，特別是經由教育行政制度的設計所形成的各種教育、文化、族群、性別上的霸權現象，進行分析與批判。

2. 批判理論主張教育學門與其他學科如醫學、經濟學、物理學不同，缺乏基本定理，有的不過是一些通則，而其往往因組織價值觀的不同而有所變動。批判理論則指出，與其尋求放諸四海皆準的定理，不如專心探討隱藏在組織行為背後的價值判斷，方能瞭解其來龍去脈。

3. 在增進教育組織的效率議題上，批判理論認為一味強調「控制」以維持運作是不對的；反之，其應扮演「建構」（constructing）的功能，激發不同立場的次級團體共同合作，以避免對弱勢者的壓迫。如何喚起組織成員的自覺，互相合作制訂目標與客觀的參與決策，並去除工具理性的擴大，也是批判理論關心的領導議題。

第三節 文化理論

壹、文化理論之源起

文化理論是在1980年代相當受到重視的新興觀點之一。1970年代下旬，主觀主義者對於傳統行政學理論的批判，使得以往被忽略的「文化觀點」（cultural perspective）[8]開始受到注意。「文化」這個概念在組織理論研究方面並不陌生，因為在開放系統理論中，文化被視為組織成功的要素之一。Smircich（1983）即對組織理論中的文化概念進行深入的研究。Jackson（1968）與Wolcott（1973）長期以來，強調學校中所存在的文化現象。然而，以上研究的重點與此處的文化理論差異相當大。

追溯文化理論的根源，其立論基礎主要來自歐陸哲學思潮，包括詮釋學、文化人類學（cultural anthropology）、現象學、與詮釋的社會科學（interpretive social science）。其最重要的特徵是對實證（經驗）科學的批判。文化觀點將研究焦點置於內在、精神現象的分析，主要目的在解釋人類行為（如動機、意向、信念），與時下注重外顯行為的量化研究不同。由於心理層面的微妙變化，無法藉由觀察來明瞭，他們於是主張為了使某些潛藏的真實現身，則必須運用一個完全與主流不同的方法來進行研究。其所謂的新方法即是「理解」的方法。他們相信，唯有運用這個方法，才有可能測得人類主觀性與意義創造的情形，也只有這樣，才能擁有理解學校組織的鑰匙。

貳、文化理論在教育行政研究的發展情形

文化理論運用到教育行政組織與領導研究的主要推介者為Sergiovanni，

8　文化觀點強調心理層面的特質，包括動機、情緒或是理性，都是無法被肉眼所看到的。

在1980年代後，其陸續發表關於如何運用文化觀點來進行教育行政組織研究的文章（Sergiovanni, 1984; Sergiovanni et al., 1987, 1992）。影響所及，文化組成、領導與組織文化、學校即文化、管理文化、團體文化等相關課題研究，在1980年代中期達到高潮。在1986年由「美國教育研究學會」（America Educational Research Association，簡稱AERA）所舉辦的學術研討會中，關於文化觀點的討論相當熱絡，大部分的學者雖然仍對某些概念無法達成共識，然而大致同意文化為教育行政研究中，重要的一環。1987年後，文化觀點深受重視而迅速發展，像學校文化、如何改變學校文化、與文化觀點領導等議題的討論，都時常出現在學術座談、書籍與期刊中。

　　從隱喻的觀點出發[9]，文化常被視為是對組織權力與運作之間的意像。文化觀點即以文化做為工具，討論如何建立與改變學校文化，以實際瞭解學校組織的運作情形，並將學校的實際情況明朗化。隱喻性的觀點視組織與文化乃是相輔相成。此因文化是依據符號（symbols）與陳述（representation）所組成的意義網絡。符號是瞭解文化意義的關鍵，若要瞭解組織文化，則必須將焦點置於符號，而非文化本身。在互動的過程中，人與文化是無法分開的，人的大腦常受到特定文化影響而不自覺。因此我們只能藉由陳述與符號來瞭解文化。

　　文化研究觀點的主要訴求，乃在對於社區與彼此共同分享的意義與價值重要性之關注。「中心」這個概念則通常被視為理解的管道。組織與各個社會中心則做為價值、情感、與信念的所在地（locus），即人類群體結合在一起的文化結合劑。

　　此外，W. A. Firestone在文化研究上的努力也是有目共睹。Firestone and Wilson（1989）的研究，一直以來偏重於學校行政者（主要為校長）如何透

9　隱喻（metaphor）的行政意涵是難以界定的。黃乃熒（1999）、簡成熙（1994）曾對隱喻的意義進行了分析。具體而言，隱喻被視為一種觀念系統，通常是藉由一類型事物類推至另一類型事物，因此能創造出知、情、意等各種不同的價值。換言之，隱喻的運用，常有助於對人類各種現象之瞭解，以獲得解決問題的方向。

過文化連結網絡（cultural linkages）來影響學校之教學工作。Firestone and Louis在1999年所發表的《學校即文化》（*Schools as Cultures*），將多年以來的研究心得與成果進行整理，為文化研究上之不可多得的好文章，對文化研究有興趣的讀者，可進一步閱讀。

參、文化理論的基礎

文化理論之理論基礎主要來自於詮釋學。而社會科學中的詮釋轉向（interpretive turn）雖可區分成幾個不同的研究方法[10]，然而大致上他們都是「反實證的」（anti-positivistic）。它們都強調差異性，強調社會生活的本質仍是行動者本身所知覺的世界。這也是詮釋學的最主要貢獻。詮釋學方法有幾個基本主張（Evers & Lakomski, 1991）：

1. 強調理解方法的運用，因為它是一個適用於所有社會互動的最佳方式。關於「理解」這個概念，在Weber的著作中常被提及，此概念之提出，使得自然科學與社會科學之間，是否應做嚴格區分的議題再次引發爭辯。Weber將「理解」定義為以研究對象的想法，進行同理的觀察與理論詮釋。換句話說，詮釋學的方法特別強調同理心。

2. 它重視邏輯與其他符號系統意義的擷取，特別是一些意向性的想像。這或許就是「理解」的特徵之一。依據Weber的說法，對於某個情境或行動的瞭解只屬純粹的瞭解，研究者不應進行判斷性的（贊成或反對的）結論。

3. 詮釋社會科學家在檢視某些特定的實踐與法則時，習慣自相同的一群人來進行推論。他們並不認為此種作法是不科學的（unscientific），並主

10　詮釋學派別大致上可分為包括符號互動論（Symbolic Interactionism）、民族誌研究法（Ethnography）、與現象社會學（Phenomenological Sociology）。各理論之代表人物，分別為G. H. Mead 和 E. Goffman、H. Garfinkel、與P. Berger 和 T. Luckman。

張經由特定個體的觀察，才能眞實地去瞭解事實與眞相。

　　4. 世界上的一般知識都是理所當然地存在著，是實用取向的知識。因此，我們很難將其用命題的形式呈現。

　　5. 社會與組織理論學家喜歡運用一般人對其意義世界的結構做爲事先瞭解的基礎，而詮釋論者則揚棄了先前的詮釋基礎，以避免偏見與意識型態的宰制。

　　詮釋學可廣泛定義爲是對意義之理解或詮釋的哲學派別。此因意義經常有諸多歧異出現，唯有透過理解、詮釋方式才能把握整體的意涵，脫離歧異的迷霧。而詮釋學即是探究如何實踐理解之科學理論。詮釋學之任務與旨趣即對於當前過度偏重方法論、知識論、單一性、與確定性的研究主張，進行反省。對於執著單一方法、全盤移植自然科學之經驗、分析方法及因果解釋法則應用至社會科學探究之觀點提出批判，認爲以上論點過於偏重工具理性而忽略對主體性之關懷，且喪失對於現狀之意識型態之反省，無法照實地彰顯事實意涵（陳碧祥，1998）。詮釋學觀點內容相當複雜，該學派代表人物之間也常有看法相左的時候。此處僅簡要說明Hans-Georg Gadamer（高達美）[11]、Charles Taylor（泰勒）兩位詮釋學大師的觀點及其對教育行政領域文化觀點演進的影響。

一、Gadamer 之主張

　　Gadamer（1979）以爲詮釋源於歷史，因爲任何事物都是藉由歷史留傳下來的，詮釋的對象即歷史。他主張：

　　　對於某一歷史事件的詮釋，也包括了精神的詮釋、模仿的表現、
　　　與行爲的詮釋，因爲即刻的意義感受並不是我們想要的。詮釋如

11　Gadamer爲當代著名的德國詮釋學派重要代表人物。

果不通過靜思（mediation）就無法揭發真實意義。我們必須摒棄暫時的感覺以深入探尋真實的隱藏意義為何。（引自 Evers & Lakomski, 1991, p.120）

Gadamer主張理解必須經由論述（discourse），因為論述往往發生於特定的歷史脈絡中，而理解永遠離不開歷史。再者，理解永遠也離不開語言，因為語言常受限於文化脈絡形式，不同地區常有不同的語言；基於此，翻譯文章以進行詮釋的行動，就顯得格外普遍，因為好的詮釋者必須也要精通語言。

📚 二、Taylor 之主張

Taylor則發現語言的問題常造成詮釋的困難，例如在某一個社會中所建立的語言，有時很難被適當地用另一種語言來描述。於是，Taylor與Gadamer也意識到必須訂定詮釋的規準，做為檢視理解對錯的標準。有趣的是，Taylor與Gadamer也同時陷入兩難的情況，因為一旦為詮釋建立規準，則又掉入一元論的矛盾，如果詮釋不具規準，又如何判斷詮釋的正確與否？最後，Gadamer決定以一致性（coherence）來解決這個難題，他以為「獲取正確的詮釋」是個連續不斷的歷程，即基於對「完美一致性」的期許。他宣稱無論對任何事物的瞭解，一致性必為詮釋的重要特徵。Taylor並不認為一致性應做為詮釋適當性的終結性訴求，人們能做的，就是對同樣的內容提供更多的詮釋。然而Talyor似乎沒有發現人與人之間「代溝」的存在，詮釋若淪為主觀意義，則真理只有愈辯愈模糊（Evers & Lakomski, 1991）。

簡而言之，由於派別甚多，關於詮釋的方法與規準，詮釋學派並沒有一致的說法。但可以確定的是，主觀性的地位在詮釋方法中，遠超過客觀性，詮釋的目的是在於瞭解而非控制。

肆、文化理論在教育行政研究的應用

(一) 教育行政組織研究方面

　　傳統行政管理時期（注重效率）與人際關係時期（注重個人）認為組織是緊密結合的，就像齒輪與輪子的關係一樣。於是行政的功能，旨在控制與指導，經由計畫、組織、指導、控制、激勵、獎勵等方式來達成學校既定目標。然而，以文化觀點所進行的研究，卻發現教育行政組織基本是個鬆散結合的系統，行政者必須注意到「文化結合劑」[12]的使用，以產生必要的「連接」。文化結合劑產生於規範、價值、信念、意向，可引導組織成員對於組織目標達成的承諾。Weick（1982）即指出行政者必須重視鬆散結合系統之間的結合劑（glue），如此才能使各次系統在鬆散結構中有適當的交會。

　　關於組織文化的意涵，各家說法有所差異。Ouchi（1981）認為組織文化即象徵、儀式、和傳說（myth），為組織成員相互溝通的價值與信念。Schuartz and Davis（1981）視組織文化即組織成員所共同擁有的信念和期望型態，此一型態產生了組織規範，並塑造了組織成員的行為。Schein（1985）則認為組織文化好比解決組織內在和外在問題的一個有機體，其不斷引導新進成員去知道和思考組織相關的問題（秦夢群，2011）。

　　對一些成功的學校與企業組織所進行的研究中，也發現組織的確具有由價值信念所構成的中心區域，這個區域具神聖的特質。或許說組織中事實上有著一個正式的「宗教」，指示了意義與指導適當的行為，也提供了一個核心信念，使得組織呈現緊密結合的狀態。所以，一旦領導者領悟了這點，便可以進一步從文化的觀點來對組織進行整合。

12　這裡的結合劑指的即是各部門間結合的關鍵物。Weick以為在鬆散結合系統中，領導者一旦無法掌握結合部門的關鍵，則各部門將只是個部門，組織不再具有整體性。

(二) 教育行政領導研究方面

從文化理論的觀點檢視組織，我們發現學校事實是離不開價值與意義的。以文化觀點檢視成功的領導者，他們強調以意向（purpose）做為領導核心。所謂意向行為（purposing）是指由組織的領導者所進行的一連串行動，以使組織中的基本目的獲得澄清，並達成成員的共識與承諾。過去的領導只重視領導者控制幅度的大小與學校目標是否達成的討論（秦夢群，2010）。文化觀點較不關心管理控制或人際之間的心理探討，而是專注於瞭解、運用、以及必要時重建學校的文化製品（artifact）[13]、觀點（perspective）[14]、價值（value）[15]、與假定（assumption）[16]。

至於行政者是否應該專注重新建立學校之文化製品、觀點、價值、與假定，以強化學校之獨特文化？一些學者如Ouchi（1981）、Deal and Kennedy（1982）認為領導者只需掌握了文化，即掌握了成功。批判理論學家則擔憂學校文化極可能淪為行政者控制學校教師與學生行為的工具。相關的討論至今尚未有任何定論。

Sergiovanni將績效、個體、與文化三大觀點進行了比較，實有助於對文化觀點的瞭解。詳細內容可參見表4-2。而Firestone則偏重於學校中文化連結網絡對於學校行政工作的影響。此處限於篇幅，將不詳細討論。有興趣之讀者，可參閱Sergiovanni與Firestone的專論與著作。

---

[13] 是指文化中可以接觸到的面向，包括語言、故事、神話、儀式、典禮、以及可見的具價值意義的其他物品。

[14] 是指相互分享的規定與規範，其作為組織成員遭遇問題時的解決方案與守則，使得成員能夠很快地瞭解情況，並在能合理的行為模式下解決問題。

[15] 是指提供組織成員做為判斷情況、行為、對象的評鑑基礎。價值顯示了組織任務中重要的目標、理想、標準、或組織禁忌等等。

[16] 是指那些不可見的，組織成員所持有的信念。這些信念統治了成員之間的關係模式或是對於與組織連接的本質。假定是不可見的與無意識的（unconscious）。

表 4-2　教育行政中效率、個體、與文化觀點之比較表

主要論點	效率觀點	個體觀點	文化觀點
次要觀點	視科學管理為工作效率之追求 視科層體制為組織中效率體現	人際關係觀點：視個體為社會性之存在 人力資源觀點：視個體為一個成就導向的存在	組織內的文化 組織即文化 社會建構或意義的重建
普遍隱喻	理性機械式的	機動式的	社區「文化」
其他隱喻	工程 工廠 藍圖 機器 裝配線 經濟人	健康 傳教士 植物 養育 社會人	家庭 意圖的 具意義的 神聖的 意識型態 契約
分析之基本單位	工作流程與組織設計	人性的組織	為價值與共享意義的核心概念 規範性的秩序
主要概念	目標與目的 備用方案 成本／利益分析 最大利益的決定 績效	支援工作團體對於學校目標的承諾 動機與工作滿意度	建構的意義、緊密結合與鬆散的結構、具共識的動機、文化鏈結、有意圖的、符號式的領導
權力型態	獎賞、強制性、法律的型態	規範性的	規範性、強制性的
行政命令	計畫、組織、控制、評鑑 強調組織結構的正式化、集中化、階層化、效率與生產	運用團體行政與權力平衡策略來發展一個具有高效能的工作團隊，來達成學校的目標	慮及文化差異的存在。強調目的與願景。瞭解與意義比行動更為重要。領導者提倡以及與他人的溝通比其個人的行為更為重要。以符號進行溝通。建立犧牲奉獻的精神文化

（續上表）

| 決策 | 人類與組織被視為是理性的。因為，妥當的計畫、組織、控制、與評鑑、預定目標可以在理性、具效率的情況達成目標。決定策略在系統分析上呈線性關係 | 人類與組織被視為是理性的。賦予人類進行評鑑、信任、與自我實現的權力。組織可以設定目標，發展組織承諾來達成目標。結果是行為的較高水平與較高的滿意度。決策策略在目標管理上呈現線性關係 | 因為文化差異是神聖不可侵犯的，而行政決定極可能被視為是文化侵害的一種，必須特別注意。必須存在著型塑文化的可能性、運用目的與符號式的領導；否則就不要輕易行動。依賴合理的民眾運動，並適時地站出來提供必要的符號與意義，以建立神聖的文化 |

資料來源：*Educational governance and administration* (3rd Eds.) (pp. 163-164), by T. J. Sergiovanni, M. Burlingame, F. S. Coombs & P. W. Thurston, 1992, Boston: Allyn & Bacon.

第四節 連貫論

壹、連貫論之起源

連貫論的起源，來自方法論上質性與量化方法之爭。本章第一節所述之自然論是方法論上「質量之爭」的另一要角。質量之間究竟是互補或對立，在國際的方法論壇長期以來備受討論。從目前學術界的發展情況觀之，兩者已進入互補並存的階段。

在2000年代初，正當質量典範之爭愈演愈烈的同時，一個新的研究觀點正在教育行政研究領域萌芽發展。此觀點目的在解決質量爭論的問題，試著從另一個角度思考兩者同時存在的可能性進行評估，可稱之為統合觀點（unity thesis）。持統合觀點者否定知識論上的分野，主張典範不可共量性的錯誤。它假定了一個不以任何知識為基礎的連貫主張，那是因為傳統的知

識基礎理論常常超越了本身的範疇，只關心如何證成一些牢固的基本原理。可惜的是由量化取向與質性方法所努力追尋的知識論上的基本定理卻一直未受到檢證。此外，由Kuhn所提出的典範概念雖然廣泛為學術界所推崇，但近年的研究卻顯示典範卻是不一致的（incoherent）。典範觀點下，主張典範不可共量性，以為不同研究方法可以做區分，但統合觀點反對這樣的觀點。統合觀點認為知識是無法分隔的，而是以整體的形式存在。

　　統合觀點獨特之處，在於它能夠對所謂的基礎性難題提供解答。在多元典範觀念下，不同研究觀點之間被認為是相互排斥、不可共量與不可比較的，知識論上的分野也是無可避免的。如果抱持這樣的想法，則研究成果之理性整合與比較，就變得毫無可能，教育領域知識的成長也將裹足不前或形成僵化狀態，因此統合觀點的提出，實有助於化解學術分裂的危機。

　　於是，Walker and Evers（1988）首先在Keeves所主編的《教育研究方法論、測量、與評鑑》（*Educational Research Methodology, Measurement and Evaluation*）一書中，提出複雜但具系統性的觀點。其指出一個以知識論為基礎的統合觀點已經浮現，且可以用來解決教育研究的難題。在教育行政研究上，澳洲學者Evers and Lakomski（1991）兩人合著的《瞭解教育行政》（*Knowing Educational Administration*）一書中，初步提出連貫論的主張，並於1996年出版的《探索教育行政》（*Exploring Educational Adminis-tration*）及2000年《實踐教育行政》（*Doing Educational Administration*）等書中，針對連貫論做出明確的敘述。

　　Evers and Lakomski早年即致力於對教育行政方法論的反省與改革。兩人指出自行政方法論革命以降，教育行政領域不斷湧現大批的新興方法論觀點，卻多屬曇花一現或只是對於邏輯實證論的挑釁，對於教育行政研究的真正發展幫助不大。他們以為，所有的方法論，事實上都牽涉了知識論中的一些問題，譬如知識的本質是什麼？什麼使得命題是可認知的？這些命題又將如何驗證？是什麼知識論帶給教育行政理論結構與內容一個可以自我滿足、與統治的檢證指標？

　　檢視本世紀以來，教育行政學術之發展，讀者不難發現有三大知識論

的發展對教育行政研究造成了極大的衝擊。其一為邏輯實證論，乃是第一個具系統性的哲學影響。可是由於其對於事實與價值的分化，並將觀察抽離理論，使得教育行研究遭受了不少的質疑。其二是以Kuhn與Feyerabend的思想為基礎的多元典範方法論。其帶來兩個重要影響：(1)實證性資料不再是用來比較理論優劣的充分條件。(2)實證性證據部分影響自理論，因為觀察是理論依賴的，用來描述觀察的字彙也屬理論性語言。特別是Greenfield的觀點中，視科學為非實證性的，聲稱實證性資料對於理論的建構無法提供實質的幫助。此時期的理念在於對所謂的客觀性進行攻擊，而帶進相對主義與主觀主義兩個重要概念。可惜的是，典範理念中的不可共量性的觀點，卻使得不同典範間無法進行比較與溝通，流於相對主義式的爭辯。

在紛擾的研究爭辯中，連貫論順勢產生，成為第三大知識論主張。由於1960年代中對於邏輯實證論的批判，特別是「理論無法經由觀察來決定」與「觀察具理論依賴性」兩個具體主張，連貫論提出的目的即在化解教育行政知識論上的諸多難題，其中包括前述兩大知識論的缺失。Evers and Lakomski（1991）認為過去的實證論雖然面臨了諸多困難，但較正確的態度並不是因此而逃離客觀性與實在論的主張，而是應該去覺察除了觀察與實證性資料的多寡之外，是否還有其他的證據可做為理論建立的基礎。連貫論即是基於此觀點所建構出來的新研究典範。

依照Evers（1991）的看法，傳統的知識論者想盡辦法去尋求穩固的基礎，以讓人們相信知識的確定性、可靠性與正當性。即以經驗論為例，其所尋求的基礎完全奠基於觀察結果與「感官資料」。當代的基礎主義論者常常存在此種短小眼光，忽略了理論的建立可以廣泛地運用不同的指標來進行。連貫論希望創建研究的新視野，使方法論之討論不再侷限於傳統的觀點。

貳、連貫論的基本主張

連貫論並不走觀念論路線，不抽離物理世界。因此證成的連貫論可以與真理理論（theory of truth）相互結合。由此觀點觀之，則Popper的否證論價

值就提升了。否證論強調任何的理論的「證實」，只是理論上某項假設暫時地獲得支持，研究者不應排除其未來被推翻的可能性。但Popper忽略了人類在認識過程中所具有的爆炸性潛力，因為人類所能做不只有「證實」或「證偽」的工作。一致性在預測與反駁的過程中，扮演著極為重要的角色。

　　連貫論放棄邏輯實證論的證成模式，因為單以證據的數量多寡做為理論選擇的唯一指標，理由不但薄弱且不恰當。然而，為何有些理論在解決問題方面、或對未來事件做預測時，會比其他理論獲得更大的成功？連貫論者認為，這個問題只有一個合理的答案，就是該成功的理論運用了外加的指標，因而適當地修補了證成模式原有的缺點。因此，連貫論的主要訴求即在於知識論的整合，亦即運用具效用的指標來分析理論的優劣性，它強調：理論的選擇應該以外於經驗的指標（extra-empirical virtues）來進行。這些指標包括了一致性（consistency）、簡易性（simplicity）、包容性（comprehensiveness）、解釋的統一性（unity of explanation）、可學習性（learnability）、與生產力（fecundity）等六項[17]。綜而言之，連貫論的主要特點如下（Evers & Lakomski, 1996a）：

　　1. 在結構上，連貫論者傾向整體論的主張：因為行政理論雖然可分成性質相異的主題，但各主題之間為一個連續的信念網（continuous web of belief），構成了一個球狀的理論結構。球狀結構經由不斷的自我修正與補強，終將形成結構完整的大型理論。球狀結構在某些方面較為脆弱，需要再進行永續性的修補。球狀的外圍較為脆弱，或許只要一個單一的觀察結果，就可以對其進行修正。中央的部分（邏輯、數學、或物理學的其他分支）是構成信念網絡的主要特質，除非有太多異例顯示理論的錯誤而破壞網狀的中心部分，否則中央的部分不會進行修正。連貫論認為行政科學基本上就是這

---

[17]　關於連貫論證成模式的外於經驗的指標，Evers and Lakomski原發表於1991年的作品中，到了1996年後則進行部分修正。把原來的conservativeness與coherence改為unity of explanation與learnability。

樣的結構[18]。

2. 證成模式被解釋爲「知識論上不斷進步的學習」（epistemically progressive learning）。信念網絡經由社會實踐不斷進行修正，經由理論的角度激盪出一些與理論相符或不符的想法。網絡需要不斷的修正，以更逼近理論整體上之一致性。

3. 理論上的專有名詞大部分（並非全部）是從其意義推演而來，而不是依特定的觀察結果的相似性而來，也就是依其在理論中的概念結構所扮演的角色而定。其與操作型定義的不同在於：提出的測量過程以更寬鬆的方式，也就是以適當性爲主要考量。有時爲了經驗上的準確度，則可能依即存的名詞意義來訂。

4. 經驗的價值依賴性就如同觀察的理論依賴性。經由經驗所發出的光芒中，運用相同程序的一致調整（coherent adjustment）步驟，價值就像其他理論一樣，可以被學習與證成。當觀察與預期之假設產生差異時，則應對在形成中的理論進行適度修正。與過去傳統方法論所不同的是，連貫論主張將價值置於網絡的中心，而非使其與事實做二元分化。

參、連貫論的證成模式

連貫論所持的知識論是針對證成的基礎性理論問題而提出的，與傳統的證成模式有所不同。實證論後來逐漸放鬆其嚴厲實驗程序的主張，包括對感官資料、觀察陳述等等，主要是因爲他們發現以下的困難：

1. 被排除於外的知識，有時比所謂的正統知識更可靠：這是由於傳統的知識論運用了窄化的證成模式來辨別何者爲科學，何者爲非科學。例如傳

18　有關此部分的概念或可參考Lakatos的研究綱領方法論（methodology of research programme）與Quine的信念網絡結構（web of belief）。其中所述「硬核」（hard core）與「保護帶」的概念與此部分之概念相似。

統上認爲肉眼看不見的就是非科學，但諷刺的是，在物理學上的一些物質如電子與量子，都是無法用肉眼所能觀察到的。傳統的觀點不攻自破。

2. 傳統的知識論本身竟然無法說明其本身究竟爲何：傳統的知識論運用類化的主張來看待知識。然而他們卻忽略所有的觀察結果都是在有限的樣本中所得到的，無法做「所有的X等於Y」的結論。

連貫論在理論選擇方面，摒棄了傳統所重視的可檢證性（testability），因爲假設演繹法已被認爲是有缺陷的；連貫論也不接受Popper的否證論，因爲一個異例即可推翻整個理論的主張，甚爲荒謬。此外，有些理論故意地排除異例，以免威脅傳統知識基礎的做法，也遭受連貫論者所詬病。

連貫論的提出是爲了化解學術上不可共量性的危機，連貫論樂觀地認爲連貫論式的知識論能夠準確地運用有效的指標來檢視理論的優劣，然而在決定一個理論的整體連貫性時，卻面臨了諸多困難。進入多元典範時期，不同典範皆各有其方法論主張，爲解決不可共量性的難題，連貫論的主張才被開始重視。連貫論主要在測量與評估理論之間的優缺點，只是大體的判斷與比較，遠比絕對的測量結果來得容易。所以，關於理論的比較並不那麼的單純。Lycan（1988）就曾對此提出五個比較T1與T2兩個理論的規則。如果兩個理論在其他方面都相當時：

1. 若T1比T2簡明易懂時，選擇T1，
2. 當T1的解釋比T2清楚時，選擇T1。
3. 當T1比T2更具可驗證性，選擇T1。
4. 當T1所留下的待答問題較爲T2少時，選擇T1。
5. 當T1的內容與你過去的經驗（具有理由相信的信念）較爲符合時，選擇T1。（引自Evers & Lakomski, 1991, p.38）

依照連貫論的看法，研究者應該用怎樣的指標來選擇最佳理論呢？Evers and Lakomski（1991）提出特定做法，指出連貫論所論及的外於經驗

指標共有六項，其中包括一致性、簡易性、包容性、解釋的統一性、可學習性、與生產力。首先，在做理論選擇時，研究者應該要先關注一致性。研究者常會偏向包容性較強的理論，因爲它不但可以解釋更多的現象、而且比較不會有異常（anomaly）、反例（counter-examples）、與錯誤的例子產生。其二，與複雜性相比，研究者寧可選擇較爲具簡易性的理論，其目的在於運用較少的解釋工具來對現象的最大範圍進行論述。其三，研究者應選擇一個不超越本身解釋性資源的理論，即不以自身的領域觀念去判定其他領域，因爲其缺乏證據。最後，研究者要選擇一個具可學習性的理論，條件有二：(1)必須與人類學習的最佳自然論觀點（naturalistic accounts）一致。(2)必須與全球的觀點中，那些具信度的知識基礎相符（p.9）。

即使提出特定作法，連貫論的證成指標在使用上仍然困難重重，因爲其希望具有全面性與一致性的特性，因此，比起基礎主義主張的證成模式更難施行。然而，由於以實證論爲基礎主張的證成模式有其一定的缺陷，連貫論的出現至少帶來新的思維。Evers and Lakomski將連貫論主張與Greenfield的主觀主義進行比較（請參見表4-3），有助於我們對連貫論的理解。

表 4-3　實證論、主觀主義、與連貫論之社會實體觀點差異表

比較的向度	什麼是社會實體		
	自然系統	人類創作	自然的連貫
哲學的基礎	實在論：世界是真實存在的，其存在是可以被客觀認知。 組織是真實存在，具有其自己的生命。	主觀主義：世界是存在的，但不同的人以不同的方式來詮釋之。 組織是人類創造出來的社會實體。	自然主義 (naturalism)：自然世界是存在，因為它是現象的最佳、一致性解釋。 組織是真實的人類團體型態。
社會科學的角色	去發現社會與人類行為的普遍法則。	去瞭解不同的個體如何去詮釋其生活世界。	以實證的態度去發現適當的驗證程序，以捕捉複雜的社會生活規則。
社會實體的基本單位	集體主義：社會或組織。	個人主義或集體主義皆可：個體可以以單獨或集體的形式存在。	個體可以與其他個體、團體、或自然世界團體形成互動。

（續上表）

瞭解的方法	確定允許集體性存在的條件與關係。構思這些可能存在的條件與關係為何。	對於個體對其行動的主觀性意義進行詮釋。並進一步去發現這些行動的主觀性規則為何。	探究適於個體行為表達的網絡，並解釋其本身的行為理論。
理論	是科學家建立理性的組織性法則，用以解釋人類行為。	是一組個體用來理解其世界與行動的理性。	是對於世界命題的最一致性網狀系統。
研究	對理論進行實驗性或準實驗的驗證。	尋求意義之間的關係，並瞭解其行動的結果。	尋求世界中的非隨機性形貌。
方法論	實體的抽象化；特別是經由數學模式或量化分析來進行研究。	為實體的再現，以達到比較的目的。對語言與意義進行分析。	不拘於任何技術，只要有助建立模型 (pattern) 者皆可使用。
社會	有秩序。被一組一致的價值所統治。任何可能性皆由此套價值之中。	衝突的。由個體的價值及可用的權力所統治。	仿造的。並由不同方式的因素網絡所管理。
組織	目標導向。目標獨立於個體之外。社會規律的工具，為社會與個人服務。	受個體與其目標所影響。為權力的工具，一些人利用它來進行，讓有利的優勢永遠穩固，社會流動停滯。	依賴個體與群體合成目標，以過去的經驗做基礎，穩定地成長。
組織病理學	組織若無法處於良好狀態，問題出在社會價值與個人需求方面。	給予多樣的人生終點，人們在追求行動中，永遠存在著衝突。	個體間、組織、與社會具有不和諧的狀態。
治療組織弊病的處方	改變組織的結構，以迎合社會價值與個人需求。	找出包含於組織行動中的價值為何，有哪幾種。如果可以，試著改變個體或群體的價值。	提升結構以增進組織的學習（學習型組織的模式）。

資料來源：*Exploring educational administration: Coherentist applications and critical debates* (pp.139-140), by C. W. Evers & G. Lakomski, 1996b, Oxford: Pergamon.

肆、連貫論在教育行政研究的應用

關於如何將連貫論方法論主張應用到教育行政理論與實踐的發展，Evers and Lakomski（1996a）舉了兩個較爲實際的例子，茲分述如下：

(一) 組織研究方面

Evers and Lakomski將既有的組織設計觀點加以分析，結果可參見圖4-4。不同的學派對於組織設計提出不同的看法。首先是Plato所提出的組織型態，將個體以具體的形式區分，各人在所謂的公平社會中各司其職，堅守崗位。Hodgkinson將其對價值的分類，運用到組織設計當中，認爲組織是個具有嚴格階層化的實體。他以決策理論爲例，說明愈重要的決策，則愈是由

知識獲得的模式	組織的模式
有限制的與階層化的 （Plato, Hodgkinson）	階層性
主觀的 （Greenfield）	以選擇來建構（constructed by choice）
反思人類旨趣， 注重溝通的情境 （Bates, Foster）	民主的，參與的
有限理性 （Simon）	以回饋做依次排序
信念網絡的一致性調整 （Evers & Lakomski）	組織性學習

圖 4-4　組織設計規範的途徑

資料來源：Science in educational administration: A postpositivist conception, by C. Evers & G. L. Lakomski, 1996a, *Educational Administration Quarterly*, 32, p.393.

組織中的高層來決定，而組織中的道德判斷問題，則屬於藝術的層面。主觀主義認為組織是人類創作的實體，並以其知識論做為組織建構的基礎；批判理論則將焦點置於組織中的權力問題，主張理想溝通情境的建立，在組織的設計上偏愛民主式與參與式。Simon則指出組織設計應強調價值中立、規律、與定理的建立。而連貫論對於組織設計的看法，可整理成以下三項：

1. 主張對所謂的同型化（isomorphism）加以限制。行政理論不像邏輯實證論者所吹噓，可以毫無限制地運用到教育行政當中，否則教育行政理論的存在就變得毫無意義。

2. 連貫論者相當關注組織特質（organizational particularities），包括目標、哲學、本質與工作向度與資源等是如何經思辨產生的。因為行政理論與組織特質理論化之間應具有一致性，這樣的觀點有助於我們去檢視包含於一般的行政理論中的組織哲學與實際履行結果是否相同。

3. 連貫論認為行政結構必須反應知識的動態性及其運用情形：由於複雜性、干擾、混沌對預測的影響，使得連貫論者認為所有的知識均具有「可證偽性」（fallibilism），即指所有的知識命題都可能錯誤的，知識並沒有確定的基礎。所以，組織目標必須訂得廣，知識促進的機制也必須在組織設計時就擬定。組織上必須把焦點置於如何增進組織的知識結構。最重要的，是運用組織的回饋系統來不斷修正現有的組織知識，此即為行政結構之組織學習觀。

(二) 領導與學習方面

在1970與1980年代，當時正值學校效能運動的熱潮，學校內容與改革內容明確，教學領導（instructional leadership）較能奏效，因為教學領導目的即在進行條理分明的控制；然而，由於學校受到開放理論、非均衡理論、混沌理論等觀點的衝擊，學校的目標與內容較不明確，再加上教師主體性意識的抬頭，學校中以「承諾」（commitment）做為追求進步的動力，在此情況下，教學領導顯然起不了作用了。於是轉型領導（transformational

leadership）的概念被提出，並被認為是最佳的學校重建工具。轉型領導是
強調部屬與領導者共同發展願景並達成目標的領導方式。領導者不提工具的
運用，而是將目標放在如何提升組織成員問題解決的能力。轉型領導的影響
是透過每天的律則性事務，將一些意義與想法嵌入學校成員的思想中，過程
較為費時。

　　另外，Evers and Lakomski（1996a；1996b；2000）認為有關於傳統所
強調的知識陳述的符號模式，已經無法讓學習者從複雜、非線性、充斥干
擾的經驗擷取具效用的知識（p.398）。他們提供了一個能與連貫論的科學
自然主義（scientific naturalism）相一致的類神經網路認知模式（neural net-
work models of cognition）來對學習的可能性進行瞭解。本質上，該網路的
學習源自於一個經驗的統計結構的內在陳述，目的在降低輸入與輸出的落
差。他們認為此類神經網路是相當具有價值的，尤其是當知識的符號性陳述
變得脆弱無比時。認知性類神經網路在實務知識的預見方面也多有助益，
因為其明顯可減低理論與實務之間的差距。兩人所提出的認知性類神經網路
並不將基礎主義的法則性陳述排除於網路之外，充分顯示了連貫論的主體性
格。有關認知性類神經網路的構想，尚處於待開發的階段，其未來發展值得
關注。

　　之後，Evers and Lakomski（2012）於Journal of Educational Adminis-
tration出版五十年的專刊中，重申研究方法的選擇，端賴研究者所秉持的知
識論觀點。然而，其強調實證論並不等於科學，如果侷限於單一觀點，必將
與教育行政的真實現象有所脫節。兩人認為相關辯論在未來仍會持續下去。

第五節　本章小結

　　在後實證論時期是個強調多元實體、多元對話的時期，任何的聲音都被
平等的接納。檢視當前即有的新興典範，自然論被視為是較具影響力的，因
為其所建構的方法論在基本假定與實證論不同，其重視研究過程的脈絡性、

強調觀察與理論之間是無法區隔的，相關之方法論主張更成爲其他典範的方法論基礎（包括文化理論、詮釋典範等）。自然論強調對背景脈絡的理解，主張任何的實驗必須在自然情境中進行，主張使用個案研究法、觀察法、訪談法、生命傳記[19]、人種誌研究來進行研究。然而，自然論也招致了兩大批判。批判論者認爲自然論只將焦點置於單一與特殊的個體，對於深具影響力的社會政治力量過於忽視。社會政治力量在本質上對於社會關係與信念具有決定性的影響，研究實無法避開大環境不談。實證論者也批判自然論者採取了人種誌方法論等質性方法，但該方法至今尚未建立具系統性的方法論結構，相關研究效度令人質疑（Levine, 1992）。然而，自然論兼顧了社會現象的價值與環境脈絡，具有其優勢所在卻是不容否認。

　　批判理論在早期也是聲勢浩大，因爲批判理論聲稱要把隱藏在意識型態背後的眞相揪出，並解放扭曲的溝通，以尋求從互爲主體的溝通情境獲得合理共識。批判理論同樣遭受一些質疑與非難。Lakomski（1997）指出Habermas的批判理論中的「解放觀點」並不具一致性，而且其對於教育行政實踐毫無幫助，因爲所謂的「理想溝通情境」在現實中根本不具可行性。此外，其也指出Habermas的方法論只會帶來另一個客觀性，所謂合理的共識，基本上也是另一種宰制。Adorno的批判理論雖從較爲溫和的角度出發，強調行政活動比科學活動更爲複雜，研究者應從鉅觀的角度來進行批判，以瞭解行政中較爲眞實的宰制面向。可惜的是，Adorno之研究觀點過分流於理想，在實務上可行性不高，因此並未蓬勃發展。

　　另一位批判理論學者Bates在國際教育行政界享有崇高學術地位，並被視爲是教育行政研究領域首位大力傳播批判理論思想的學者。其最重要觀點係將研究焦點從微觀的學校分析，轉至鉅觀的社會環境脈絡，特別是對「權力」與「控制」的批判。此對於教育行政研究的影響相當深遠，並擴大了以

---

[19]　生命傳記是爲人種誌研究法之另一種應用，其主要研究特色在於對某一特定之個體進行長時間之觀察與記錄，過程與個案研究相似。唯一不同的是，生命傳記強調被研究者參與研究的重要性，研究者在研究過程不再是純粹的陳述者。

批判為觀點的研究視野。

蛻變自批判理論的女性主義觀點，反而成為現今較廣為被使用的方法，因為女性主義從性別、權力分配、意識型態等層面，來檢視組織內男女間差別待遇之實際情形，並提出具體的批判，企圖改善女性之權力與地位，在方法論上具有較高的實用價值。

相較之下，文化理論觀點雖然在1970年代末崛起，到了1990年代初卻已呈現了衰落的趨勢。文化理論可說是主觀主義發展的極致，其偏重文化製品、價值、觀點、假定等層面之探討。其在方法上繼承了主觀主義與詮釋學的方法論，重視主體的單一詮釋，主張內在心靈現象詮釋大於外在實際觀察。但由於過分強調主觀性，摒棄客觀性的存在，極易造成學術研究流於過度主觀，恐將成為學術進步的絆腳石。再者，文化理論所研究的對象，例如隱喻、假定等太過於抽象，研究成果在學術上缺乏令人信服的理由，使得相關研究因而在1990年代後，其發展呈現停滯不前的狀態。

在質性與量化之爭進行了整整十年後，所謂方法論上的統合觀點浮現。其強調方法論之間的整合，在教育行政研究之連貫論即持此主張。連貫論的野心極大，其希望透過多樣的證成向度來整合所有的觀點，因為它相信所謂的學術基本就像是Quine所說的信念網，係以整體的形式存在。再者，連貫論者相信連貫主張能夠結合主觀與客觀，將可解決學術上之「質量爭辯」，再者連貫主張也符合了知識論傳統上所強調一致性（coherence）與整體主義（holism）。試想，如果教育行政典範之間流於各說各話的情況，則學術進步的機制何在？然而，連貫論對於方法之間的整合，持過度樂觀的看法，忽略了方法論之間的差異，基本上是對立且無法統一的。Bonjour（1999）對連貫論進行再次的檢視後，也指出連貫論是非常明顯無法達成的（untenable）。相關正反意見的研究，如今仍在持續，未來的發展可多加留意。

綜上所述，後實證論對於教育行政研究的衝擊主要有兩點：(1)促使教育行政方法論多元化，相關之新興研究觀點如雨後春筍般浮現產生。(2)為澄清彼此之立場，典範之間的對話變得較為頻繁。此外，教育行政研究學者

在研究方法論上產生也得到以下的觀念：

1. 除了實證方法論之外，尚有其他的觀點對於實體形貌的捕捉有所助益。
2. 理論與觀察之間是無法二元分化的，任何的觀察都深具理論依賴性，因此所謂的價值中立性並不可行。
3. 教育行政中的價值與倫理的討論是無法避免的，因為教育行政是門藝術而非科學。
4. 理論永遠在變，所謂的永恆定理或法則並不存在。

第五章

後現代主義與研究方法論主張

關於一種固定方法或者一種合理性理論的
想法，乃建基於一種素樸，且關於人及其
社會環境的觀點。事實上，在一切境況下
和人類發展的階段上，只有一條原則一直
都可加以維持：怎麼都行。

～Paul Karl Feyerabend

教育行政研究中的後實證論發展，在早期只為了突顯邏輯實證論所存在的問題，並試圖將被排除於科學研究之外的主觀層面（包括價值、倫理、道德、權力等）重新納入教育行政研究的內容之中。發展到後期，部分學者走向更為偏激，不僅導向相對主義或虛無主義的立場，並產生對理性產生懷疑的反科學言論。此種現象已引起教育行政領域學者所關注（Willower, 1996）。

自Galilei、Newton以來，近代科學已有300餘年的歷史，此時期的科學可以統稱為傳統科學觀時期。其聲勢極為浩大，充分展現人類理性的活動，大大改變了知識研究的格局。然而從1960年代開始，科學界和哲學界開始對實證論典範進行大規模的批判，從Kuhn、Feyerabend、法蘭克福學派，以及非線性系統理論、混沌理論等新近科學理論的出現，一種不同於傳統實證論典範並試圖突破多元典範的新興科學觀，正逐漸地醞釀形成。

在知識論方面，自啟蒙時期以來，Newton的直線物理學觀使人們對世界有了以下的看法：世界的變化具有固定的一套自然法則，只要掌握了自然法則，人類就可以操控自然界的變化與發展。然而本世紀量子力學及相對論等理論的相繼提出，不但使得牛頓式物理學觀遭受了前所未有的打擊，過去一直被奉為圭臬的「理性法則」（rational discipline）也受到懷疑。部分較為激進的學者開始懷疑實體的存在。在後實證論時期，一般的科學家與研究

者仍相信實體是眞實存在的，只是實體已不再像邏輯實證論所主張的只有一個，而是以多元的形式存在著。後現代主義者則提出更爲激進的看法：世界上並沒有普遍眞理或普遍理性的存在（Lyotard, 1984）。與後實證論相同的是，後現代主義的立論基礎同是擷取於Kuhn與Feyerabend等科學哲學家之基本觀點，只是走向偏向革命式的方法論轉換。他們不贊同典範對科學發展的單一支配性，採用Feyerabend「什麼都行」的多元主義方法論並且嘗試對差異的多元方式、多元詮釋、認知與建構知識的方法去做瞭解。

在1960與1970年代，當代西方科學哲學經歷了從邏輯實證論走向歷史主義[1]的轉變（可參考第三章第一節），到二十世紀末，又面臨著從歷史主義走向後現代主義的轉變（孟建偉，1997），特別是在科學理論的發展上。二十世紀之初，相對論及量子理論即風馳電掣般的席捲物理學界，進而改變了科學哲學。至1980年代所發展形成的非線性系統理論（混沌理論），更幾乎擊潰機械式的傳統科學觀。在另一方面，在社會科學中由於社會現實因素與多種哲學主張（批判理論、後實證論、虛無主義、與無政府主義等）的相互攪和下，形成了一股時代的新思維：後現代主義，其對社會科學研究的發展提出頗具顚覆性的觀點。

本章共分爲四節。第一節從科學理論與科學哲學的發展角度，針對後現代主義科學觀之歷史發展與演進加以敘述。第二節則分就後現代科學觀之派別與主張進行敘述。第三節偏重論述後現代主義各派別對教育行政研究的影響，並以文本研究爲例，分析在後現代主義科學的衝擊下，教育行政研究產生之轉變。第四節則對本章之重點進行歸納，並歸納後現代主義的利弊得失。

1　歷史主義特別是指採用了相對主義的歷史模型的科學哲學大師Kuhn與Feyerabend的思想。他們質疑科學的經驗基礎，主張歷史任何的觀察都依賴理論；反對既有之單一理論證成模式，轉而採用相對主義的多元方法觀點。

第一節　後現代科學觀的發展

　　所謂後現代科學觀（view of postmodern science），係一種具有後現代主義特質的研究取向，其是後現代科學哲學家依據後現代主義的主旨，對傳統的科學理論提出深入全面批判的基礎上，所發展形成的一種新型的科學觀。後現代主義的科學觀發展，可以藉由科學理論與科學哲學的發展脈絡，來進行瞭解。

壹、科學理論發展方面

　　十九世紀末，牛頓力學已發展了兩百年並呈現完備精確之狀態，加上其他方面的科學性驚人成就（如電磁學中Maxwell方程式的出現），讓部分學者以為物理學的發展到此結束。然及至二十世紀初，相對論與量子力學之出現，其影響如秋風掃落葉，為物理學界繼Newton之後，再創另一燦爛時代（程樹德，1997）。

　　Einstein的「相對論」不僅在物理學界形成了全新的思想方式，而且有力地批判了現代機械論的錯誤。但其對牛頓物理學與歐氏幾何學的批判，僅止於現代科學發展的一個面向，並沒有從根本上實現現代科學觀的變革。再加上相對論仍然是嚴格的決定論，是研究宇宙中相互聯繫的連續性現象，因此對於傳統的威脅並不強烈。爾後所發展出來的量子理論才具有明顯的後現代特徵。

　　量子理論之所以具有後現代科學理念，係其提出了以下四點與傳統完全不同的看法（孟樊、鄭祥福，1997）：

　　1. 量子理論認為量子的所有行為或運動，都可以在一個非連續的、不可分的、被稱之為量子的單位中被發現。在量子論中，電子是從一個軌道直接跳躍到另一軌道的，而機械論的核心觀點是粒子的連續運動；這一點已深

深地受到了量子論的質疑。量子論對運動的理解，持以相反的態度，就連最平常的運動也被看成是由非常微小的、非連續的運動構成的。

2. 量子理論認爲物質和能量具有一種雙重性，它們既像粒子，又像波。至於其究竟像什麼，必須在實驗中或語境中，才能相對地確定。推而論之，事物的性質依賴於所處之環境脈絡，與機械論的主張大相逕庭。按照機械論的說法，粒子就是粒子，無論其處於什麼樣的環境中。

3. 量子理論強調非局部性聯繫，在一定範圍，事物可以與任何遠距離的其他事物發生聯繫，而不需要任何顯而易見的力量來維繫此一聯繫。此思想與Einstein的相對論是對立的，與機械論也是相互矛盾的。

4. 量子理論認爲，整體可以組織部分，特別是生命有機體，我們可以發現，整體可以組織有機體中的各個部分。

　　量子理論強調了宇宙中存在著人類所無法掌握的隨機性與不穩定性。隨後之科學研究，包括了Bohr的「量子化的原子模型」、Schiodinger的「波動力學」、Heisenberg的「測不準定理」，一再彰顯科學的後現代性（postmodernity）存在的證據。

　　本世紀的第三個革命性的理論爲非線性動態系統理論（nonlinear dynamic system theory），其在1980年代逐漸形成。前《紐約時報》記者Gleick（1987）完成《混沌：打造新科學》（Chaos: Making a New Science）一書，科學研究中之混沌現象立刻成爲大衆討論的焦點。Gleick以「混沌」兩字來描述非線性理論，爾後混沌理論與非線性理論變成了通用的專有名詞。關於科學中之不可預測性，早在線性理論當道的1900年代，H. Poincare（1902）就已經提出非線性世界的不可預測性，可說是在當時頗具創見的想法。他指出：即使自然定律已經再沒有任何奧秘的時候，人們對實際情況的瞭解，還只是能知道大概而已。他強調起始狀態的重要性，認爲任何微小的差別，都可能造大結果的巨大誤差，使預測活動失敗。

　　非線性理論揭示了系統存在著內在隨機性，而且混沌是自然界的一種普遍運動形式。這體現了客觀事物的複雜性，並確認宇宙系統是處在一個開

放的、遠離平衡的狀態中，系統的運作具不可逆性，而且對初始狀態具有敏感的依賴性（林夏水，1997）。科學研究結果所獲得的「答案」不具唯一性，因爲任何細微因素的加入與退出，皆會影響結果。至此，現代科學觀中所強調還原論、決定論的被重視程度已銳減，科學研究漸漸走入另一個混沌與複雜交織的新境界。

貳、科學哲學發展方面

　　傳統的科學觀在邏輯實證論的鼓吹下，可說是一夫當關，任何科學研究若不採用證實方法則會受到不客觀的懷疑。然而實證法則在Kuhn、Feyerabend，與後來的M. Foucault、R. Rorty理論出現後，面臨了前所未有的挑戰與打擊。

　　Kuhn將歷史向度加入其科學哲學觀，摒棄了傳統的知識累積觀，而以革命色彩貫穿其理論。Kuhn承認典範間之相對性格，提出典範之間具不可共量性，主張在不同典範中從事研究工作的科學家，會從不同的觀點來看世界，會使用不同的語言來描述他們所看到的現象。換言之，他們是生存在不同的世界中。在相異的典範中，用來評斷科學理論之優劣的基本原則或標準也互不相同。由此可見，Kuhn偏向於主張典範之間是不可比較的，其思想中的相對色彩顯而易見。

　　Feyerabend的出現眞正顚覆了科學哲學領域。對於邏輯實證論、否證論、典範等理論，Feyerabend均對之嗤之以鼻。其名著《反對方法》（*Against Method*）中，提出近似無政府主義方法論的科學哲學觀。他以爲傳統所講求的合理性發展基礎、內在邏輯都是方法論的一種科學霸權宰制。因此他反對任何方法的支配性存在，反對方法上的一元論，而強調任何方法都可以用來從事科學研究，亦即科學家可以依靠自己的研究活動來創造合理的方法。他以爲研究是一種生命的投入而並非單純的眞理追求。

　　他所提出的多元主義方法論支持了「非科學」存在的必要性。Feyerabend認爲傳統上對於科學與非科學的區別是一種知識達爾文主義，是對於

「非科學」的一種剝奪。這種二元區分的行為是沒有意義的，科學領域應該以一種更民主的方式來容忍各種知識（科學的或非科學的）的並存。而且科學是源自於非科學，對非科學的壓制也會限制科學的發展。他聲稱先求科學的解放，再談「科學的合理性」這個問題，才具有意義。Feyerabend起初所走的路線為相對主義，爾後轉向非理性主義。他一方面鼓吹科學的「非理性」本質，另一方提出了「反科學沙文主義」的口號。終使科學一直以來的研究傳統動搖起來，其「反科學」的立場後來成為後現代科學觀中的基本特徵。

另一方面由社會科學哲學的發展觀之，從1950年代開始的批判理論對於實證論的抨擊相當具殺傷力。此外，Horkheimer對「傳統理論」大加批判；Marcuse對於物理法則、科學主義充斥整個科學領域（包括自然科學與人文社會科學）的情況提出質疑；Habermas大力批判邏輯實證論以技術代替闡明行動，將歷史還原於客觀過程的技術控制之不當，並強調社會乃「生活世界」，是一個互為主觀的與社會化的世界，並無法以自然科學的立場來研究。以上敘述可以清楚發現任何要求一元方法的立場，均無法抵擋民主浪潮。相對主義與批判性主張的出現，為後現代科學觀的建立奠定基礎。

「後現代」這個名詞如今已經成為教育行政領域的重要理念（張我軍，1998）。相對於現代主義，後現代主義強調實體之不連續性與矛盾性，其存在是作為對「主流正統」之挑戰。面對多元動態之社會衝擊，後現代主義提出解構、去中心化（decentering）、鬆綁（loosening）等呼籲，以促進個體之間的對話與互動。相關後現代科學哲學之主張，可以Foucault、Rorty等學者的看法做代表。

Foucault首先關注的問題是：何以在某一時期，某些論述被視為真，而在另一個時期被視為偽？決定真偽的標準是什麼？依Foucault的觀點，知識既非科學，亦非人的認知之累積與總合，他以為知識是某一時代或歷史時期中「可見的」（the visible）與「可詳細敘說的」（the articulate）事物之配置與分布，而其分布狀態會因不同的時代而變異。Foucault可說是繼承了Kuhn科學革命觀的看法，否定了傳統知識累積觀的想法。知識或真理深具歷史意涵。在《瘋狂與文明》（*Madness and Civilization: A history of insan-*

ity in the Age of Reason）一書中，Foucault探討了十七世紀中葉至十九世紀初所興起的理性與非理性、理性與瘋狂的區分是基於什麼條件。Foucault發現從文藝復興以來，理性與瘋狂之間是不斷互換的，理性勝利的條件是「排除的行動」，是以理性之名對非理性的排除。因此Foucault提出了系譜學（genealogy），他要挑戰的不是科學或科學的內容，而是科學論述的權力效應。[2]

Rorty否定建立在客觀基礎上的實在論與傳統的真理論，也否定科學實在論對所謂「合理性」（rationality）的追求，他以為如果將合理性視為應用準則的唯科學主義，其根源實為一種對客觀性渴求的願望。他指出如果人們能夠只為追求協同性（solidarity）的願望所推動，徹底拋棄對客觀性的渴望，那麼人們就會把人類進步視為是能使人類完成較有益的工作並成為較有益的人，而非單獨看作是朝某一地點邁進。我們的自我形象就會是去創作而不是去發現形象（張之滄，1998）。Rorty反對傳統的哲學和科學，實質上是反對一切權威。其所追求的是一種文化自由主義、相對主義、與多元論。

第二節　後現代主義的派別與主張

雖然在過往數十年間，社會科學開始充斥後現代主義，但是至今卻很難找出其主流理論。或許這正是後現代主義所主張的，世上無需有主流獨霸的思潮。從另一角度來看，讀者在閱讀後現代主義相關著作時，卻發現相關理論自成體系，其中或是相互競爭，相互牴觸，甚而破碎零亂不知所云。雖

2　Foucault早期在尋求一種後設理論反省時，引用了考古學（archeology）的方法論。後來轉向系譜學，旨在針對具體的制度與權力的形式，提出更適當的論述。Foucault以為考古學是分析局部論述性的適當方法，而系譜學則是在這些局部論述的描述基礎上，使得受支配的知識因而被釋放、並且開始發揮作用的策略。因此，考古學是企圖展示主體的一項虛構，系譜學則企圖展示主體建構的具體脈絡、牽引出主體化（subjectification）的政治後果，並且有助於形成對主體化運作的抗拒（朱元鴻、馬彥彬、方孝鼎、張崇熙、李世明等譯，1996）。

然部分學者試圖將現存的後現代主義相關文獻加以整合，但多未能獲得學界共識。其中如Jarvis（1998）將後現代主義粗分爲三個類群，其中包括：(1)科技的後現代主義（technological postmodernism）：偏重研究由於科學與技術的現代化，傳統社會中製造與消費、勞力與資本、政府與市場之關係，如何轉換而成不同的文化與政經情勢。(2)批判的後現代主義（critical postmodernism）：承繼法蘭克福學派，試圖對文化型式與製造型態，建立以馬克思知識論爲架構的理論。(3)破壞—解構的後現代主義（subversive-deconstructive postmodernism）：對於傳統之「實體」、「眞理」、「理性」、「邏輯」存在形式進行解構，主張知識只存在於主觀個人的論述中，並無宇宙有恆之存在。反對後設論述與基礎主義。

壹、後現代主義派別概述

由於後現代主義之文獻極多且蕪雜，以下僅就對教育行政領域有影響的後現代主義派別進行論述，其中包括後結構主義、新實用主義、激進女性主義、與非線性理論。本書並非哲學專門著作，其他理論請閱相關專家學者的作品。

一、後結構主義

後結構主義主要指由Foucault、Lyotard、Derrida等人爲代表、以解構（deconstruction）與反結構主義爲中心思想的一股歐陸思潮。具體而言，後結構主義目的在瓦解各種認知成規所隱含的僵化和理性宰制的危機。其對於直線演進的歷史觀提出批駁，認爲傳統研究觀囿於因果邏輯，而忽略了歷史不連續的一面。以下分述Foucault、Lyotard、Derrida之重要主張。

㈠ Foucault 之主張

嚴格而論，Foucault並不能全被歸爲後現代之人物，其思想複雜，並從

不同的角度出發，勾勒現代社會問題的核心。Foucault之思想深受馬克思主義、批判理論、現象學、存在主義、結構主義等各派別的影響，特別是F. Nietzsche（尼采）不但提供其超越Hegel與Marx哲學的動力與觀念，更指出真理、知識、與權力之間的關係，根本無法分開。這就是Foucault在知識與權力的探求如此執著的原因。而且，由於受到1968年法國五月社會運動的影響，使得1970年代後，Foucault援用了Nietzsche的「系譜學」來研究社會權力運作情形。系譜學的方法用意即在揭露權力與知識本質性之聯繫。

在方法論上，Foucault採用考古學與系譜學來從事歷史文化現象之研究。早期他極力批評傳統研究方法對真相詮釋的扭曲，並主張運用歷史觀和語言所匯集成的知識探索方法來瞭解真相。

Foucault認為權力及所謂的「壓迫」並非單純地來自一個政權或政府，而是權力與知識結合之後，流遍整個社會組織，因此任何人都可能是掌握權力者。例如醫學定義了病人與健康人之間的差異，精神病學則清楚地明確劃分誰是瘋子、誰是正常人。這些專家都是基於知識而擁有權力，他們是社會標準的維護者，也是最基本權力的擁有者。Foucault認為知識與權力之間是並存的。權力的運作讓知識永垂不朽；反之，知識又不斷引發權力運作的效用。

Foucault之思想運用至教育行政研究時，則重視宰制的解除。他指出理性文明在歷史形成過程中的排他性，認為理性運作的成果，代表的是一種權力遊戲的結果，理性的共識本就隱含宰制的危險性，因為知識與權力間具有不可分割的關係，故「真理」是知識權力的政治產物。由Foucault的角度出發，教育行政基本上是一種規律性的實踐（a disciplinary practice）。因為一般的行政管理理論都深植於系統理論或是傳統之組織理論，而早期所設置的律則會主導與操控了實踐。組織中的個體成為制度下的一個螺絲釘，每天進行著理所當然的常規事務（Anderson & Grinberg, 1998）。Foucault以為研究者應該解構每日生活之實踐（deconstructing every-day practice），那些被視為理所當然的言辭話語、以及隱藏的權力關係都是被解構的對象，唯有如此，才能瞭解生活的真實意義。

(二) Lyotard 之主張

Lyotard是另一位後現代主義的代表人物，在方法論上，他提出了三個重要的觀點（Nuyen, 1996）：

1. 去合法性（delegitimation）：Lyotard指出現代知識常訴諸後設論述來正當化基礎主義的宣稱，但後現代知識是反後設論述（anti-metanarrative）與反基礎主義（anti-foundationalism）；支持異質性、多元性、經常的創新，支持參與者所同意的局部規則與實用性前提。現代論述爲了正當化其立場而依賴於進步與解放、歷史或精神辯證、眞理與意義等後設論述。現代科學以「自無知與迷信之中解放」爲藉口，來造就眞理財富和進步，並正當化所有的知識前提。從這個觀點來看，後現代可定義成「不相信後設論述、排拒形上學、實在論、與任何形式的總體化思想」，主張「零碎與小巧之論述」。Lyotard主張現代性的後設論述傾向於排他與普遍性後設指令（meta-prescriptions）的慾望。Lyotard認爲將後設指令類化與同質化的行動，違反了語言戲局的異質性。共識的觀點也對異質性產生暴力，並且強加同質的判定與虛假的普遍性於人們的身上。

2. 歧異（differend）：Lyotard將歧異的概念定義爲：在至少兩個團體（或兩個以上）之間，因爲彼此的觀點無法找到一個判定的共同規準且無法平等地解決時，所產生的一種衝突的情況。Lyotard認爲人類永遠活在用語（phrase）中，而每個用語都有其一套的規則。在一個論述（discourse）中，個體可能會使用不同規則系統之用語，因此必須忙於連結使用不同用語的不同規則。對於不同類型的論述，李歐塔稱之爲「式樣」（genres），不同論述的式樣也有其自身的一套規則，這些規則是受到論述中的個體腦海中的意圖所決定。而用語和論述都是異質性的，兩者間並不具普遍性的語言。紛爭可能引發自用語的標準或論述的標準。因爲規則系統之間並沒有提供任何的機制來跨越論述，這些紛爭最終將演變成歧異的出現。在歧異中，錯誤一方是無法被呈現，因爲它爲不可名狀。

3. 崇高（sublime）：Lyotard之崇高概念來自於Kant（康德）。對Kant來說，知識是透過不同人類天賦的合作結果所產生的。對所有的實證知識而言，它們是源自「感性」（the faculty of imagination）與「悟性」（the faculty of understanding）的合作成果。感性負責綜合（synthesizes）感官輸入，悟性則用歸類的方式（categories）將之整合。這樣的合作關係使得客觀知識成為可能。當這些類別本身不具有正式概念時，對於這些理解的整合是基於其本身的盲目主觀的材料。對於大部分的思辨性知識（speculative knowledge）而言，所需要的是理性（faculty of reason）與感性（faculty of imagination）兩者的合作，因為前者提供感官呈現「理性的觀點」（ideas of reason）或「合理概念」（rational concepts）（或如同Kant所指稱之協奏曲）。Kant依美學的標準指出：當心靈反映了其自身的想法，它就產生「一種喜悅的感覺」（a feel of pleasure），這是主觀的想法反映了真實的世界，此時客觀的形式與知識主觀狀態之間維持和諧的關係。但心靈中必須有理性的存在，它有能力去產生Kant所謂的「合理概念（或觀念）」或「理性概念」，這種理性才能夠引發人類的思考或想像感官以外的事物。當感官受到限制時，人類會因為瞭解的不足而導致不愉悅感，然後心靈中卻會因理性瞭解的力量而有一種愉悅感產生，這就是Kant所謂的「崇高的感覺」。一個客體引起心靈一個理性的概念，而這些是必須經由崇高心靈的判斷以特定的方式呈現。主體的愉悅感是伴隨「主體是有能力去對一些超越感官限制的想法做思考的」這個發現而產生。套用Kant的話來說，「崇高就是思考的能力，即證明心靈的才能超越了各個程度的感覺。」可是愉悅感是發生在因對問題的瞭解不足的不愉悅感之後才產生。這就是Kant所謂的「愉悅感是被不愉悅感所干涉的」。崇高的感覺是受不愉悅感所「干涉」的一種愉悅的感覺。不愉悅感的發生是由於理性對於瞭解有一個很大的慾望，但卻沒有結果產生，至少最初是這樣。這兩個事實，Lyotard用「衝突」這個概念來解釋：理性（reason）與瞭解之間的衝突與兩個異質感官間之衝突，綜合而成「崇高」這個感覺。而崇高的用意即在「呈現不可名狀」（present the unpresentable）。綜言之，Lyotard採用了Kant的看法，認為感官經驗（客觀）畢竟是

有限制的，但感官經驗受到阻礙時，人類內在心靈層面（主觀）將發揮作用，繼續對缺乏理解之部分做探測的工作。

基本上，Lyotard否定實體的存在，認為任何的大型論述都是不可信的，任何的理性都不存在，人們所擁有的是多元理性。任何的知識與基礎都是變動不定的，對建立大型理論的慾望，只會破壞了差異的存在。其對教育行政研究的主要影響，來自其強調差異與多元，反對大型理論建構的主張，對於教育行政典範霸權的解除，具有正面啟示。

(三) Derrida 之主張

Derrida所提出之「解構」（deconstruction）與「延異」（difference）兩大概念為後現代主義之重要思想。Derrida著重於對文本（text）的探究。事實上，關於文本的詮釋，Derrida與Gadamer的見解不同。Gadamer提出「遊戲」（play）概念來闡述詮釋者與文本相遇時所引發之個人主體性問題。其指出唯有全然忘卻自身的投入，「遊戲」方能成為遊戲，個人也方能聲稱置身於遊戲，否則只能是遊戲的旁觀者。在文本的詮釋上，Gadamer認為詮釋即對話，並透過遊戲的比擬，敘述詮釋歷程中，那種主體性消解而獲致存有的狀態。他主張應當通過遊戲來達到對文本較佳的理解，以避免詮釋學中的曖昧，進而追求意義上的統一。

Derrida則採取與Gadamer截然不同的路徑，他認為閱讀詮釋為一種遊戲或舞蹈的狀態。因此詮釋要求的是與文本的文字遊戲，而非使用文字在文本中尋覓真理，這就是所謂的「文本之外，別無他物」（Il n'y pas de hors-texte）。因此，他高度質疑任何形式的對話，也不排除進行語言的解構。故而，他抱著遊戲的態度，創用解構的閱讀策略，以文本自身來揭露文本的可歧異性，彰顯並追求詮釋學中意義的多種可能性，以活絡僵化的文本，恢復其生命力（劉育忠，2000）。

Derrida的思想主要影響自Husserl（胡塞爾）、Heidegger（海德格）、Nietzsche（尼采）三位哲學大師。Husserl提出「觀念的客觀性」，認為世

界中所有思想產物（包括科學、文學、藝術）都具有客觀性，唯有透過語言的合作，才能產生觀念的客觀性。因爲文學包括著一切觀念對象，也屬於觀念的客觀性存在，能用語言來表達，且其表達方式可以隨時更新。此一觀念客觀性的特殊方式，做爲意義－言語的意義，做爲個體的存在而存在於語言之中。舉例言之，在幾何學中，只有語言才能把每個人內在領域的觀念起源，變成每個人都可以接受的一套客觀事實。Derrida是對從Husserl的觀念批判中找到自我思路的起點，他指出Husserl先驗現象學之基本原則所存在的困難，而無空間、無時間的意識表達根本行不通（Husserl在晚期也承認獨立於語言、時間、生活世界的先驗意識之存在是有待商榷的），他力指任何文本中必存有模糊性。Heidegger對於Derrida的重要影響在於其提出「本體論差異」（ontological difference）觀點，以及將整個西方形上學史視作存在遺忘的歷史。他在《論存在的問題》（*The Question of Being*），將存在（Sein）一詞上打一個×，否定存有的實在性。這對Derrida「延異」概念的提出，具有深遠的影響。而Nietzsche所提出的「上帝之死」，將符號從所依賴的邏輯中解放出來。Derrida認爲Nietzsche放棄了任何全體性思想，超越了形上學，此成爲Derrida理論中，重要的基本論點。

　　綜而言之，Derrida反對傳統西方哲學與形上學所追求之總體性（totality）的哲學傾向，因爲他認爲傳統哲學總將一切之討論指向中心（center）、基礎（foundation），並相信終極性客觀實體的對在，強調本源（origin）再現的想法，都不正確。Derrida即是提出「延異」的解構哲學，不再積極尋求本源，重視去中心化後的豐富性。Derrida的「解構」思想之出現，與詮釋學本身發展愈來愈朝向寬鬆與多義有關。當代詮釋學不再追求於作者的原初創作意圖，轉而允許「詮釋者」、「讀者」本身存在事實性的加入。「解構」基本上是思想多樣性的表現，Derrida的「解構」（deconstruction）涵義，並不完全等於「解構主義」（deconstructionism）。對Derrida而言，「解構」基本上是一種立場、一種主張，而非一個派別，是「方法運用過程」上的多樣性表現。其精彩性在於其對文本從事一次又一次的解構，此與Lyotard對後設論述的懷疑有關，不再倚賴大敘事，而推崇「最精粹的

想像創作形式」的小敘事（劉育忠，2000）。因此，在文本的詮釋上，必須能看見其邊際性（社會脈絡、文化習俗等），才能一窺文本的眞貌。「解構」著重於解構能夠對文本所引起的效果，代表著一種特定的研究態度與詮釋態度，除了要讀「懂」文本，更要求讀「破」文本。

Derrida解構思想的中心概念爲「延異」。Derrida認爲延異既不是一個詞，也不是一個概念，而是適合用來指陳語言中本源所具有的差異性，彰顯客觀性存有的終止，以及概念次序和命名的終止（楊恆達、劉北成譯，1998）。「延異」正式宣告文本意義永恆的不可確證。意義無一不是從無數可供選擇的意義之差異中產生，所以詮釋的過程是不斷進行的，所謂的眞理本是遙不可得。Derrida在教育行政的影響，特別是在文本議題（textual issues）方面，在下一節中將進一步說明。

📚 二、Rorty 的新實用主義

Rorty早期在普林斯頓大學從事分析哲學的教學工作，其思想深受美國實用主義的影響。其著作《自然與哲學之鏡》（*Philosophy and the Mirror of Nature*）被視爲是新實用主義最重要的經典。

新實用主義是一個相當複雜的概念，其基本主張認爲知識論不應受一個外在的必然性所支配，主張任何認識的起點都是偶然的、歷史性的，因而應該從結果方面而不是原因方面來考察人類的知識。再者，新實用主義否定了客觀性基礎的存在，而是以實用性與倫理價值做爲基礎。所以，所謂的眞理只是人的一種信念和價值。

就知識論而言，新實用主義認爲現今人們所相信的合理性不是眞的，因爲更好的理論或學說，往往在不久的將來會被人提出，因爲理論永遠在變，新的證據、假設、或新語言都可能隨時出現。因此，科學研究根本不需要實證論所謂的合理性或是律則性的理論，只需對合理性做更爲合理理解及其道德性做更好的解釋就已足夠。

Rorty支持反再現立場。他指出傳統知識論與分析哲學（如邏輯實證

論）都是鏡式哲學。近代哲學試圖發現並擦拭心靈之鏡，以獲得精確的再現世界，而分析哲學則用語言之鏡代替心靈之鏡，試圖用語言來準確地再現世界，可惜最後他們發現，語言與心靈都無法準確地再現世界（張國清，1995）。Rorty反對形上學，他說：傳統形上學視語言爲反映自然的一面鏡子，但「語言學轉向」（the linguistic turn）卻讓這面鏡子完全地破碎了。所謂的「再現」與「表徵」，根本就不可能。

Rorty也否認了基礎主義存在的意義。Rorty指出「基礎主義以數理邏輯爲避風港，但是數理邏輯並非那麼可靠」（Rorty, 1979, p.167），而所謂的基礎根本不存在，科學不應以追求「基礎」爲根本性任務。

Rorty的後現代主張雖然犀利，但是實際應用時，卻面臨了極大的困難，所以教育行政研究中，關於新實用主義的討論，大部分仍採取保留的立場，較少加以應用。

 ## 三、非線性系統理論

非線性系統理論（non-linear system theory）是1990年代以來興起的重要新典範，其對教育行政中決策、領導、組織等方面的研究，造成極大的衝擊。傳統理論所強調的線性（linear）與秩序（order）主張，剛好是非線性

表 5-1 線性與非線性系統基本主張差異表

	線性	非線性
初始狀態	不重要的	非常重要的
平衡狀態	穩定的	混沌的
預測	可以預測的	無法預測的
回饋	消極的	積極的
哲學取向	化約主義、實證論	擴張取向、後現代主義

資料來源：Non-linear systems and educational development in Europe, D. H. Reilly, 1999, *Journal of Educational Administration*, 37(5), p.427.

動態系統理論所反駁的重點。對於傳統觀點之另類角度解釋，可說是非線性系統理論最大的貢獻。

從表5-1中，我們可以瞭解線性與非線性系統之間的差異。首先就「初始狀態」來說，線性系統理論認為初始狀態（initial conditions）並不重要，其對於最後結果之影響也不顯著；非線性系統理論則對初始狀態相當敏感，認為即使是相當細微的騷動，也極可能破壞了整個系統。他們稱之為「蝴蝶效應」（butterfly effect）。因此，起始狀態不同或稍有差異的兩個系統，其最後結果必然有很大的差異。

就「平衡狀態」（eguilibrium）而言，當系統面臨瓦解時，線性系統會想盡辦法來維持或重建系統之穩定性；而非線性系統則會進行組織重建，並以新系統的面貌出現，來適應新環境。

在「預測結果」的態度上，線性系統相信只要掌握變項就能掌握結果；非線性系統則認為，任何的結果都存在著無法預測的變異。線性系統重視規則與可預測性；非線性系統則偏向不規則性、不可預測性、與混沌狀態。

對「回饋」的看法上，線性系統認為任何的回饋都是對即有系統的警告，此時必須採取行動來重建系統的穩定性，基本上採取消極的態度。非線性系統則採取積極的態度來看待回饋系統，認為回饋可讓系統進行正面的修正，以產生新結構來適應變化萬千的大環境。

就「哲學取向」而言，線性系統採取化約主義的知識論立場，認為所有的現象（包括物理或行為方面）都可以化約成最細小之元素來檢視；非線性系統則認為，應從不同的角度來瞭解真相。即使是看起來細微無關緊要的事件，都可能因非線性的特質，而演變成巨大摧毀的力量。傳統認為組織有其穩定發展脈絡的主張並不正確。綜而言之，非線性系統理論對研究者帶來的重要啟示有四：

1. 研究者應重視任何細微的騷動與隨機事件，因為其對未來之結果極可能產生不可挽救的影響，此即為蝴蝶效應。

2. 研究者對於任何現象之預測，應持保留的態度，因為任何微小的變異都將改變原有的預測結果。

3. 研究者應對現象的固定週期性表示懷疑。因為現象的發生，並非是線性的，系統在穩定時期，或許表面上有所規律，但卻有不確定之因素醞釀中，使之走向混沌狀況。

4. 系統之運作，必須不斷經歷解構與重建的過程，因具不規則性，因此難以產生普遍的模式與理論。

四、激進女性主義

後現代思潮也影響教育行政中，有關女性主義研究的發展，而有所謂激進女性主義的出現。教育行政研究上之女性主義，原以批判理論為基礎，就性別、職位兩大面向對一直以來以男性為權力中心的社會型態加以批判。近年來，由於深受後現代思維（特別是後結構主義）的影響，女性主義演變成一種激進女性主義。激進女性主義者主張從四個新面向來進行女性方面的探究（Grogan, 2000）：

1. 論述：藉由論述來瞭解人與人之間的關係型態，特別是男性與女性之間的互動情形。

2. 主體性：認為女性基本上是受到迫害與剝削的，她們的主體性被侵略得蕩然無存，她們的聲音也被刻意地消音，因此主張對女性進行解放。

3. 知識與權力：源於Foucault的觀點，主張女性不應順從「理所當然」的假定，應該瞭解到衝突存在的必要。任何既存的想法都應該去反省，必要時可加以推翻。

4. 抗拒（resistance）：主張任何的基礎知識都可能是錯的，因此女性不一定要接受既有的規範與遊戲規則。

　　激進女性主義者認爲陳述與寫作的方式，通常反映了社會中的權力型態。他們相信語言必須由賦予世界意義的競爭性論述與方式來進行瞭解，因爲它們指出社會權力組織的差異。激進女性主義即希望個體應該具有對事物的選擇，不是去追求共識，而是追求個人主體性。換言之，激進女性主義認爲我們並不能完全掌握自己，個體之行爲仍受語言（權力）所操弄。

　　在知識論上，他們認爲語言的意義具變動性與不完整性，沒有所謂的「事實」值得傳遞，採取無證成模式態度。實務上以教育領導研究而言，他們認爲領導者的想法只是反映特定的意見，因此主張多元論述（multiple discourses）。嚴格而論，激進女性主義即是主張捨棄早期以男性樣本所建構的大量知識材料，而應以女性爲中心，重建相關之行政知識。此學派之主張已對教育行政研究有所影響，其發展值得進一步觀察。

貳、後現代主義之基本主張

　　綜上所述，後現代主義的派別極多，主張也相當蕪雜，彼此之間不乏互相矛盾之處。然而大體而言，後現代主義卻有一定之立論基礎，其特徵茲綜合簡述如下：

一、多元主義

　　後現代科學哲學家質疑理性主義與科學主義的無上權威，理論上具有多元論的強烈色彩。他們批判傳統科學，是針對它作爲一個統一的理論體系來進行。他們希望建立一個容納多元典範的學說。這種多元性不贊成消滅差異，主張典範的並行不悖與互相競爭，因此，其是一種徹底的多元性。按照後現代主義者的看法，對於同一種現象、同一件事物，人們用不同的眼光或從不同的角度觀察時，可能產生完全不同的意義，導致相異甚至相悖的結論和結果（劉魁，1998）。

二、反基礎主義

後現代主義反對將知識內涵視為客觀實體的再現，即認識的對象是建構而成的客體，知識為文本之作者觀點的表達，誠屬一種敘事。因此宣稱特定知識具有優越性的後設敘事，便喪失其合法性。Lyotard（1984）即用現代（modern）一詞，來指稱任何藉由某種大型敘事而建構的後設論述為其合法根基的科學，例如精神的辯證、意義的陳述、理性或勞動主體的解放、或者是財富的創造等等，而後現代一詞則是對大型敘事的懷疑。後現代主義聲稱知識不再具有任何的基礎，在不同的情境（時間、空間）中，會有不同的知識，人們所稱謂的通則，事實上並不存在（Littrell & Foster, 1995）。

再者，後現代主義認為所謂的科學與知識，事實上會隨著時間的遞嬗而改變，某些早期被反駁的學說或理論，在後來反而被發現為真。因此，他們認為科學研究應放棄任何科學的驗證模式與合理性，該以解構做為重建與科學進步的機制。

三、反決定論

後現代科學哲學家認為傳統機械論的科學觀並不正確，因為近年的科學成果和社會科學發展顯示，用機械論的觀念去看待自然和社會，許多現象就無法得到完滿的解釋，因為機械論忽略了不穩定性、非連續性、不確定性、偶然性等面向，在事物發展過程中的作用。

四、反還原論

後現代主義者認為所謂實體的原貌是模糊的、不可觸及的，因此所謂的「再現」、「詮釋」都是空談。他們採取了反實在、反再現的立場，主張實體是不存在的。後現代科學哲學家也批評傳統實證論所抱持的還原論否認了自然具有任何主體性、經驗、與感覺，導致對自然世界的扭曲，主張科學研

究在方法上，應具有整體論和有機論的特徵。

📚 五、反權威性

後現代主義者認爲經由討論而宣稱爲「眞」的知識，事實上都與社會中權力分配有很大的關聯。而權力主導了特定知識的形式。所以應該打破這套不恰當的知識權力分配型態，以反權威的立場，恢復知識的本質。

📚 六、重視分化

後現代的世界既然是處在一個不確定的狀態，那麼其發展就必然不是偏向整體化的走向，而是倡導差異性、爭論分歧，並在遊戲中創造出與衆不同的格局。

第三節 後現代主義對教育行政研究之影響

教育行政研究在1980年代後，完全進入多元典範時期。後現代主義之相關思維一直到1980年代末期，才開始影響教育行政界。由於後現代科學觀主張相對主義、虛無主義、反科學、反理性的態度，思想過分偏激，加上各派別論點不一，使得其主張在教育行政研究並沒有受到廣大的迴響。不過，近年來，後現代相關觀點已開始受到檢視與討論（Willower, 1996）。

後現代主義由於興起較晚，目前對教育行政方法論的影響尚不顯著，但卻不可忽視。後現代主義派別極爲紛雜，以下僅就較爲重要的後現代主義派別，諸如後結構主義、新實用主義、激進女性主義、與非線性理論進行論述，並分析其觀點對教育行政研究所帶來的衝擊。

壹、後現代主義理念之應用

後現代主義統稱傳統的知識基礎為基礎主義或本質主義（essential-ism），傳統科學理論則被稱為後設論述。後現代主義主張將過去所建構的一切知識基礎捨棄。目前教育行政領域中，關於後現代思維之論述不多。1994年由S. Maxcy主編出版之《後現代學校領導：面對教育行政危機》（*Postmodern School Leadership: Meeting the Crisis in Educational Administration*），可說是第一本對後現代觀點做深入探究的教育行政專書。書中運用後現代主義策略來對當前學校行政實務難題、結構論者（structuralists）與實證論者所建立的理論與實務、及研究方法論等方面進行批判。Maxcy（1994）在書中指出「後現代的思想，包括反基礎主義、傅柯式（Foucaultean）的權力反省、反本質主義等等，都已經開始侵襲教育行政研究」（p.154）。

Scheurich是另一位深受後現代主義影響的教育行政學者，其採納後現代觀點，對所謂的科學實在論進行批判。Scheurich（1994）指出「雖然科學實在論對科學方法重建工作做了很多的努力，但對於實在的本質進行知識論上的驗證並不是科學實在論者想像的那麼簡單」（p.15）。他主張社會科學中沒有一種實在論主張是適當的，因為所有的理論都無法脫離社會脈絡，因此他提出了社會相對主義（social relativism），以Feyerabend的「無政府主義方法論」為基礎，對實證論與實在論者的事實聲稱，提出相反的意見，並對所謂的指標（criterion）、標準、步驟、決定規則、與合理性進行破壞（p.22）。因為世界存在著不同的真相，在實證論、實在論、批判理論、女性主義、文化理論、建構論、後結構主義之間的競逐真相遊戲（truth games）中，其所追逐的真相或事實，隨時都可能被改變。

Scheurich在其1997年所出版的《後現代的研究方法》（*Research Method in the Postmodern*）一書中，闡明如何應用後現代研究方法來進行研究。在教育行政方法論上，Scheurich對Evers and Lakomski所提出的連貫論毫不客氣地加以批判。我們知道，連貫論主張追求教育行政研究的理論基礎統

合，並以實在論做為基礎，認為實體是真實存在的。Scheurich（1994）卻指出連貫論的主張具有三大難題：(1)在定義所謂的「指標」（virtues）時，會產生語言上的問題，因為不同的觀點（典範）具有自己的一套語言來定義「指標」；(2)一旦理論在進行比較時，當A理論與B理論都同時具有了各自的優點與缺點時，如何指出何者較優？(3)所謂的外於經驗的指標，如何被測量與驗證，因為其不具有經驗性基礎。

Evers and Lakomski（1996a）對於Scheurich的批判做了回應。兩人認為後現代主義排除了所謂的實在、實體、標準、再現的存在，那麼人類科學研究的目的何在？而科學的進步是否還有可能？科學研究過程又將如何進行驗證？兩人認為一旦承認了真正世界是不存在的同時，就會使得所有的社會與倫理活動淪為相對主義的俘虜（p.390）。Evers and Lakomski（1996a）對於Scheurich的批評也做了以下的反駁：首先，他們指出連貫論並不考慮「指標」的定義問題，而是將焦點放在自然的學習系統，也即經由自我提示的（self-referential）過程，來建構與擴張一致性的指標，因此未來也將增加更多的指標；其二，事實上連貫論只提供了增進包容性（comprehensiveness）的方向，理論之間的比較只是為求進步，當A理論與B理論在各方面的條件能相互匹敵時，同時保留兩個好理論來進行科學探究，也是連貫論可以接受的；其三，雖然外於經驗的指標不具經驗性基礎，但是聰明的理論家會發現單一的知識證成模式是不充分的，因此所謂的「外於經驗的指標」（extra-empirical virtues）才會派上用場。Evers and Lakomski質問後現代主義者既然支持理論的多元，卻又為何反對理論的比較？指其想法顯然有矛盾之處。

此外，非線性系統理論也對近年來之教育行政研究有所影響。檢視該理論觀點在教育行政領域上的發展可追溯至1991年，教育行政季刊出現了第一篇討論混沌理論運用在教育行政研究方面的文章。該論文作者Griffiths、Hart、Blair（1991）將興起於自然科學領域，並逐漸擴展至社會科學的混沌理論重要概念運用至教育行政方法論上，強調非線性、不確定性、隨機性；對於傳統強調線性、確定性、與穩定性的教育行政研究帶來極大的衝

擊。其後，Bigum and Green（1993）也再次闡述了混沌理論與教育行政研究之間的關係。此外，Gunter（1995）認為傳統經營理念重視願景之達成與團隊合作，但卻忽略了對混亂局面的處理與預防，非線性系統理論的主張，可適時彌補不足。Griffiths（1997）認為使用單一理論，很難反應學校的問題與困難，因此理論多元主義（theoretical pluralism）勢在必行，其中非線性系統理論（混沌理論）應被包括採用，以使研究方法更為完整。實務上，Reilly（1999）則將非線性系統理論用於歐洲國家的教育發展上，認為其理念如蝴蝶效應，耗散系統，可幫助瞭解教育發展與改進的過程。影響所及，近來教育行政學術對研究結果的態度已從通則（generalization）轉而視其為暫時性答案（tentative answer），在觀念上受到非線性系統理論的影響極深。

　　在臺灣地區，後現代科學觀尚未對教育行政研究產生顯著影響，關於後現代主義的討論寥寥可數。而非線性理論之相關觀念得到秦夢群（1995，2011）、陳木金（1996，2000）等學者之闡述，反而成為近年備受矚目的新議題。然而，相關論述也僅停留於理論性的討論，並未實際廣泛應用。其他如後結構主義、後現代主義、激進女性主義等新觀點，至今仍未受到學界之重視與討論（黃宗顯，1999）。

　　後現代主義之發展在過去二十多年聲勢極為浩大。其倡導者Maxcy（1994）樂觀地指出後現代的思想，包括反基礎主義、傅柯式的權力反省、反本質主義等等，已經逐漸影響教育行政研究，並將帶來正面的意涵。而Greenfield（1993）晚期明顯受到後現代思潮的影響，主張要解決教育行政研究長久以來的問題，則必須先解構理論運動長久以來努力建構的行政科學化觀點，以全新的研究觀出發，解決問題才有可能。Greenfield雖然提到了「解構」，但其並非完全支持後現代主義，因為其仍然相信「實體」的存在。Evers and Lakomski（1996a）指出如果所有已建立的知識被先驗地（a priori）排除，那麼整個知識論的基礎就會毀於一旦。雖然某些知識應該受到質疑，但也有一些可靠的知識（包括理論與論述）仍然值得繼續被學習的。Evers and Lakomski所積極推崇的連貫論，即是為了解決後實證論中不

同典範有關知識基礎僵持不下的局面所發展出來。更重要的是，基於統合觀點的連貫論證成模式假定了判決指標的存在，也使教育行政界免於陷入非理性而各行其是的危機，對於主張歧異、分裂、解構的後現代主義乃是一大挑戰。

貳、後現代研究方法之應用

　　與後實證論之各理論相較，後現代主義對傳統的研究方法更持激烈反對的意見。最顯而易見的，是其對後設論述的否定，認為任何的研究係不同時空下的產物，不能類推於其他的情境中。基本上，其對實證取向之調查量化研究深具反感（Davies & Foster, 2003）。此外，後現代主義也主張沒有單一的研究方法可以捕捉人類行為的變異性，研究者在論述被觀察者的行為時，往往受其性別、階級、族群，乃至特殊之意識型態的影響。因此，讀者在檢視或應用所產生之研究「結果」時，必須瞭解研究者的背景與研究過程時的脈絡，特別是針對研究者身處的社會與政治系統。

　　影響所及，質化的研究方法即成為後現代主義研究者的多數選擇。即以教育行政領域中的領導行為研究為例，實證典範多從成品與結果的角度來研究領導，從各種產出變數（如組織氣候、教師滿意度），來瞭解校長的領導行為。因此，量化研究如問卷調查，即成為普遍之形式。其大量與迅速的特質，配合了其後統計分析的推論與類化。與之相較，後現代主義的研究焦點卻放在領導行為被詮釋與實施的過程，其中包括領導者如何受其背景與社會脈絡（如性別、種族、文化、社經背景、教育經驗）的影響，而形成其自我詮釋領導這個理念的歷程，與他們如何思考來解決教育問題的不同風格。實務上，質化研究較能符合以上研究的需求。

　　因此，在已出版的教育行政研究中，所使用之方法幾乎全為質化方法，其中包括論述法（narrative）、生命傳記（life biography）、個案研究（case study）、與文本研究（textual analysis）等。部分學者（如Blount, 2003）甚而建議以故事敘述之方式來進行研究。其中即結合了訪談、生命

傳記、與文本分析等方法。由於上述前三者也常為後實證論的學者所採用，以下即就較特殊的文本研究加以簡述，並對已出版之研究進行探討。

後現代主義與後實證論之間的差異，其一即是前者對研究語言建構的特別重視。後現代主義認為受試者受其社會背景與脈絡的不同，因此在研究過程與結果的語言呈現，即大異其趣。研究者關心受試者在不同時空下對各種現象的不同詮釋，語言建構方式之差異，深深影響了資料之蒐集、分析、與結果之呈現。文本研究的主要目的即在探討讀者如何詮釋研究內容與結果，主張讀者之社會背景若與研究者相異，其詮釋之角度也會不同，必須進一步探討。

基本上，文本研究除了瞭解研究者與被研究者各自建構理念的過程外，也重視兩者之間的互動關係。Jensus and Peshkin（1992）即指出學術研究者所使用的語言自成一格，形成圈內人士才懂得的精英語法，此與被研究者或讀者的背景大不相同，因此在詮釋研究內容與結果時彼此有所差異。文本研究即將大部分的注意力，放在研究者在建構語言內容及其與他人之間的關係上，試圖將因背景不同所形成的語言偏見降至最低。換言之，其重點乃在檢視研究進行、分析、撰寫，乃至呈現給讀者的過程，與傳統視研究者為價值中立的理念相當不同，基本上承認研究者有其價值上的偏見，如不加以瞭解，被研究者釋放的訊息往往被曲解，進而誤導讀對研究結果的詮釋。

文本研究的出現，使得研究者與被研究者之間的關係更加受到重視。為使研究者因其背景所產生的語言偏見減至最低，各種內容呈現的策略於焉產生。例如研究者在撰寫文本時，即清楚闡述其與被研究者的關係，或是乾脆不做分析工作，而只是原原本本的將被研究者所提供的原始資料加以呈現。此種作法留給被研究者與讀者極大的自我詮釋文本的空間，並消除研究者在運用語言建構文本時，因不同社會、政治、與文化背景所產生的操弄偏見。

相關教育行政的文本研究數量並不多，且未形成既定的模式與步驟。Bloom and Munro（1995）採用生命歷史的敘述法，研究女性學校行政者自我肯定的過程。研究焦點放在四位由教師角色轉為行政者的歷程，敘述其面對性別與工作期待時，所產生的矛盾與解決策略。與一般研究不同，在書寫

結論時，Bloom 和 Munro並未做出自我之分析定論，反而採公開討論的模式，敘述兩人在詮釋所獲之資料時的心理歷程。整個研究的重點在討論文本之寫作者與被研究者之間的關係，提出的不是答案，而是更多的疑點與問題，在形式上相當另類。

Benham（1997）則採用不同的策略，在撰寫研究文本時，將被研究者一併納入成爲文本寫作的共同作者。換言之，研究者不再獨大，整個文本的成型，允許被研究者的加入。如此一來，兩者的地位趨於齊一，使得語言之偏見減少。研究者也因被研究者不同形式的反應，自我檢證在語言敘述上的操弄。Benham的作法，也出現在較早的研究中，例如Regan（1990）的女性主義與學校行政運作之間的研究，Keith（1996）對於教師與學校改革的研究，與Marshall等人（1996）對於助理校長行爲的研究。

檢視1990年代以來相關的文本研究，在教育行政領域中多半採用質化方法，例如生命傳記、個案研究等。研究者不再標榜價值中立，而將焦點轉向社會與文化脈絡對行政行爲的影響。Dillard（1995）即以一位黑人女性校長爲對象，研究其在一所都會高中的領導行爲。有趣的是，Dillard在文中自我承認研究的偏好，說明所以選擇黑人女性校長爲對象，原因之一即在其本身即是一位黑人女性，並認爲以往的研究未能眞正瞭解黑人教師與校長的行爲，問題就在缺乏相似的背景，以致無法正確詮釋所觀察的現象。換言之，Dillard的重點乃在探討文化與社會背景的因素對行政者領導風格的影響，與傳統研究迥然不同。

Dillard的研究採用生命傳記的敘述法爲主，對象爲一位名爲Natham的黑人女校長。研究者先瞭解其背景，發現Natham出生於黑人較少的區域、父母相當注重教育，而將其送至天主教學校就讀（此在當時極爲罕見）。大學畢業後，她做了數年教師，其後轉任學校行政者。就任校長時，學校學生幾乎多爲少數族群（黑人、西裔、亞裔）、白人學生就因當地貫徹種族混讀政策而紛紛遷校。Natham自己也承認，其會被遴選，部分也導因於其特殊的種族與文化背景。

Dillard發現Natham校長的領導行爲深受其成長背景、文化脈絡、與教

育經驗的影響。做為一位女性、黑人、與天主教徒，因而獨特建構了其對經
營學校的想法。研究者若未能參透此點，則往往失之於表面。例如做為弱勢
族群，Natham認為必須更加努力，才能衝破種族歧視的藩籬，因此她將目
前的職位視為是生涯，而非僅是一項工作（a life, not a job），對於學生的
學習極為堅持，她敘述到：

> 我檢視所有800個學生的成績卡，在送出之前，對於得到4.0成績的
> 學生，我給予其「很棒」的貼紙，並附上一個小祝賀卡。得到3.0
> 的學生則得到另一種貼紙，如果是黑人學生，我再額外送其另一
> 種貼紙。其他學生只要有進步的，也會得到鼓勵的貼紙。做此工
> 作費時甚多，但卻是極重要的……。（p.552）

　　Dillard的研究，彰顯了社會與文化脈絡對學校行政者的影響，並對所蒐
集之資料從詮釋學的角度加以分析。其在客觀性之要求上或有所爭辯，但也
開啟另一種的研究方向。對於未居主流的文化族群，如能先瞭解其文化與語
言的內容，則更能對其行為更加瞭解。

　　從方法論的角度而言，文本研究提供了檢視研究語言操弄與偏見的機
會，使被研究者與讀者從不同的方位詮釋文本的內容。然而，即如後現代主
義一般，其所提出問題的實力遠超過做結論的能力，建設性似略遜一籌。此
外，相關困難如被研究者所提供資料正確性的檢驗、研究者與被研究者若產
生衝突的解決方法、與基本研究步驟的確立，目前仍未有所定論，值得支持
文本研究的學者進一步加以探討。

參、後現代研究方法之應用與反思

　　綜上所述，儘管派別林立，後現代主義皆主張世上沒有客觀之實體存
在，因為現象乃是具有主體性之個體在社會中互動之結果。此種個體之間的
交互主體性（intersubjectivity）存在，使研究者在研究過程中，不能忽視個

體經驗與價值的存在。基本上,後現代主義主張之方法論可以簡述如下:

1. 任何的研究典範或形式都可以被接受,主張「什麼都行」(anything goes),任何研究都具有獨特價值。
2. 知識是主觀的、變異的,價值中立性根本是謬論。任何研究都是主觀的。
3. 採用激進的解構研究形式,反對客觀性的堅持,追求多元詮釋的論述與文本分析,重視研究者操弄語言的事實。
4. 個體特殊性才是研究的重點,反對大型論述的建構,重視批判與解構。任何的研究與觀察,旨在對特殊現象進行解釋,研究過程重視個體之主觀認知與詮釋。
5. 教育行政研究不需任何的知識生產架構,也無法產生客觀的驗證指標以判定知識的優劣。

綜觀近二十年來的方法論發展狀況上,統合觀點的論述遠超過後現代「分裂解構」的討論,說明教育行政領域尚未能挹注太多後現代觀點。臺灣近年有關後現代觀點之教育行政論述著作並不多。黃乃熒(2000)出版《後現代教育行政哲學》,以後現代主義為哲學基礎,探討以對話行動舞臺(dialogical action arena)、隱喻(metaphor)、後設溝通、弔詭管理、演說故事、與解構的觀念系統,探究後現代之教育行政哲學的知識論。陳木金(2002)出版《學校領導研究:從混沌理論研究彩繪學校經營的天空》,指出學校具有混沌現象的特徵,以往高效能的領導所使用的一套完整學校經營與領導之計畫,將因一些細微變化與無法預測之事而引起執行上之困難。湯志民(2013)主編之《後現代教育與發展》一書,則分別從教育行政、教育領導、教育評鑑、課程教學、教育哲學等方面,探討後現代主義之影響與應用。

在另一方面,對於後現代主義方法論主張之應用,學界則多持保留的立場。例如吳清山(2007)指出後現代思潮不僅影響社會發展,而且也衝擊

到教育改革走向。後現代思潮猶如一把利器，若能善用則對教育改革將帶來正向力量，反之則會產生破壞。范熾文（2008）分析後現代主義對教育行政造成數項之影響，包括教育行政體制的改變、教育行政專業團體的成立、學校本位管理的重複、多元文化政策的發展、虛擬化組織的盛行。但後現代思想亦有其限制，其中包括：(1)過度強調多元易忽略教育共識；(2)道德價值多元性與網路倫理的危機；(3)過度重視知識工具性，使知識淪為商品。

　　實務上，後現代主義方法論本身也產生諸多困難。例如：後現代主義科學觀主張放棄任何的證成原則，然而如果真是如此，則知識正確性將如何把關？再者，後現代對於現代（指由實證時期、多元典範時期）所建構的一切規範、知識理性與基礎完全否定，在方式上選擇了激進的革命型態，亦讓教育行政學者難以接受。因此，部分學者指出發現後現代的方法論已經有逐漸式微的趨勢（Evers & Lakomski, 1996b; Willower, 1996）。Willower（1998）也曾與English（1997; 1998a; 1998b）展開筆戰。English倡議應循Greenfield的腳步，徹底對於實證論在教育行政領域所定義的實體與知識基礎主張加以顛覆。Willower則斥責後現代主義對於形上學與後設論述的拒絕，無異使一切知識基礎趨於毀滅。English（2003）出版《教育行政理論與應用之後現代挑戰》（*The Postmodern Challenge to the Theory and Practice of Educational Administration*）一書，將其對於後現代主義對教育行政理論與實踐之看法，及其與Willower、Murphy等學者之爭辯，加以完整收錄。English主張身為教育人員，必須瞭解後現代主義反權威與反主流之立場，進而省思教育的目的與理念。讀者有興趣，請參閱其所主編之專書。

第四節　本章小結

　　教育行政研究上之後現代科學觀是極為複雜的新思維。具體而言，其繼承了後實證論所強調的多元主義，但卻反對所謂的多元實體。因為後現代科學觀拒絕實體存在的可能性。他們反實在、反再現的立場，直接挑戰了連貫

論的主張，而後現代主義與連貫論之間的爭論，至今方興未艾。

後現代主義排斥基礎主義、邏輯實證論，追求極端的多元主義、相對主義。但在多元相對的研究環境，教育行政研究則可能陷入眾聲喧嘩、各行其是的困境。在此限制下，教育行政研究的合理性則蕩然無存。基本上，後現代主義主張個體之間的交互主體性，因此彼此之對話與溝通乃是絕對必要。然而，由於其所堅持之主觀論中，缺乏具體標準，極易陷入相對主義或虛無主義之泥淖中。相對主義造成不同典範之間相互學習的極度困難，研究者一旦落入其中，則相關之辯論、討論、溝通、對話，就難以有效進行，教育行政研究的績效也將令人質疑。此外，後現代主義所強調之解構過程，猶如剝取洋蔥一般。層層剝落之過程或許刺激，但剝完後，卻可能發現一無所得，最後淪入虛無主義之困境中。

針對於此，Evers and Lakomski（1996a）也強調，如果所有已建立的先驗知識被排除，整個知識論的基礎就會毀於一旦。雖然我們不得不承認某部分的知識是應該受到質疑的，但是也有某些可靠的知識（包括部分理論與論述）是值得繼續保留。後現代主義誤將反實證與反科學的立場劃上等號，帶來了科學的危機，是相當不智的做法。以自然科學為發展基礎的非線性理論，由於在本體論與知識論上的困難較少，反而成為較易讓人接受的新觀點，其觀點在教育行政研究領域之討論反而最多。

綜而言之，後現代科學觀在未來，勢必成為學術界熱烈討論的話題。然而後現代主義思想家甚多、派別也多，而各派別之間尚沒有一個對後現代方法論的一致看法。對於教育行政研究來說，後現代科學觀帶來的「破」遠多於「立」。因為後現代科學觀完全否定了現代化所建構的一切，而試圖重建一個新天地。然而當學術陷入後現代主張時，研究的合理性也勢必瓦解。由此，對於那些傾向極端形式的後現代主義，多數被認為只是對傳統（現代主義）理論的責難，但卻無法面對具體的研究問題。

從積極面來看，後現代科學力求多元對話、百花齊放的研究空間，實有助於教育行政多元典範的建立；但從消極面分析，後現代主義形成之各抒己見、互不相讓的結果，極可能破壞了教育行政界多年來辛苦建立的知識基

礎。因此，即使後現代主義帶來對當前教育行政研究的新批判觀點，研究者
也應該時時反省其主張之方法論適用性，以避免掉入了混沌模糊的迷障中，
造成嚴重的研究方法論浩劫。

第六章

教育行政研究方法論的爭辯與反思

● 儘管在哲學上宣稱在事實的追求與瞭解中，
不可能從詮釋中排除主觀的判斷，主流教
育行政理論仍執著於事實與價值之間的不
可共量性。儘管大部分的社會理論學家已
放棄探求所謂的社會科學價值中立，主流
的教育行政理論學者卻仍積極的嘗試去發
展普遍原理原則。

～Richard J. Bates

　　前五章探討教育行政方法論自二十世紀以來的發展情況。本章則對西
方各國與華人地區教育行政研究方法論的爭辯加以論述，並分析教育行政研
究發展所存在的問題。第一節主要對當前歐美教育行政方法論典範爭辯進行
分析，包括方法論上的質性與量化之爭辯、以及批判理論、主觀主義、連貫
論、與後現代主義觀點之間的爭辯。第二節將焦點置於美國、臺灣、與大陸
地區教育行政相關研究所使用之方法論分析，並對美國當前教育行政方法論
發展議題進行綜合討論。第三節則針對當前教育行政研究發展所面臨的瓶頸
進行論述，並依文獻的分析結果，探討教育行政未來研究趨勢。第四節與第
五節則分別提出建議與結語。

第一節 教育行政研究典範之爭辯

壹、各典範在教育行政學術特性之爭辯

無可諱言，較之教育研究之其他領域如教育哲學、教育社會學、教育心理，教育行政學科發展之起步較晚。此即牽涉到教育行政是否具有獨立學術特性之議題。在1950年代理論運動之前，教育行政研究類似個人經驗之傳承，或是將一般行政學或管理學所產生之理論模式加以移植。學者之間對於教育行政研究是否具有獨特性問題看法不同，並產生許多爭辯。其焦點乃在教育行政與一般行政是否有所不同？教育行政是否具有獨立或獨特之學術特性？換言之，教育行政是否是一門獨立的學門？

及至教育行政領域之理論運動興起，相關學者如Griffiths（1959）希望教育行政能與其他社會科學學科（如社會學）一般，發展具有定理性質的學說理論。其經過統計分析之類化過程，可適用於所有教育或學校組織中。在當時，學者們普遍認同社會科學的實證方法，對於教育行政理論發展乃是必要的。

由於主張移植社會科學其他學科（特別是一般行政領域）的研究方法，邏輯實證論獨霸之理論運動時期，對於教育行政的獨立性即未見重視（但Griffiths在晚年已開始有所轉向）。雖然相關學者並未明文主張教育行政即是一般行政之一環，但由於希望發展「放諸四海皆準」的理論，學科之間的差別性自然趨於模糊。

與之相較，後實證論的主要學者如Greenfield、Hodgkinson、Evers and Lakomski皆持不同之態度。抱持主觀主義的Greenfield（1993b）認為教育行政研究應強調價值本質之思考，並在特殊教育決策中，反省行政作為的價值問題。秉持人文主義之Hodgkinson（1991），強調教育具有道德與價值之特性，教育行政所面對的特殊價值觀與其他領域（如公共行政、商業、

宗教等）有所不同，自然具有學術的獨特性。至於主張連貫論的Evers and Lakomski（1996a）也力主教育行政研究的獨特性，認爲教育思考之面向與其他學科不同。若一味從其他學門（如經濟學）借用理論，則可能「橘逾淮爲枳」，很難達成特定的教育目標與結果。

批判理論的學者如Habermas、Bates等也多持類似之立場。例如Habermas（1984）希望藉由批判之過程，解放人類自扭曲的溝通情境中恢復其主體性，進而彰顯眞理與正義。就此而論，教育行政基於特殊之組織脈絡，需要面對不同的溝通情境，與其他領域自是大異其趣。Bates（1985）更進一步指出教育行政研究往往只追求分析之技術，而忽略其背後之教育目的。此種現象造成教育行政者往往只是技術官僚，而非眞正的教育家。其呼籲教育行政具有其教育理念的基礎，有其一定之主體性，絕不可限於技術操作的層次。

至於後現代主義，其強烈主張任何研究都是主觀的。認爲個體特殊性才是研究的重點，重視批判與解構。任何的研究與觀察，皆在對特殊現象進行解釋，研究過程重視個體之主觀認知與詮釋。基本上，此種對個體特殊性研究的強調，更增強了教育行政研究的獨特性。教育組織（班級、學校、學區）彼此之間差異甚大，個體詮釋現象角度更是大異其趣，透過多元論述方能有所瞭解。就此而言，每個教育行政研究皆有其獨特價值。

綜上所述，除了理論運動時期之學者對教育行政獨特性並未加以肯定外，其餘後實證論與後現代主義之學者皆以不同角度加以確立。此也顯示教育行政之學術特性已趨於獨立，並非附屬於一般行政之中。相關學者不必妄自菲薄，未來研究仍大有可爲。

貳、各典範在研究方法論之爭辯

教育行政研究之科學化，乃歸功於1950年代理論運動之實證論觀點的落實。然而，也由於其獨尊單一證成模式，遭致1970年代學者如Kuhn、Feyerabend之後實證思潮激烈挑戰。經由新馬克思主義者的批判理論與

Greenfield的主觀主義，近來之典範發展已呈現多元化的趨勢。其後，雖然後現代主義興起並提出無證成模式之主張，但其在教育行政研究之影響力仍有待評估。

　　典範變遷背後的啟示，即沒有任何典範為萬靈藥，可以被當成研究的唯一規準。針對過去典範提出非難時，也不能忽略對各種新興典範進行批判分析（黃光國，2001）。1970年代開始，教育行政研究學者開始意識到社會科學研究典範乃是不斷變化且非單一的，不同典範之間各具有優點與缺點。基於此種看法，後實證論學者即希望落實多元典範的訴求，主張採用多元典範，可以對實體的瞭解與逼近較有幫助。

　　環顧歷史，自1970年代末期，教育行政研究之知識論分野，導致方法論間激烈的辯論，其中以「量化與質性」、「單一與多元研究典範」之間的研究方法爭辯最為普遍。此外，自1980年代中旬，由於當時教育行政研究轉入多元典範時期，於是「主觀主義與批判理論」、「批判理論與連貫論」、「連貫論與後現代主義」之間，也發生方法論上的論戰。爭辯的焦點乃在教育行政可使用之多元研究典範與方法中，究竟何者最佳？又該如何選擇？由於不同的方法受制於不同知識論的基本假定，所以久而久之，各方法之間的技術差異也日漸加深。以下分別敘述之。

一、質性與量化方法之爭議

　　首先，關於教育行政研究中質量之爭議持續已久，各個典範試著從方法論、實務、社會因素等層面來分析典範之間的相關，以及各典範的優缺點。Evers and Lakomski（1991）從多元典範的角度出發，將教育行政領域質性與量化的爭辯，歸納為以下三個不同主張：

(一) 研究典範之間具有不可共量性且互不相容

　　自1970至1980年代，研究者多認為由於方法之間的知識論基礎不同，典範之間的討論也變得極不可能，這使得不同典範之間的分野愈來愈明顯。

典範之間也無法對一個合理的方法進行檢驗，且相同領域中的典範之間，也經常發生競爭的狀態。此觀點稱爲差異對抗論點（oppositional diversity thesis）。

　　此時期兩大方法論之間的爭辯常流於意氣之爭，對於方法論的進步幫助不大。此時量化研究者如Kerlinger（1973），批評質性研究是缺乏客觀性、不嚴謹、與沒有科學控制；質性研究者則反駁所謂的研究，不能只是進行統計推理與建立因果關係，因爲與人類相關的知識都是主觀的，科學的方法或許適用於對自然科學領域的探究，但它卻會破壞人類的眞實面向。質量之爭牽涉了客觀性、效度、信度、證成指標的爭辯。其後，批判論者加入了論戰，指責量化取向根本就無法捕捉到價值的本質，也無法獲得改善人類生活的知識，使得典範之間的關係更形惡化。

(二) 研究方法雖具不可共量性但兼具互補性

　　1980年代後，由於多元典範的氣勢逐漸形成，大部分科學家認同典範之間雖然存在著差異性與不可共量性，然而方法間事實上也具互補性。所有的方法對於所探索的研究問題而言，都是適當的，因爲不同的知識論所研究出來的結果具有互補的功能，可以讓實體更爲突顯。此稱爲差異互補論點（complementary diversity thesis）。

　　此時期的研究者檢視了不同的研究傳統，雖然各研究傳統間具有不可共量性，但卻都是平等的合法存在。例如實證典範與詮釋典範雖然在方法論上的觀點互斥，但是在研究結果的分析上，卻具互補性。Shulman（1986）指出社會科學研究或教育研究最危險的事，就是讓單一典範觀點統治了整個研究界。一些量化研究者如Campbell（1982），也承認質性研究法的確具有其優點。事實上，教育問題的複雜性也支持了知識論上的多元主義。

(三) 典範之間可以和諧共存之統合觀點

　　差異對抗論點與差異互補論點，皆承認教育行政研究有著知識論上的差異，且認爲此差異無法消除。相反的，部分持統合論點的研究者如Keeves

（1988）卻反對方法論之知識論間存在著差異，並對典範理論中所強調的不可共量性做出批判。其主張典範之間仍然具有共享的概念、檢驗指標、意義、與事實，因此典範之間仍然能存在正面的關係。Evers and Lakomski所發展的連貫論即是秉持此論點。

統合論點指出，若一味強調典範之間的不可共量性與不可比較性，那麼所謂的真理、意義、適當性、詮釋、典範等一般知識論中的專有名詞，就不具溝通功能，學術研究也將失去進步的機制。統合論點認為理論或典範之間是可以比較的，在理論選擇上也有所謂的驗證指標。因此，何種理論較為優良，在問題的解決上較具效能，都有一定的判斷指標加以判定。

二、單一與多元研究典範的爭議

教育行政研究之多元主義理念發展乃有跡可尋。早期教育行政領域由於缺乏本身的理論，因此大量藉用其他領域的理論做為基礎，其中包括管理學與行政學；並在研究方法上使用邏輯實證論的方法論主張，做為理論建構的工具。當時大批學者投入學術重建的工作，希望藉由「科學的方法」讓教育行政學科能快速地成為一門應用科學。Boyan（1981）檢視社會科學與教育行政學的理論發展情況，發現過去教育行政研究雖然一直尋求通則性定律，但是一些不同的研究觀點卻不曾停止浮現。Boyan並不認為此是學術分裂的徵兆，從正面的角度出發，不同方法論的使用，確能帶給教育行政研究新的生命力。Boyan進一步指出「為教育行政建構後設理論或後設分析模型的時代已經過去，單一方法論獨霸的局面也已經不再存在，如今教育行政乃藉由不同的方法來進行研究」（p.7）。由此可知，即使是在理論運動時期，仍然存在著不同的聲音，為多元典範的發展留下伏筆。

McCarthy（1986）認為教育行政學術之新研究典範，已如雨後春筍般興起，因而預測未來教育行政研究將會有長足進步。許多學者已經開始接受新浮現的研究典範與另類理論，並運用這些新典範來進行研究。Culberston（1988）總結指出理論運動發展的結果乃是毀譽參半，有些學者認為該運

動造就了許多的成就，有些學者則聲稱理論運動必須停止，教育行政研究應由另一個新的典範來取代。Willower（1988）認為新典範取代舊典範的過程可稱為是教育行政研究領域的一種典範轉移，並相信此種轉移對於教育行政學的進步有很大的幫助。

　　由於多元典範概念的逐步盛行，一些學者也開始檢閱相關教育類文獻，並對典範進行分類。首先，Husen（1994）指出二十世紀有兩個主要典範用來解決教育問題。第一個是以自然科學的模式為基礎，強調可以類化的觀察，並將這些觀察內容用數學工具分析以進一步對結果做解釋，其目的在實證。第二個係以人文主義為基礎，強調全觀與質化訊息，其研究目的在於詮釋。

　　另一位學者Popkewitz（1984）也對典範之種類加以分類（參見圖6-1），他指出教育科學中，有三個已浮現的典範，建構了研究實務的定義與架構：(1)實徵性分析的（empirical analytic），即量化科學；(2)符號的（symbolic），即質性的、詮釋的、解釋的；(3)批判的（critical），即研究人類改善過程中之相關社會規範研究。

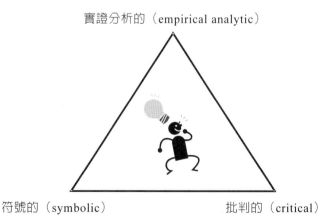

實證分析的（empirical analytic）

符號的（symbolic）　　　　　　　　　批判的（critical）

圖 6-1　Popkewitz 的典範分類圖

　　學者Burrell and Morgan（1994）之《社會學典範與組織分析》（*Socio-*

logical Paradigms and Organizational Analysis）一書中運用「主觀、客觀」
將社會科學研究分成兩大不同的研究觀，並以本體論[1]、知識論、人性論[2]、
與方法論等四個面向來分析主體與客體之間的關係。兩人並將社會學典範分
成四個，即功能論、詮釋典範、激進人文主義、與激進結構主義（可參見圖
6-2與圖6-3）。功能論遵循實證傳統，其假定社會世界是由具體的、經驗的
人工製品（artifact）及其關係所構成，對於世界的瞭解，必須透過研究與測
量；詮釋典範則走唯名論路線，在知識論上持反實證的立場，主張從直接參
與社會過程的行動者觀點來瞭解社會世界；激進人文主義重視主觀性與社
會改革，偏重批判意識的開展，反對組織形式的存在，因為組織是控制的工
具，對於人類關係具破壞性的影響；激進結構主義在本體論上持唯物主義者

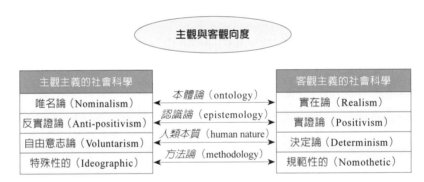

圖 6-2　Burrell & Morgan 之社會學本質中基本分析假定

資料來源：*Sociological paradigms and organizational analysis: Elements of the sociology of corporate life* (p.3), G. Burrell & G. Morgan, 1994, London: Arena.

---

[1]　本體論是指在討論或研究過程中，被調查的對象之本質（essence），例如說「組織存在」
　　究竟是指什麼，若指的是硬的、有形的、相對的不變結構，則是實在論的主張；若指的是
　　構成社會實體的制度與角色等標籤或名字（即社會世界是人類的創作實體），則是為唯名
　　論的主張（詳見顏良恭，1998）。

[2]　人性論是指對人自身本質的信念，此種信念會暗中引導各自的研究。例如意志自由論者
　　（voluntarist）肯定了人性是積極、主動的，而非被決定的；決定論者（determinist）卻認
　　為人類所做所為，都被因果關係或環境因素所決定的（詳見顏良恭，1998）。

社會學的激進變革

激進人文主義 （Radical Humanist）	激進結構主義 （Radical Structuralist）
解釋論 （Interpretivist）	功能論 （Functionalist）

主觀的　　　　　　　　　　　　　　　　　　　　　客觀的

社會學的規則

圖 6-3　Burrell & Morgan 之四大社會學的規則

資料來源：*Sociological paradigms and organizational analysis: Elements of the sociology of corporate life* (p.22), G. Burrell & G. Morgan, 1994, London: Arena.

（materialist）的主張，在知識論上持實在論的觀點，主張對社會事務與現狀提出批判，與激進人文主義不同的是，他們希望藉由對社會結構與模式的瞭解來改造世界。

　　Burrell and Morgan的理論中指出基於不同假定，不同的典範會以自身的觀點做為瞭解世界的基礎，但學術界應該停止方法論與研究方式的爭辯，運用所有可能的方法來進行研究，因為多元方法之使用，可完成使用單一方法所無法達成的事。

　　Burrell and Morgan對於典範的看法，普遍受到學術界的認同與肯定。其主要論點在於強調多元方法論的存在。在其著作當中，常出現「典範互斥」、「相互矛盾的形式」、「理論的自我發展」等字眼，明顯支持典範間的不可共量性，排除了典範整合的可能。Burrell and Morgan（1994）指出：

　　　整合是不可能的，因為各典範之間的基本形式都是相互矛盾，且每個典範本身都具有至少一組相互衝突的理論假定。它們是可供選擇的，研究者可以連續地使用不同的典範來進行研究，但典範之間具相互排斥性，因此在特定的時間，同時運用相異的方法是行不通的。（p.25）

　　然而，對於典範之間的分野看得太過嚴重，過於強調主觀主義、與過分偏愛典範不可共量性等論點，無疑將對學術知識基礎的建立，造成極大的阻礙。教育行政學術界也開始意識到這個危機的存在。於是到了1980年代中旬，統合觀點開始浮現。相關典範發展在第四章已有說明，此處不再贅述。

　　進入後實證論時期，教育行政典範之間的多元對話也更為頻繁，這包括了實證論、主觀主義、批判理論、連貫論、與後現代主義等不同觀點之間的爭辯。教育行政研究中之質性與量化之爭主要來自Griffiths與Greenfield的辯論。Greenfield與Griffiths雖然不曾有面對面的舌戰，然而在一些普遍為學術界所認同的著名期刊中，卻可見兩人筆鋒犀利的對決。兩人主要爭辯的主題圍繞在「假定」（presuppositions）或「先知」（pre-knowledge）的相關問題當中。兩人在知識領域的議題上意見相左。簡言之，即是以量化方法為主的實證論與偏向質性研究的主觀主義之間的戰爭。

　　在1970年代下旬，實證典範逐漸被一些強調歷史意義的主觀主義所替代。這些新觀點重視脈絡性與主觀性，認為意義是源自於個人對事件的詮釋，而不是要去瞭解引發事件發生的因素為何。新興觀點偏向詮釋學與現象學。Greenfield與Griffiths之間的爭辯即在於此。Griffiths主張運用行為科學的研究方法與自然科學的直線模式來進行教育行政的相關研究（Griffiths, 1979a）。Griffiths也曾試著為教育行政的決策行為進行單元分類，而其分類的方式乃借用自自然科學。此外，其亦著手發展其中的組織分類因子（organizational taxonomic units，簡稱OTU）。這些都是對組織中某一些中心領導者之可辨識特質的歸納，Griffiths運用了複雜的統計程序進行分類。而這些剛好成為Greenfield攻擊的對象。Greenfield（1993c）指出：

　　實證科學並無法從事實（fact）中導出價值（value），也無法分辨價值的真偽，如今我們擁有的是一個只能處理事實而無法處理甚至忽略人類情感、脆弱、勇敢、堅強、希望、意志、憐憫、利他、勇氣、罪惡、與道德等等層面的行政科學。（p.139）

　　Greenfield感到難過的是：純粹的實證論排除了人類主體性的可能性，以爲人類只會單純地追求目的，人類的行爲只有好壞之分。他指出人類是複雜的存在，並抨擊過去實證論者的研究，帶給教育行政學科的貢獻相當有限。舉例而言，領導特質之研究對於組織中領導者行爲之解釋相當表面化，並未深入瞭解行爲背後之意涵。

　　事實上，由歷史的現象，我們發現時間往往破壞了理論的有效性。某個理論在某個時空中或許被認爲相當完美無缺，卻可能在另一個時空中淪爲僞科學。畢竟，科學技術與方法的不斷進步以及理論的不斷檢證，使人類往往有意想不到的新發現。因此，實證論者執著於普遍眞理的建立，相信單一實體的存在，實與科學發展的歷史背道而馳。尤其在量子理論、非線性系統理論（混沌理論）的重大突破後，更讓研究者不得不相信「非理性原本即屬科學的一部分」。此外，社會科學研究的複雜度也常出乎意料，實證論過去對於特異因子（outlier）刻意排除的不當做法，在混沌的境況中顯得愚昧不堪。

　　Greenfield的大部分評論中，同時對Griffiths與Simon進行了批判，基本上所陳述的即爲質性與量化的爭論。Simon堅守本身的信念，一直到晚期仍未改變其方法論觀點。而Griffiths後來在思想上有某種程度的轉變，不再堅守實證論的立場，並曾針對邏輯實證論提出一些批判性的看法。

參、不同典範之間的爭辯

　　各典範之學者基於立場之不同，往往就特定知識論議題爭論不已。以下即就近年來，重要學者之筆戰經過加以敘述。讀者可在其中瞭解各種典範派別之歧異觀點與主張。

一、Greenfield 主觀主義與 Bates 批判理論之爭辯

　　Greenfield的主觀主義的某些觀點上，受到批判論者Bates的批判。然而事實上，主觀主義與新馬克思主義在某些部分極具相似性且相互影響。兩位

學者在教育行政研究界皆受到極大的尊崇，皆對邏輯實證論予以痛擊，然而在某些方面，兩位學者也持不同的立場，以下敘述之。

首先，在思想的溯源方面，影響兩位學者的基本思想原本不同。Greenfield主要引用Kuhn與Feyerabend的哲學思想，特別是「觀察的理論依賴性」與「單靠實證性資訊並不能確定理論的正確性」兩大主要訴求。而Bates的觀點雖然同意了Kuhn與Feyerabend的觀點，並引用之以做為其所謂理論多元主義（theoretical pluralism）的基礎，然而Bates仍是以社會學上的反實證論者之思想為主軸。Bates（1988）指出：

> Greenfield的思想雖然也影響了我早期在教育行政方面的寫作，可是當Greenfield和我對實證傳統進行評論時，我的寫作思想是源自於新教育社會學、社會複製理論、Birmingham文化研究小組、與批判理論。（引自Park, 1999, p.374）

其二，Bates打從一開始就對教育行政中之結構性問題相當關注。Bates從新教育社會學與現象學的角度出發，否定了Greenfield的組織觀。Greenfield認為組織並不是由自然法則所控制的自然存在，而是人類主體性（例如：意識、價值、意向）所創作的社會結構。Bates從新馬克思主義者的角度（特別是哈氏批判理論的觀點）出發，批判了Greenfield的觀點。他指出人類的主體性，事實上深受結構所控制。不是人的意識決定了組織結構的存在，而是社會存有（social existence）決定了其意識。因為個體無法逃脫不同社會因素的影響，這包括社會、經濟、文化、與政治系統（Park, 1999）。Greenfield的主觀主義思想影響自Weber。Weber提出理性化理論，並將之視為現代化過程與社會進化系統的結構性解釋。然而Greenfield卻忽略了個體與結構之間的關係。

其三，Greenfield與Bates在選擇「好」價值與「韋伯式的弔詭」（Weber paradox）議題時，明顯持有不同的看法。兩者都認為教育機構是提供文化與人類資源同時使用的場所，特別是在社會整合與經濟發展方面，以及意

識型態的傳播方面。Greenfield曾指出：雖然Simon、Griffiths一再主張「價值中立」，但行政不能被視為是一門價值中立的學科，價值的範疇必須被納入成為考量的對象。Bates同意Greenfield以上的說法，但卻無法認同其絕對主觀主義的價值觀點，也就是Greenfield所主張的「沒有科學可以決定什麼是好的」，價值的好壞取決於權力、個人選擇、或強制（imposition）的手段。Bates卻認為：為了使實務界人士能處理複雜的教育情境中的道德問題、能做較佳的選擇，因此一個合理的決定機制必須存在，以從相互衝突的價值中選一個「較好」的價值（Park, 1999）。Bates批評Greenfield的主觀主義流於相對主義。

　　基本上，Weber主張理性化的過程（process of rationalization）是以科學和科技的發展為基礎，而個體也因此失去建構自主意義的能力，因為他被關在理性階層系統（特別指科層體制） 所管制的「鐵籠」中。Habermas則發展了一個完全不同的架構來解釋理性化過程。Habermas指出Weber犯了一個嚴重的錯誤，即認為文化、倫理、與結構間之關係不是一個辯證過程，而視之為是權力大的一方，同化另一方的模式，並鑲嵌於經濟結構與國家之中，是處於所謂目的性合理的科學與技術理性之下的。Bates稱此為韋伯式的弔詭（Park, 1999）。經濟與社會理性化的增進，是否就會無可避免地造成每天生命的自由與意義的損失？他以為同樣的問題也發生在當Greenfield試著解決此問題時所使用的主觀主義邏輯。Bates指出，Greenfield雖然發現了Weber的錯誤，並試著使結構與倫理之間取得平衡，但是他的過度強調倫理、價值，也造成其對於結構重要性的否定。這就是為何Bates批判Greenfield只看到了教育行政中的個體意識，卻忽略更為重要的結構層面。

　　綜言之，Bates認為新觀點必須明白教育行政中的結構因素與個體主觀性是無法分開來研究的。事實上，由於Greenfield過度強調主觀主義，忽略了科學與倫理之間的辯證關係，而以單一向度做為理論的假定，其理論周延性遭受批評。Bates認為唯有運用批判理論的觀點，才能達致共同互惠的社會，也就是所謂的人類解放，在論點上更具有批判的精神。

二、Bates 批判理論與 Evers and Lakomski 連貫論之爭辯

正當Bates與Greenfield相互批判時，澳洲學者Evers and Lakomski（1991）開始對Bates觀點中的「缺失」提出批判。在兩人合著的《瞭解教育行政》（*Knowing Educational Administration*）一書中，對Bates的主張提出三大批判：

1. 兩人認為Habermas發展了一個狹隘的科學觀，誤將實證論與邏輯實證論視為標準的科學觀。事實上，實證論觀點已經成功地被一些學者（如Popper、Quine、Kuhn、Feyerabend等）所駁倒，然而Habermas本人卻在其著作中，視過去的經驗主義科學為標準的科學觀。事實上，當代科學哲學已經走入後實證主張當中，其中包含了當代經驗主義主張（例如Van Fraassen的建構經驗主義）、新康德社會建構論（neo-Kantian social constructivism）、與科學實在論等，因此Habermas所強調的「科學是由工具式技術控制與統治所構成」的立論在現今已失去了合法性基礎。

2. 兩人批判了Habermas理想溝通情境的主張，認為此為不可能的任務，因為這樣的想法本就超越了現實。關於理想溝通情境的落實至少有三點困難：(1)社會上本來就存在不平等的權力分配，此阻礙了人人參與論述的公平性；(2)參與者要如何獲致一個共識也缺乏可行的標準；(3)語言做為達到共識的媒介，但語言無法避開意識型態，因為語言障礙者總是無情地被排拒於理想溝通情境之外。

3. 兩人對Habermas的真理共識理論（consensus theory of truth）感到懷疑。Habermas主張真理即是經由理想溝通情境中所獲致的共識，也就是經由互為主體性的相互瞭解導向真理。Evers and Lakomski則指出將真理視為共識是荒謬的，因為它從經驗性的事實中抽離而流於理想。對自然主義而言，人類的知識只是廣大的自然現象領域的其中一部分，其必須與外在世界相符合，才成為可能實踐的經驗。事實上，實體只能藉由語言與理論來

型塑，但卻不是語言與理論之型塑決定了實體的概念性架構。爲了讓我們可以更靠近世界的眞實樣貌，Evers and Lakomski採取了一個連貫論的證成立場，以取代Bates所提倡的共識理論。

　　在1992年於香港舉辦的大英國協教育行政委員會（Commonwealth Council of Educational Administration）的區域性研討會中，Bates回應Evers and Lakomski的批判。首先，他陳述兩人對他的誤解，並澄清其理論主要基礎並非源於Habermas的批判理論中有關「控制」、「操縱」的主張，他對於社會問題的關注遠超過哲學問題的討論，這也就是爲何他的概念都來自於社會學傳統、新教育社會學、與人類學。他認爲教育行政中的批判理論支持者應將焦點置於結構性因素（特別是政治、社會、與歷史因素）對於教育行政組織的影響。另外，他指出Habermas的《合法性危機》一書，事實上對他的影響遠大於《知識與人類旨趣》。

　　第二，關於Evers and Lakomski批判Habermas爲主觀主義者，因爲其否認客觀世界的存在。Bates檢視哈氏的思想卻發現情況並非如此，哈氏曾提到「一個參與者共同進行的詮釋過程，事實上同時是與客觀、社會、與主觀存在的事物相互關聯，雖然討論的過程常常只著重於其中一個主題」。Bates（1993）認爲Evers and Lakomski對於Habermas著作的閱讀過於草率，以致誤解的發生，並陳述了以下一段話來支持其論點：

　　　Habermas晚期對其前期，也就是Evers and Lakomski所參考的「溝通理性」這個論點進行了本質性的檢視。我們可以很確定的說Habermas溝通理性這個觀點並不單純地指陳眞理共識理論可以藉由實證性實體的優點來排除一些可能成眞的陳述…事實上，Habermas全力地強調溝通理性行爲同時涉及客觀、主觀與互爲主體的範圍。所以，實證性資訊在溝通理性中，已包含於所有的引證當中（引自Park, 1999, p.381）。

關於兩者的方法論爭辯，由於Evers and Lakomski並未繼續提出反駁而暫告休止。雖然Bates有驚無險地穩住了其論點，然而卻不得不去正視澳洲兩位學者所提出的論點。從另一個角度來看，Evers and Lakomski想要透過整體觀，以說明知識就像是一個具有一致性的整體網絡，而不是個可以分隔的組合體，這點正好對當前強調多元典範與各行其是的研究界，提供了整合性的方向。

三、Evers and Lakomski 連貫論與 Barlosky 後現代主義之爭辯

理論上，連貫論是以統合觀點爲基礎，極力反對學術中的各說各話、意氣之爭，而希望發展出驗證理論優劣之指標，以做爲理論選擇的重要參考。而後現代主義則主張分裂與多元，否定所謂「基礎」、「標準」的存在。兩者看法迥異，自然發生了不少論戰。

Evers and Lakomski在1991年出版的《瞭解教育行政》中所提出的連貫論主張，受到當代後現代主義論者M. Barlosky的批評。Barlosky（1996a）從後現代主義的觀點出發，對連貫論提出了具體的批判，較爲重要者，有以下四項：

1. 他認爲Evers and Lakomski雖然接受了Kuhn、Feyerabend的思想，並對實證論大力指責，他們所提出的連貫論在理論基礎上採用Quine整體觀的思想，但在知識論上卻聲稱客觀性與實在論存在的必要，因此就本質上而言，連貫論可說是實證論的繼承者。

2. 他以爲連貫論既然持後實證論的立場，在知識論上又聲稱是無基礎主義者（non-foundationalist），在理念上也支持科學實在論的立場，在此種情形下，很難看出理論、證據、與眞相之間的關係究竟爲何。再者，連貫論在知識論上避開了本體論的基礎，強調自明的（self-evident）理論證成指標，並以這些指標做爲理論比較與證成的基本標準（benchmark），使得教

育行政方法論走回了邏輯實證論傳統。

3. 連貫論忽略了內在道德層面考量。就整體觀之，連貫論只重視理論比較與理論選擇、以及理論的整合，卻完全忽略了道德的影響力。

4. 連貫論走向後設論述（meta-narrative）的建構，嚴格來說，對於多元化與歧異化的研究環境將造成傷害。Lyotard已經強調後設論述在後現代境況中是條不歸路，因爲任何大型理論（後設論述）之建構，極度重視基本定律之發現與單一證成模式的建立，極容易造成方法論上的霸權產生。

Evers and Lakomski（1996b）對於Barlosky的批判提出了反駁論點。首先，就基本指標的評論，兩人認爲事實上連貫論中所訂定的驗證指標性質爲試金石（touchstone）而非基本指標。而且除了連貫論的方法論之外，尚有其他的觀點可資使用，方法論的使用自由也一直沒有改變，兩人只是聲稱連貫論的優點，從未發出任何強制性的主張；其二，Evers and Lakomski指出連貫論之所以避開本體論不談，就是因爲怕再度陷入客觀性的泥淖；其三，有關於道德問題的論述，事實上也是連貫論注重的要項，因爲六大外於經驗的驗證指標中，就已將客觀性與主觀性之內涵包含於其中；其四，連貫論雖然與科學扯上關係，但是將其定位成後設論述是不恰當的，連貫論也不是實證論的附屬文本（subtext）。連貫論一再強調任何知識的暫時性特質，任何的社會系統都是不可預測的，所以連貫論與實證論，根本就是不同的理論。

Barlosky（1996b）對於Evers and Lakomski所做的回應並不滿意，並再度對連貫提出兩點質疑：

1. 連貫論本質上具有化約主義的色彩，因爲它強調典範之間的整合，這或許是無心的，但是其深具實證論與基礎主義的觀點，卻是無庸置疑；

2. 連貫論強調知識論上「可共量性的瞭解」（epistemic commensurability understanding），實低估了不同典範之間的差異性。（p.272）

兩者間的辯證性對話尚未結束，未來之辯證發展值得關注。從兩派之爭

辯可以發現，由於連貫論與後現代主義剛好是兩個完全相反的觀點，一個強調整合、統一、驗證，一個強調分裂、零碎、無政府狀態，所以在觀點上的差異在所難免，要取得共識，似為不可能之事。

四、Evers and Lakomski 連貫論與 Scheurich 後現代主義之爭辯

Scheurich與Evers and Lakomski兩大派別之筆戰發生於1990年代中旬。教育行政研究在1980年代走入後實證時期，支持多元典範，反對知識基礎的統一性。然而在後實證論時期，Evers and Lakomski深怕在多元典範時期，學術的進步流於爭吵與分裂，於是在1988年提出所謂的連貫論。Scheurich則在1994年，以後現代主義的觀點批判了連貫論的主張。兩者之間也形成了對立的局面。Scheurich認為教育行政研究應注重以下幾點：

1. 主張捨棄過去所有的知識基礎：後現代主義統稱傳統的知識基礎為基礎主義或本質主義，而科學理論則被稱為後設論述，後現代觀點主張將過去所建構的都棄除，因此持以反本質、反再現的立場；

2. 主張教育行政研究不需要任何的證成模式，因此反對連貫論所主張的外於經驗的驗證指標。

3. 主張典範之間不具可共量性，任何典範之間的整合都是不可能的，也沒有所謂的最佳答案的存在。學術界原本就是個處於混沌狀態，科學與非科學、混沌與秩序並存的世界。

面對指控，Evers and Lakomski（1991, 1996）為文反駁Scheurich的評論，他們指出：

1. 連貫論者忽略所謂知識論上基礎（foundation）的問題紛爭，是因為基礎主義所聲稱的永恆真理或許存在，但卻是不可獲致的。因此，研究者

當注意到最佳答案的整合。學術上的分裂是不容許的，因此所謂的整合的工作，即是連貫論的最大目標；

2. 任何的知識基礎都是以整體的形式存在。教育行政研究在多元間應尋求知識的整合，因為最佳答案只有一個，研究者應當運用多元的指標來尋求最佳答案；

3. 主張典範之間是具有可共量性，典範之間的比較也可以藉由一些指標來進行。連貫論者相信最佳答案在努力之後，終會出現。

基本上，Scheurich的訴求在於保持學術界多元典範的取向。由於追隨Feyerabend、Lyotard、Derrida等人的主張，教育行政研究中的後現代主張堅信學術的進步源於多元與變異，機會與選擇，在現今的科學發展甚具合理性。Evers and Lakomski則目睹1980年代教育行政混亂時期的發展，他們擔心學術研究流於主觀與謾罵，使得實務界無所適從，因此提出了學術整合的看法，學術整合才能促進學術進步；同理，此觀點也頗具科學合理性。後現代主義者批判連貫論是走回單一典範之路，學術的整合無形中將產生了科學迫害與壓抑。而連貫論則以為多元與變異往往流於分裂與各說各話，因此批評後現代主義將致使學術領域走向毀滅的道路。兩者觀點各有優缺點而僵持不下，相關之發展值得進一步的關注！

基本上，Evers and Lakomski在1990年代所提出之連貫論，的確為教育行政研究帶來極大的震撼，其指出實證論、主觀主義、批判理論之限制，帶來教育行政研究百花齊放的後實證時代（Oplatka, 2009）。雖然連貫論並非十全十美，也受到一些學者的批評，但各個學派之間的對話與辯論，都是學術進步的動力。對話與溝通的前提是一個自由、平等的學術環境。因此，任何一個理論或典範都不能自居於特殊地位、或凌駕於其他觀點之上。在學術思想日趨多元化的教育行政領域，任何企圖用一種新觀點來壟斷全局的想法，都是不妥當的。我們必須瞭解的是，方法論的多元主義並非強調相對性與不可比較性。如果每個學派都各持己見，並以之來否定其他典範之觀點，或互相指責對方為意識型態的霸權主義，那只會重蹈相對主義的覆轍。

肆、未來教育行政方法論之動向：多元對話

學者Gage在接受1988年「美國教育研究學會教育研究傑出貢獻獎」時，即席發表對於20年後「典範戰爭」（paradigm wars）的結果預測。Gage（1989）回顧1980年以來的情形，指出反自然主義者（anti-naturalist）、詮釋論者（interpretivist）、與批判理論學家的批判對美國教育研究之傳統理性造成極大的打擊。他以為未來關於典範爭辯的發展情況，有三種可能性：(1)實證論、客觀要求、與量化的研究取向因為批判者的打擊而宣告瓦解；(2)邁入多元典範的道路，各典範間創造了豐富、和諧的誠懇對話，將積極尋求提高方法論的效能，提出解決策略，以有效地解決教育問題，開創永續的進步；(3)維持爭辯的狀況，各典範間爭論不休，陷入混戰中。Gage本身支持第二個可能性。

從文獻分析中可知，任何支持某一典範的研究者，均對擁護其理念不遺餘力，所以質性與量化陣營都盡全力說明本身方法的優點，並試圖說服對方或使對方失去影響力，此乃是競爭的本質。隨著Feyerabend、Toulmin對多元主義的支持，以及後現代科學觀的建立，質量之間的意氣之爭才緩和下來。只是兩者之間的爭論並沒有因此而平息。部分較為偏激的學者對於異己的方法研究，仍然抱持著輕蔑的態度。

檢視教育行政研究的歷史，可以發現：典範的爭辯也造成了學者思想上的轉變。例如Halpin本是鼓吹理論運動的重要代表人物之一，其在早期相當支持邏輯實證論的主張。然而，在1969年所發展的一篇學術論文中，卻發出了「新革命運動並沒有實踐其諾言」的感嘆（Halpin, 1969）。理論運動並無法帶來預期的成果，而且科學研究中一些大型理論如相對論、量子力學等觀點的逐漸擴大，致使一些研究者對線性的研究預測感到無力。Griffiths本是力挺邏輯實證論的要角。然而，在1966年，其也開始對於邏輯實證論失去信心，並指出由邏輯實證論者所建立的嚴格科學觀念，並不恰當。其曾經追隨Feigl的腳步，將理論與觀察之間做了二分。然而，他後來不得不承認這種想法是無法維持的。有趣的是，Griffiths卻仍然對於操作主義與科學

的價值中立性給予極大的評價。依Griffiths的觀察，雖然教育行政領域已經意識到實證論的問題與缺失，大部分的研究者卻仍然習慣地運用實證論的基本假設與方法，做爲研究之方法論架構（Evers & Lakomski, 1991）。

　　教育行政研究的思潮之轉變，可以從組織理論的發展中發現。理論運動時期視組織爲封閉系統，而新興觀點如權變理論、開放理論則視組織爲開放系統。開放系統的最重要觀念即指出外在環境對於組織的影響力相當大。所以直線的牛頓物理學觀在非線性理論出現後，即開始產生動搖。實證論者事實上也瞭解到對律則性定理的追求，無非是緣木求魚，因而紛紛對自己的想法進行修正。

　　此外，Kuhn的「典範」概念後來也受到極大的反擊。Lakatos的「研究綱領」（research program）[3]或Laudan所提出的「問題─解決」（problem-solving）[4]，雖然形式上與Kuhn的「典範」具有類似的性質，但是他們卻同時聲稱Kuhn的見解並不符合科學史，因爲科學革命並非Kuhn所指稱之革命方式。再者，在任何的時期中，無論是哪一門學科，事實上並沒有出現如Kuhn所言的「霸權典範」存在。多元的競爭狀態，才符合科學史的史實。科學理論的優劣與否，應具有一套方法論的裁判規則，絕非是一種跳躍式的轉換。

　　關於不可共量性的爭辯，主要是Kuhn與Feyerabend用來對抗經驗主義科學哲學的利器。他們聲稱觀察並非獨立的，而是深具理論依賴性。此點威脅了當時理性與進步的科學形象。實證典範在後來也不得不承認意義的變異性（variation of meaning）。理論多元性的基礎也部分源自於此。

　　然而，典範之間不可共量性的主張也造成不同理論之間的不可比較性

3　Lakatos所提出的研究綱領方法論，反駁了Kuhn的科學革命論。他認爲科學進步中，理論與理論之間的替換，並不是革命式而是漸進式，而且某些「中心思想」（硬核）的部分之改變，更可能長達一個世紀。

4　Laudan是近來著名的科學哲學家，他將「科學進步」、「問題」、及「解決問題」聯繫在一起，以「問題解決的多寡」來衡量科學的進步。而各個科學理論的更替，是顯示出解決問題效率的提高。

（incomparability），那麼科學的合理性何在？激進者採取後現代主義的立場，捨棄了「驗證指標」的存在，將學術殿堂視爲自由國度，任何立場與觀點都可以被接受。只是，一旦學術研究只在乎新觀點的產生，而忽略了驗證，則學術的進步勢必停滯，學術的討論將形成一股迷團，對於學門的進步而言乃是相當不利的。

　　Evers and Lakomski（1991, 1996a, 1996b）也大力提倡後實證論的概念。其所提出的連貫論，即主張運用多元的驗證指標來進行理論的驗證。他們指出過去實證論所強調單一證成模式是不恰當的，因爲該模式只單以感官經驗與證據的多寡，來做爲理論建立的依據。連貫論的驗證模式強調以多元的指標來建構驗證模式，嚴謹度明顯增加，然而在運用上卻也困難重重。

　　檢視相關文獻，目前質性與量化之論爭已不如1970年代那麼激烈，目前之學者普遍認同質性與量化之價值性，但問題並未圓滿獲得解決。再加上各典範間對世界實體的看法也互有衝突、對立的地方，因此要消弭各典範之間的意氣之爭，最好的方法應該是培養具有相互尊重、多元開放的心胸。因此，教育行政研究未來的發展必然走向多元典範的研究格局。由此一元化的研究環境會阻礙人類的創造力、使具獨創性的觀點消失。不同的問題需要不同的方法來解決，而不同方法所能顧及的面向也不相同。因此，未來的研究者應視研究實際需要選擇方法，不能對方法之間存著歧視，而破壞了學術研究的開放性與進步的原動力。

　　關於研究結果，我們也不應將之視爲不變的原則或定理，畢竟實際研究過程顯示，任何定理或通則，在不同的時間與脈絡，會產生不同的效用。因此，任何的假設即使受到證據的支持，我們只能保留的認爲該假設只是暫時的正確答案，不排除其在未來被推翻的可能性。這點也是連貫論的一項重要主張。Quine曾把知識體系喻爲是一個整體網絡。他指出：

　　　整個科學是一個力場，其邊界與經驗緊密接觸，場周圍的經驗衝
　　　突將引起內部調整科學陳述；而對某些陳述重新分配時，又會引
　　　起對其他陳述的再評價。邊界經驗對科學場並無嚴格限制，科學

　　場內部也只有鬆懈的聯繫，因此人們可以根據某個反例來更動一
　　些陳述，有很大的選擇自由；只要科學場的其他陳述部分也作出
　　必要調整，使其內部意義融貫一致，就能使場內也作出必要的調
　　整。（引自姚介厚，1996，p.20）

　　因此，理論為了適應經驗的變化，例如為了解釋一個新的現象或觀察結
果，其不僅可以改變陳述，也可以調整其他的陳述，像改變一種數學方法，
或調整其基本信念，甚至修改其邏輯規則。這使得我們清楚地瞭解到，理論
與觀察（實務）之間的關聯性，以及其相互印證的性格本質。

　　學者Read and Marsh（2002）即指出，現今大部分的研究者皆承認量化
方法與質性方法各有其效用，固守某一方法等同於自我設限，若能質量並
用，則將產生良好的研究效果。因此，未來的研究其是否正確，是否具有研
究品質，並非基於其運用何種方法來進行研究，而在研究者對研究的過程與
結果是否能提出好理由。任何固定、僵化的原則與方法，都是不合時宜的。

第二節　教育行政研究的典範變遷與反思

　　自1950年代之理論運動以來，教育行政領域在各地區在研究典範與方
法論上多有極大變遷。以下即以美國、臺灣、中國大陸為例，說明分析相關
研究方法之導向與所產生之反思。

壹、美國地區

一、美國教育行政研究量化導向的歷史性分析

　　自理論運動以來，美國教育行政走向科學化的途徑，因而建構了龐大具

實證資料支持的教育行政知識與方法論。在知識的建構過程中，雖然部分學者對教育科學化充滿信心（Griffiths & Iannaccone, 1958），但也有一些學者對完全科學化的研究態度感到憂心，因為社會科學無法如自然科學般的發展永恆不變的基本定理。但是由於量化方法在執行上確有其優點，學者們也逐漸開始習慣使用量化方法來進行學術研究，教育行政研究之路也愈形狹隘。

　　Immegart（1977）檢視教育行政研究之發展，發現當時教育行政研究存在著許多重大問題。在已發表的研究論文中，基本對話與互動的研究數量少得驚人，研究者大部分傾向於盲目研究熱門主題、社會關注的焦點、普遍的概念以及理論模式的探討。當時，分析技術的進步雖然相當明顯，但是研究者缺乏哲學思辨，導致進步的空間受到限制。當時實證典範已經被用來當成進行研究的工具，因此對進一步去改進與發展更佳的方法論，在當時受到學術界的忽略（Greenfield, 1993d）。

　　是年，美國教育行政學會與洛徹斯特大學（University of Rochester）合辦一場學術研討會，探討教育行政理論發展與研究方法之間所存在的相關性難題，並同時檢證自理論運動以來，教育行政領域所獲得的重要研究成果。會議中學者分成兩個陣營，意見各執著一方而炮火猛烈。一方堅持教育行政理論若欲獲得長足的進步，則必須發展更為精密的量化技術才行；另一方則主張唯有放棄主流的方法論與工具，尋求新的研究觀點，才能突破傳統實證迷思，進入深層瞭解，使教育行政學術獲得真正的進步（Immegart & Boyd, 1979）。Griffiths（1979b）在會議提出重要的評論。其否定過去視組織為目標導向、視行政行為乃理性過程、視成員動機為整齊一致的傳統觀點，因為科層體制與合法性的權力背後，隱藏著許多不完美。他說：

　　　　傳統觀點既不實用也不再適當，因為它們對於生產重要概念與假設變得無能為力；它也無法讓我們描述現代組織與組織成員內部的深層表情。換句話說，它對行政者而言，已變得毫無用處。
　　　　（p.51）

　　在這場1977年的研討會中，學者們將教育行政研究領域一直被忽略的難題勾勒出來：如何去看待組織？什麼樣的想法可以幫助我們從理論面去瞭解它？很不幸地，這些問題在理論運動進行了二十年後，仍然沒有獲得解答。教育行政研究仍然只是在努力生產一些內容空泛的研究論文。然而，能夠勇於去面對問題，可以說是進入解決問題的第一步。

　　當時，另一位學者Erickson（1977）也對教育行政研究提出深具創見與價值的評論。首先，他檢視當時的研究成果，發現研究的走向已經不再是積極於方法論的發展，而是清一色的實務性研究，此與早期Halpin等人之努力方向完全相反。他極力主張研究者應擺脫社會科學研究以「數字與圖型」為研究工具的刻板印象。接著，他提出了「典範轉移」的觀念（係針對開放系統理論），認為當時的教育行政研究範圍已變得相當狹隘，研究者封閉自私的心態也愈來愈嚴重。他們多把研究主題聚焦於行政者，而忽略了教師以及其他相關層面，整個教育行政研究忽略環境與脈絡對組織的影響。

　　Hoy and Miskel（2007）在兩人合著的教育行政專書中認為過去的教育行政一直被視為是技術性的問題，也就是要如何去達成（組織）目標。科學的方法一直被認為可以提供行政者達成組織目標所需要的技巧，所以Hoy and Miskel非常推崇科學方法，這點由他們的著作中明顯可以看出。在另一方面，他們的專書隻字不提有關文化、語言、宗教分化的問題，此種「科學的層面遠比藝術層面來得重要」的心態，在當時十分普遍。當時，年輕的研究者只會盲目地抓起實證論的火把，然後繼續地傳承下去，沒有人會去檢視方法本身是否有缺陷，是否需要進行方法論的改進。在1970年代末期，統計軟體分析與電腦技術濫用的程度愈來愈嚴重（Greenfield, 1993d）。加上當時學術界中建立標準測驗或量表的興盛風氣，量化方法的風潮極為強勁。

　　綜而言之，教育行政研究在1975-1980年間進入所謂的混亂時期。因為開放理論與一般系統理論在此時期受到極大的重視。特別在組織研究方面，過去一直認為組織研究只是將一組交互作用的複雜變項釐清，以為控制了變項就能掌握組織生態的變化。Hodgkinson（1978）毫不遲疑將行政理論與組織理論做了區分，其指出行政的主要問題不只是科學的，它們是哲學的。行

政理論牽涉了決策中實際的眞相，以及權力運用的問題，而組織理論對這些層面都視而不見。

1980年代，學者對教育行政方法論的走向開始進行檢討。Miskel and Sandlin（1981）檢視《教育行政季刊》中的文章，發現調查研究法被當時學術界普遍使用的情況相當明顯。Griffiths檢視1985年於芝加哥舉行的美國教育研究學會年度會議，發現230份發表的論文，僅有3篇論文與質性研究扯上關係（Evers & Lakomski, 1991）。

其他國家的研究報告也發現了類似的結果。Lakomski在1989年對澳洲之教育行政學術期刊《教育行政期刊》（Journal of Educational Administration）進行檢視，也發現調查研究法依然是教育行政的支配性典範（Evers & Lakomski, 1991）。

Tatsuoka and Silver（1988）檢視教育行政中，量化研究技術的發展，發現量化方法被濫用的情形相當嚴重。研究發現，複雜的統計技術在三十年來快速成長，然而研究者並未充分地使用量化工具的長處，研究結果往往只是簡短地隨意敘述，對於統計分析結果並未做深入的探討。而且，過度的使用量化方法也可能造成令人憂心的問題，其中包括過度重視統計上的顯著性發現、以相關性調查結果做爲毫無理論根據的因果推論的基礎、只針對手邊既有的資料進行不恰當的統計分析等。雖然研究者普遍瞭解量化方法本身的限制，然而並未因此轉向其他典範與方法之使用。

二、美國教育行政研究過度量化的反思

Achilles（1991）對於1990年之前的教育行政研究取向進行檢視。其中他引用Haller與Bridges兩位學者之研究結果做爲研究資料。Haller對美國教育行政研究生的論文分析後發現，80%的博士研究生完全使用問卷調查法，其中53%係使用自我建構的研究工具，以及27%使用公開發行的問卷。Bridges則針對教育行政研究薄弱的研究設計、簡單化的分析以及價值受到質疑的問卷使用予以批判。其他的批判包括：缺少系統性研究的進步，特別性的研究

努力甚於建構一項知識基礎，研究結果與發現幾乎沒有實際上的利用價值。

對於過分重視量化取向的研究風潮，美國的教育行政領域專家學者開始面對問題，並積極尋求解決對策。Achilles（1991）歸納相關學者的意見，並將美國教育行政研究的問題及其可行的對策歸納爲表6-1。

表 6-1 美國教育行政研究的問題及其可行之對策表

當前問題	可行之對策
1. 教育行政研究幾乎沒有產生實際用途； 2. 研究焦點未能針對學校問題來進行； 3. 教育實務人員不懂得應用研究的結果，來解決所面對的問題。	1. 以「實務問題」作為教育行政的研究焦點； 2. 由教育行政人員培育方案的負責人來使用研究的結果； 3. 增進教育實務人員參與研究的機會。
1. 粗糙的研究設計，問卷的過度使用； 2. 缺乏具有研究與發展特徵的研究焦點；大學教師缺乏優良的研究能力。	1. 由富有經驗的研究人員，藉著召開研討會的方式，為其他的大學教師提供並傳授各種不同研究方法的相關知能； 2. 以教師間合作方式，來進行教育行政研究。
1. 研究只是基於個別特殊目的而設計，未能注意到將研究結果統整於理論，或者使其進入一項模式，以便促進後續的研究； 2. 教育行政研究概念過於貧乏。	1. 研究設計必須是能產生啓發性的比較、以及後設分析 (meta-analytic) 的研究類型； 2. 可以根據組織的研究架構，來進一步發展研究的觀點。
1. 有關教育行政的系統性研究資料並不多見； 2. 未能致力於與培育方案有關的研究。	1. 在主要的研究主題間，進行協調性的努力； 2. 將系列的研究知識進行整合，並建立教育行政知識的資料庫。
1. 研究缺乏視野、忽視了迫切性的問題，也欠缺對於這些問題予以關注； 2. 良好的教育行政研究觀念、重要的研究問題及大量的研究成果並不多見。	1. 專注於性別、人口，以及新的或者未來的研究重點； 2. 結合實務人員來參與尋找研究問題（實務的問題）。
1. 忽略其他領域的進步情形； 2. 忽略教育行政研究領域之其他研究發現。	1. 將其他學科重要發展趨勢，納入教育行政研究之中； 2. 可多閱讀研究期刊，並進行研究。

資料來源：修改自 Re-forming educational administration: An agenda for the 1990s, by C. M. Achilles, 1991, *Planning and Changing, 2* (1), 26.

　　由表6-1可知，目前美國教育行政研究的主要問題在於研究之焦點只置於學校實務問題的研究，而研究者使用拙劣的研究工具與方法（問卷法），對於問題的解決根本毫無幫助。此外，研究者只侷限於零碎概念與層面的研究，對於後續研究與系統性資料整合方面的努力，明顯不足。

　　Achilles（1991）進一步指出，美國當前教育行政研究的問題。他發現美國大學中的教授較少從事研究工作，但卻能指導學生進行研究。他們為了避免陷入永無休止的哲學爭論，寧可運用主流的研究方法。這些未來的大學教師通常是在未從事研究的現職大學教授協助下，從事研究工作，並取得學位，這種情形不應該繼續下去。此外，行政人員的培育方案應該更強調研究觀念的加深，而不只是對於統計學的重視。研究課程也不應由本身並不進行研究的教授來教學。教育行政研究也應該大幅集中於教育實務現場，這包括對學生、教師、情境脈絡、內容及行政人員方面的關注。研究的完成應基於實地情境（減少郵寄問卷方式），並使用一些質性探究的方法，而不是單以郵寄問卷的方式，或變項間的因果預測遊戲，來做為研究分析的主要架構。解決個別的實務問題，將可提供可能導致通則所需要的證據，並且因而導引至對於通則的檢驗。自實務移向理論的研究，應該與自理論移向實務的研究，具有相同的價值（Achilles, 1991）。

　　美國教育行政學者對於多元典範觀念的努力有跡可尋。Leithwood and Menzies（1998）的研究發現，國外的教育行政研究逐漸擺脫邏輯實證論量化的研究。他們分析自1985至1995年間，有關「以學校為基礎的管理」的研究共計77篇，其所採用的研究方法中，僅32篇採調查法，有48篇有採用訪談法，有32篇採用觀察法、有25篇採文件分析法、有19篇採用個案研究法、及3篇運用資料分析。其中，有42篇文章採用多元典範進行，占了一半以上。

　　另外檢視美國《教育行政季刊》論文取向的變化，當可發現近來該期刊相當注重方法論方面的討論，特別是在1996年、1998年、2000年各選定一期分別以「後實證論」、「後現代主義」、與「女性主義」為專題進行深入的討論，引起研究界對方法論使用之重視。在後實證論與後現代主義思想

的影響下，教育行政方法論已面臨多元證成模式與無證成模式的保衛戰。教育行政學者不得不重新思慮方法論的未來。單一方法論的支持者必須放棄成見，接納變化的可能與變異性的存在。因為，沒有一種方法可以永遠的站在優越地位，沒有一種知識可以被認定是最後真理。

貳、臺灣地區

臺灣早期的教育行政研究並未清楚從教育學中劃分出來。因此，教育行政之範疇被納為教育學研究的一環，透過學術網路資料庫以及各種資料管道，我們可以發現臺灣地區對於教育行政方法論進行反省與批判的論文，寥若晨星。

一、臺灣教育行政研究典範類型之變遷

臺灣地區第一個關於研究典範變遷類型之研究，來自於伍振鷟、陳伯璋（1985）所進行的《近四十年來教育研究初步檢討》。該研究報告指出臺灣近四十年來，教育研究理論基礎薄弱；研究成果效益不大且建議空泛；研究脫離不了「實證性」、「實用性」、「加工性」和「對外來理論依賴」等問題。在研究方法的部分，全部博碩士論文取樣當中，69.48%是屬於實證性研究（即使用調查研究法、實驗研究法、與相關研究法），30.52%屬於非實證研究（即採用歷史研究法、理論分析法）；全部的專案研究報告有98.48%係屬實證性研究，使用調查法者占87.88%。在研究目的方面，博碩士論文和專案研究中的實用研究皆多於理論性研究，分別占70%與89.4%。該研究報告指出，臺灣地區教育學門研究偏頗實證性研究的現象相當嚴重。

吳清山（1994）以臺灣三所主要教育研究所（政治大學、臺灣師範大學、高雄師範大學）之學位論文為分析對象，發現不論博士論文或碩士論文，都偏重於實證性研究，其中尤以碩士論文方面最嚴重（82.81%）（請參見表6-2）。歸納分析後顯示教育研究所之學位論文採用實證性研究者，

當時可謂與日俱增。因為實證性研究只注重把複雜的社會現象簡化成幾個變項，然後以統計方法加以量化分析，並運用所得的統計結果進行某種推測，來說明各種社會現象，對於教育研究整體之發展非常不利。表6-2中，清楚地具體顯示臺灣地區1981至1987年，教育研究中偏向於量化取向的嚴重性。

表 6-2 1981 至 1987 年，三所大學教育研究所博碩士論文實證性與非實證性研究比較表

論文類別	校名 研究類別 數量	政治大學			臺灣師範大學			高雄師範大學			三校合計		
		實證性	非實證性	合計	實證性	非實證性	合計	實證性	非實證性	合計	實證性	非實證性	合計
碩士論文	N	60	18	78	116	18	134	36	8	44	212	44	256
	%	76.92	23.08	100	86.57	13.43	100	81.82	18.18	100	82.81	17.19	100
博士論文	N	7	4	11	11	7	18	0	0	0	18	11	29
	%	63.64	36.36	100	61.11	38.89	100	0	0	0	62.07	37.93	100
合計	N	67	22	89	127	25	152	36	8	44	230	55	285
	%	75.28	24.72	100	83.55	16.45	100	81.82	18.18	100	80.70	19.30	100

資料來源：吳清山（1994）。教育研究本土化的取向。載於國立政治大學教育研究所主編《教育研究方法論文集》（頁153）。臺北：臺灣書店。

至1990年代初，教育資料館針對臺灣地區1991-1992年的博碩士論文與政府機構委託之教育專案研究進行分析。就研究方法方面的分析結果可參見表6-3。該研究分析後，發現在212篇博碩士論文中，有160篇屬實證性研究，占74.48%，其中以調查研究法和相關研究法的篇數為最多，分別為80與52篇；在175篇專案研究當中，有129篇屬於實證性研究，占72.8%，其中調查研究法就占了108篇。在研究目的方面，博碩士論文有156篇屬實用性研究，占73.5%；理論專案研究除一篇為理論研究外，其他皆為實用性研究。

表 6-3　1991 至 1993 年間，教育博碩士論文暨教育專案之研究方法統計分析表

	論文性質	博碩士論文 n = 212	教育專案 n = 175	合計篇數 n = 387
研究方法	實證性研究　調查研究法	80(37.74%)	108(61.7%)	188
	實證性研究　實驗研究法	28(13.21%)	12(6.86%)	40
	實證性研究　相關研究法	52(24.53%)	9(4.25%)	61
	小計	160(75.48%)	129(72.81%)	289
	非實證性研究　歷史研究法	31(14.62%)	41(19.34%)	72
	非實證性研究　理論分析法	15(7.08%)	1(0.57%)	16
	非實證性研究　人種誌研究法	6(2.96%)	4(2.29%)	10
	小計	52(24.52%)	46(27.19%)	98
研究目的	實用性研究	156(73.58%)	174(99.43%)	330
	理論性研究	56(26.42%)	1(0.57%)	57

資料來源：國立教育資料館（1994）。教育研究資訊彙編。臺北：國立教育資料館。

表 6-4　臺灣地區教育管理各類研究方法之使用情形分析表

	問卷調查	訪問調查	理論分析	文件分析	歷史研究	比較	其他	兩種以上
1951－1960 年	0	0	0	0	0	0	6	1
1961－1970 年	2	0	0	0	0	0	3	4
1971－1980 年	22	1	6	2	1	2	7	25
1981－1990 年	84	1	10	5	2	3	8	40
1991－1996 年	74	2	11	7	0	2	8	37
合　計	182	4	27	14	3	6	32	197

資料來源：王如哲（1997a）。當代教育行政學術發展及其研究方法論變遷之研究（頁59）。國家科學委員會（NSC86-2418-H-194-001-T）。

　　邁入1990年代中旬，教育行政界開始有學者對領域之研究典範變遷與實務面向所存在的問題，進行較為完整的檢討。王如哲是首位對臺灣地區近50年來教育行政學術發展進行反省式研究的學者。其於1997年所進行的研

究中，對於近50年來，臺灣地區教育行政研究發展進行了全面性的檢視。該研究之文獻，主要針對邏輯實證論及行政科學研究的特徵加以分析，並部分引用Greenfield、新馬克思主義、與後現代主義的觀點，以瞭解教育行政研究發展中之典範變遷情形。後設分析的部分則以四類資料為主，包括研究報告、學報論文、博士學位論文、與碩士學位論文。四類教育行政研究論文篇數分別為：國科會研究報告108篇、學報論文27篇、碩士論文216篇、與博士論文24篇，合計共375篇，分析結果茲臚列如下（王如哲，1998）：

1. 以研究主題而言，有很高的比例集中於「組織分析」與「領導」的研究。在分析的375篇論文，探討「組織」者有86篇，探討「領導」者有64篇，兩者合計共為150篇，約占所有論文的40%。其他依序為「財政」41篇；「制度」39篇；「決策」30篇；「計畫」21篇；「學校行政」18篇；「政策」17篇；「視導」10篇；「溝通」9篇；「法令」5篇；「評鑑」3篇。這點和國外研究的最新發展趨勢不同。

2. 就研究方法而言，有接近半數的研究採用問卷調查法。研究發現在375篇論文當中，有182篇使用了「問卷調查法」，約占全部論文的49%；「訪問調查法」有4篇、「理論分析法」有27篇、「歷史研究法」有3篇、比較研究法6篇、使用其他研究方法者有32篇。關於以上的敘述，可參見表6-4。由此得知，過去臺灣地區之教育行政研究偏重於問題的描述與普遍意見的調查，理論的分析僅有27篇。至於質性方法的使用數量稀少，顯示過去教育行研究過於強調實證的問題甚為嚴重。而依其發展情形來看，量化取向之研究方法被使用次數，並未有明顯減少的趨勢。

3. 從論文的分布觀之，教育行政研究主要由碩士班研究生基於完成學位論文需要所進行的研究為主。在所有的375篇論文當中，有216篇是教育行政碩士論文，約占全部論文的58%；有108篇屬於研究報告，約占29%；有27篇屬學報論文，約占7%；有24篇屬博士論文，僅占6%。簡而言之，大部分的論文是碩士班研究生為完成學位所進行的研究為主，為求能在規定的時間內順利完成論文，使用調查研究法進行次數分析、統計分析的情形甚為

普遍。對於一些理論反省與知識基礎的重建，則乏人問津。

　　4. 就研究典範的歸類而言，以實證性研究居絕大多數。在375篇論文中，若以研究典範來歸類，則發現屬於實證性研究者有242篇，占了65%；屬於非實證性研究有114篇，占30%；同時使用兩種典範者僅有19篇，僅占5%。在1950年代，實證性論文僅有1篇，非實證性論文有6篇；在1960年代，實證性論文增加為5篇，非實證性論文則有4篇；1970年代，實證性研究有38篇，非實證研究有28篇；1980年代實證性研究暴增為106篇，而非實證研究僅有36篇。1990年以後，實證性研究為92篇，非實證性研究為40篇，實證熱潮有較為緩和的趨勢。

　　檢視臺灣地區的教育行政典範變遷的情況，則發現其深受歐美地區教育行政發展之影響。在美國，自1950年代理論運動以來，教育行政研究即引發實證典範的熱潮中，當時的研究若沒有實證性資料的佐證，則被視為非科學且不具學術價值。直到1980年代中旬，對於方法論的反省與批評，才使得實證熱潮逐漸緩和下來。王如哲（1999）檢視了1995至1998年之間的美國《教育行政季刊》刊載的90篇論文後發現：理論性的論文增加不少，共有16篇，這顯示針對教育行政與管理領域的研究觀點、方法及反省，在最近幾年來格外受到重視。

　　在臺灣地區方面自1990年代開始，實證性研究並沒有明顯減少。正如王如哲（1999）指出：近來國外地區對於教育行政實證性研究典範進行批判的國際學術發展，臺灣地區的教育行政文獻甚少觸及。大部分的教育行政學者也尚未注意到此項國際方法論爭辯，仍然進行著驗證性的教育行政研究。然而實證性的研究對於教育行政實際工作者提供的幫助有限，實有待思索與改進。

　　黃宗顯（1999）也同時對於1990年後，臺灣地區教育行政研究典範變遷情形進行了分析與檢討。該研究報告文獻取樣部分，主要包括1990至1998年間與教育行政相關的「博碩士論文」、「期刊論文」和「國科會專案研究報告」，三部分的論文總共759篇。博碩士論文主要係以「中文博碩

士論文索引」光碟資料庫所檢索的論文為主，計有249篇；期刊論文以「中華民國期刊論文索引」光碟資料庫檢索到之學術性論文為主，共419篇；國科會之專案研究報告取自「國科會科資中心資料庫」所載之專案補助論文，共計91篇。

該研究報告以「研究主題」、「研究方法與典範應用」、「研究目的取向」三大類。其中依「研究方法與典範」的分析結果如下：

(一) 研究主題

博碩士論文較常被採用的研究法為問卷調查法和訪談法，分別占66%及18.9%。而採用實驗研究法、參與觀察法、歷史研究法、個案研究法進行研究的論文，合計不到其他研究方法應用總次數的6%。博碩士論文採用兩種以上方法的論文者有43篇，惟其中多數是採用問卷調查加上訪談法的方式進行。

期刊論文有61.9%採用「理論分析法」進行研究，其次為問卷調查法（24.9%）和訪談法（8.1%）。三種方法合計達到研究方法應用總次數的93.9%，其他六種研究方法被使用的次數不到4%。期刊論文使用兩種以上方法者有31篇，多數是同時使用問卷調查法與訪談法。

國科會專案論文亦多採用問卷調查法（54.1%）、其次分別為訪談法（16.5%）和理論分析法（11%）。採用實驗研究法和歷史研究法進行者，僅有1篇，以上敘述可參見表6-5。

表 6-5　1990-1998 年，臺灣地區教育管理學術研究方法分析表

	問卷調查	訪談法	實證	參與觀察	比較	理論分析	歷史	個案研究	其他	合計
博碩士論文	196	56	1	5	12	11	1	10	5	297
應用次數（占分類百分比）	(66.0)	(18.9)	(0.3)	(1.7)	(4.0)	(3.7)	(0.3)	(3.4)	(1.7)	
學報（刊）論文	113	37	0	3	7	281	4	3	6	454
應用次數（占分類百分比）	(24.9)	(8.1)	0	(0.7)	(1.5)	(61.9)	(0.9)	(0.7)	(1.3)	
國科會專案論文	59	18	1	4	4	12	1	4	6	109
應用次數（占分類百分比）	(54.1)	(16.5)	(0.9)	(3.7)	(3.7)	(11.0)	(0.9)	(3.7)	(5.5)	
合計	368	111	2	12	23	304	6	17	17	860
占總百分比	42.8	12.9	0.2	1.4	2.7	35.3	0.7	2.0	2.0	

註：1. 一篇論文使用兩種以上方法時，按其方法分別計入所屬類目，故使用方法之總次數與研究總篇數之數目不同。
　　2. 使用兩種以上方法之博碩士論文有 43 篇，學報（刊）論文有 31 篇，國科會論文有 16 篇。
　　3.「分類百分比」乃指占該單一論文類別研究方法總次數之百分比：「總百分比」乃指占三類論文研究方法總次數之百分比。
資料來源：黃宗顯（1999）。1990 年後臺灣地區教育行政學術研究狀況之分析與展望。輯於臺灣師範大學教育學系主編《科學的國際化與本土化》（頁 406）。臺北：揚智出版社。

(二) 研究方法與典範應用

　　根據以上的資料分析，可知除了理論性探討的論文之外，多數的論文仍是以「問卷調查法」為主要的研究方法。參與觀察和個案研究等方法並未

被普遍使用。這和美國的情形相當類似。這樣的結果也顯示，臺灣地區於2000年以前，教育行政研究應用的典範，是以邏輯實證論爲基礎的量化研究爲主。源自於現象學、詮釋學、與批判理論的質性研究典範並未被普遍運用。至於後現代主義和後結構主義思潮爲基礎所發展出來的方法，或是融合邏輯實證論、詮釋學、批判理論及實地理論觀點發展出來的行動研究法，也極少被應用。

(三) 研究目的取向

黃宗顯也分析了研究的「目的與取向」，他將研究目的與取向，分爲六種類型：「現況描述」、「關係探討」、「理論性探討」、「理論驗證」、「模式建構」、與「跨國比較」。研究結果發現，近數十年來，臺灣地區教育行政學術研究偏重於現況的瞭解、變項之間的關係探討與一般理論性的敘述，對於教育行政理論模式的建構和跨國際性教育行政議題深入比較的研究，則較少（p.409）。

林明地（1999）則根據英文三份著名期刊，即《教育行政季刊》（Educational Administration Quarterly，簡稱EAQ）、《學校行政領導與管理》（School Leadership & Management，簡稱SLM）、《學校效能與學校改革》（School Effectiveness & School Improvement，簡稱SESI），來瞭解教育行政研究典範變遷的情形。期刊的分析年份是介於1997年至1998年。其分析結果如表6-6，表中指出教育行政研究近年來以採用理論分析法者居多，爲38次，依序爲訪談研究35次、問卷調查31次、個案研究26次、參與觀察12次、資料庫資料分析9次、其他研究方法（包括行動研究、現象學取向、歷史研究、人種誌研究、故事敘述、以及扎根理論取向等）9次、實驗研究7次、後設分析3次、與內容分析2次。根據統計結果，有34篇研究採用兩種以上的研究方法來進行研究。由此，我們可以發現1997-1998年，在國外地區的教育行政研究，過度量化導向的情形，已經明顯改善不少。

表 6-6　EAQ、SLM、SESI 等三份期刊與學校行政管理有關文章所採用研究方法之分析

研究方法 期刊種類	問卷 調查	參與 觀察	訪談 研究	個案 研究	內容 分析	後設 分析	實驗法	理論 分析	資料庫 分析	其他
EAQ（小計）	6	7	7	12	0	1	1	12	4	5
SLM（小計）	13	5	20	7	0	0	3	20	0	4
SESI（小計）	12	9	8	7	2	2	3	6	5	0
合計	31	12	35	26	2	3	7	38	9	9

資料來源：林明地（1999）。學校行政管理研究的現況與趨勢。載於國立中正大學教育
　　　　　學研究所主編《教育學研究方法論文集》（頁 133）。高雄：麗文文化公司。

　　李明堂（2002）分析1997-2001年教育行政季刊（EAQ）教育行政論文
所採用的研究方法，結果發現教育行政研究相關論文之質性方法運用，有明
顯之增加。在全部62篇研究中，有21篇完全採取質性的方法蒐集資料（約
為34%）。其主要的方式有訪談、參與觀察、文本分析、焦點訪談、田野研
究。此種發展趨勢，讓教育行政研究逐漸跳脫單一典範，質性研究已逐漸成
為教育行政研究的重要典範。

表 6-7　1997-2001 年，教育行政季刊（EAQ）論文所採用的研究方法之分析

研究方法 期刊年代	篇數	問卷 調查	參與 觀察	訪談 研究	個案 研究	內容 分析	焦點 訪談	後設 分析	理論 分析	實驗
1997-1998	43	6	7	7	12	0	0	1	12	0
1999(35)	23	8	6	7	3	4	1	0	9	0
2000(36)	21	8	5	9	3	6	2	1	2	1
2001(37)	18	9	2	6	1	2	2	0	1	0
合　計	105	31	20	29	19	12	5	2	24	1

註：本表將林明地 (1999) 分析 1997-1998 年 EAQ 論文所採用的研究方法與本研究加以
　　彙整為 1997-2001 年，為最近五年 EAQ 論文所採用的研究方法。

資料來源：李明堂（2002）。從 EAQ 研究議題、研究方法，探討教育行政研究典範的發
　　　　　展。屏東師院學報，17，205。

📚 二、臺灣教育行政研究之反思

依據以上相關臺灣在教育行政研究方法類型之檢視，可歸納為以下幾個現象：

1. 臺灣教育行政學術發展深受理論運動之影響：美國地區自理論運動開始，教育行政研究之目的，就定旨在建立律則性的知識與定理，以便於對現象進行解釋與預測，並進一步進行控制與管理。尤其在組織、領導、與決策三大方面，實證典範更是不遺餘力想建立所謂的「通則」。由伍振鷟、陳伯璋（1985）、王如哲（1998）、黃宗顯（1999）的論文中可以發現，臺灣地區早期深受邏輯實證論影響極為明顯，究其因乃在大量使用西方國家的理論與方法所致。早期翻譯自國外專書的著作隨處可見，使得學術上的發展一直跟隨著西方國家的腳步，本土化的理論難以建立（吳清山，1994）。再加上有些研究者認為，若不使用量化研究，則顯得該研究不夠科學、不客觀、缺乏證據。部分臺灣研究期刊甚至規定非屬實證性者不接受刊登，這種種因素使得教育行政研究一面倒向量化研究。綜言之，臺灣地區過去由於缺乏本土性理論，因此大量借用外國理論（特別是美國），使得臺灣地區之教育行政學術發展，受歐美地區的影響甚為明顯。

2. 多以邏輯實證論之量化調查研究為主：在臺灣地區藉由伍振鷟、陳伯璋（1985）的研究中，可以發現過去的教育行政研究，完全籠罩在邏輯實證論之下，且絕大部分研究者採用了調查法為主要方法來進行研究。王如哲（1998）檢視臺灣375篇的研究論文，發現有182篇使用了調查法。黃宗顯（1999）針對1990代後的759篇的論文分析中，也指出臺灣地區近10年來的教育行政學術研究，仍係以邏輯實證論的量化研究為主流（p.412）。這顯示臺灣地區之典範變遷情形並不明顯，邏輯實證論仍然是主流典範，而調查研究法仍為最普遍被使用的研究方法。

3. 對於國外相關教育行政研究典範之爭辯較少回應：國際上相關研究典範的爭辯，多直接出現於學術會議論文與教育行政期刊上（如美國教育行

政季刊、澳洲教育行政期刊等）。典範爭辯有來自不同國家的學者共襄盛舉，學者之間面對面針鋒相對的情形雖然不多，但是透過文字進行爭辯的情況卻甚爲頻繁。然而，檢視臺灣地區的教育行政論壇或研討會，焦點尚處於實務取向的討論，方法論的探究仍是乏人問津。王如哲（1998）的研究中發現，臺灣地區量化研究方法的使用狀況，並不因爲國際之間方法論爭辯而明顯減少。黃宗顯（1999）也指出臺灣地區忽略其他研究典範的應用。關於國際之間教育行政典範爭辯之關注，除了本書與林志忠（2004）等專書有所討論外，全面深入分析之論文較爲闕如。由此看出，臺灣教育行政研究領域對國外方法論爭辯之關注程度較低。

基於以上現象，近來部分研究者開始關心臺灣研究方法本土化的問題。過往臺灣教育行政理論多直接取用自歐美地區的研究成果，極少有人考慮理論移植之適當性問題。黃光國（1993）指出西方社會科學理論，大多是其學者以西方社會中特定現象加以抽象化，並以特定工具或方法加以檢證所得之結果。臺灣學者在引進西方社會理論時，往往並不瞭解其形成之社會文化背景與特色。如此不分青紅皂白翻譯成中文，以東方社會現象檢證西方理論，自然造成本土化特色之盡失。

在教育行政研究領域方面，關於理論本土化與理論移植的問題，在1980年代中旬，開始受到重視。伍振鷟、陳伯璋（1985）的研究中指出，臺灣過去之研究理論基礎過於薄弱，且對外來理論過分依賴；吳清山（1994）也指出教育研究應早日往下扎根，才能免於淪爲附庸文化與邊陲文化的下場。陳伯璋（1995）對過去教育研究進行整體分析，指出教育研究的理論轉借與移植情形相當嚴重；黃宗顯（1999）也建議臺灣應積極研發具有本土特色的教育行政理論體系，以擺脫對西方理論過度依賴的弊病。

基本上，社會科學所涉及的知識多非普遍與客觀的。基於文化背景、脈絡、與價值觀之不同，更增加了社會科學研究之複雜性。無可避免，教育行政研究也具有脈絡關聯性。任何教育活動都無法脫離特定之脈絡與背景。因此國外方法論之相關主張，未必適用於其他地區。針對於此，臺灣未來應努

力以本土社會做為理論建立的基礎，方能創造出適宜的研究方法與工具。

參、大陸地區

　　大陸地區的學者對於教育行政研究典範之變遷，雖然人數不多，但仍展現一定之關注程度。例如程晉寬（2003）分析西方教育行政研究典範（典範）的轉換，認為實證主義雖然是西方教育行政的主流，但後實證研究典範卻已經改變相關教育行政之研究。何玉靜（2004）則分析西方教育行政研究的主流典範，認為其大致經歷客觀主義、主觀主義、與批判主義三種居於主導地位的研究典範。孫孝文（2007）針對教育行政研究典範進行分析，主張實證與詮釋是教育行政研究方法的哲學基礎。雖然西方教育行政研究自二十世紀初逐步形成以實證為主的研究典範，然而過度單一卻產生不少缺點。其主張綜合典範乃是教育行政研究發展的未來趨勢。在專書部分，孫錦濤、羅建河（2008）針對西方當代教育行政理論流派加以敘述分析，分從科學主義、主觀主義、價值理論、批判理論、文化理論、後現代主義、與自然連貫主義，敘述西方當代教育行政理論流派的主要特色。

　　針對當前大陸地區教育行政研究之典範發展，肖起清（2007）發現由於特殊政治環境與體制，大陸地區教育行政學門，係從1980年代中期開始變化，相關研究典範之發展仍在起步階段。主張應借鑑西方研究成果，並建議在以下三方面加以改進：(1)重視在教育預測規劃領域引進定量分析方法。(2)積極發展多種研究典範。與(3)繼續採取多學科的教育行政研究方式，以拓展研究視角。

　　在教育行政研究典範之種類與數量方面，整體系統分析之論文較少。其中如湯林春（1999）分析1981-1997年之普通教育行政研究，發現在研究方法上，採用實證或調查方法者，僅占所有1,705篇論文之8.49%（203篇），其他則偏向缺少理論驗證之應用型研究（詳見表6-8）。針對於此，張新平（2001）認為此代表相關教育行政研究之理論較為貧乏與實踐意識的淡薄，導致「一些亟待研究、回答的問題，卻因傳統研究典範的影響，得不到

即時的關照和研究」（p. 391）。

表 6-8　大陸地區 1981-1997 年教育管理研究類型表

年限	實證研究	實證性研究所占百分比	應用性研究	應用性研究占百分比
1981	0	0%	6	100%
1982	1	0.91%	34	60.71%
1983	1	1.79%	61	55.45%
1984	0	0.00%	53	65.43%
1985	2	1.50%	95	71.43%
1986	1	0.91%	84	77.06%
1987	1	1.23%	55	67.90%
1988	2	2.35%	69	81.18%
1989	3	3.70%	68	81.93%
1990	1	1.20%	68	81.93%
1991	2	2.27%	56	63.64%
1992	20	11.62%	130	75.58%
1993	22	15.17%	120	82.76%
1994	30	12.24%	201	82.04%
1995	40	12.99%	209	67.86%
1996	42	12.88%	300	92.02%
1997	35	12.50%	103	36.79%
總計	203	8.49%	1705	71.37%

資料來源：湯林春（1999）。我國 17 年普通教育管理研究之分析。上海教育科研，136，11-16。

肆、綜合討論與分析

　　依據美國與華人地區對於教育行政研究方法的檢視結果進行歸納，可獲得以下幾個結論：

一、學者多傾向同意典範多元並存的觀點

有關近20年來的方法論爭辯中，學者大致同意後實證論的「多元典範」研究思維。Greenfield（1993a）指出唯有承認多元實體的存在與使用不同的研究工具，才能使教育行政研究危機解除；Habermas（1971）在方法論的討論中，也指出實證論只是許多可能的科學知識中的一種類型，他同時肯定實證科學的存在；Shulman（1986）認為社會科學研究或教育研究最危險的，莫過於讓單一典範觀點統治了整個研究界；Griffiths（1988）檢視Burrell and Morgan所合著的《社會典範與組織分析》後，指出學術界應該馬上停止方法論與研究方式的爭辯，並運用所有可能的方法來進行研究，因為不同方法之使用，可完成使用單一方法所無法達到的事；Bates在其著作引用了部分科學哲學主張來支持教育行政方法論的多元主義。他認為行政研究中結構因素與個體主體性都應該兼顧，他批判邏輯實證論過度重視客觀性，也批判單方面偏重客觀性或主觀性的研究態度，都是不正確的（Park, 1999）。

因此，未來的教育行政方法論發展，應不斷努力追求方法的多元與平等，基於自然之淘汰機制，讓較不具自我創新能力之理論自然被淘汰，而不是將焦點置於方法間優劣的爭辯。

二、教育行政研究日趨多元，逐漸接受質性方法

在研究範圍方面，由於Greenfield、Bates、Hodgkinson等人對於邏輯實證論過去只重視客觀性的研究進行強力的批判，並將倫理、道德、權力、價值等主觀層面納入教育行政研究範圍中，使教育行政研究範圍面向包含了客觀性與主觀性。再者，由於一般系統理論、開放理論、與非線性理論（混沌理論）之研究成果，使得一直以來，牛頓物理學觀的動搖。尤其是非線性理論，它強調了細微與隨機事件的重要性，並對傳統現象之預測，持保留的態度。再加上後現代觀點中所存在的，對於無限可能性與變異性的聲稱，與擾流（fluctuation）對於預測的傷害，都開展了教育行政研究的新研究面向。

在研究方法方面，實證論所建構的實驗性研究，並無法促進對於多元實體的認識，畢竟量化研究的基本假定，即認為單一永恆實體的存在，這剛好與後實證論之基本假定相違背。然而，由於近來的反省熱潮，學術界已逐漸擺脫實證典範長期宰制的現象，一些新興的研究方法已漸為學術界所接受，這包括自然論典範、批判理論、行動研究法等。此外，依照研究的發展趨勢，研究者已經逐漸養成使用一種以上的方法來進行研究的態度，例如在使用調查法的同時，也酌用觀察法以相互印證研究結果。王如哲（1998）的研究結果雖然顯示教育行政研究方法仍偏重於量化研究，然而在1990年後運用質性研究的研究報告也有逐漸增加的情況。連俊智（2008）即指出不同的典範有不同之哲學預設，在教育行政應用時，會形成不同的組織經營型態、以及不同的問題解決機制。若研究僅一味偏向驗證性的實證探討，對實際工作的助益將很有限。我們認為同時運用多種方法來進行研究，將能更深入瞭解問題的真相，使得研究價值提高。

三、傳統研究較忽視倫理與價值的重要性

過去由於受到邏輯實證論對「客觀性」的主張影響，使得事實與價值、倫理分離。由於這個傳統的包袱，對於所謂的「應然」問題，研究者採取敬而遠之的態度。於是，過去有關此方面的研究，遭受極大的忽略。

Greenfield首先對教育行政中，過分重「實然」輕「應然」的不當態度進行批判，並提出主觀主義的觀點來做為研究的途徑（Evers & Lakomski, 1994）。之後，Hodgkinson更深入對價值的結構進行了分析，並把它分成三個層級（Begley, 1996）。Hodgkinson指出教育行政中，作決定的過程無法避開價值的介入，因為它本來就是「決定」的初始本質；由於價值分析與邏輯都是組成哲學的成分，因此行政是無法去排除任何的哲學元素。

在臺灣地區，有關教育行政中的價值論述，可說是一片空白。王如哲（1998）與黃宗顯（1999）同時指出，臺灣地區教育行政研究仍然偏向客觀性的量化研究，以質性或現象學方法來進行的研究更是寥寥可數，也證明

了過去的研究，過分忽略價值與倫理等主觀層面。

 ## 四、質性與量化方法之整合深受學者關注

此處可以發現一個有趣的問題，那就是在西方國家（如美國）教育行政領域中的典範爭辯，明顯地指出邏輯實證論所建構的研究方法，存在不少問題，但為何量化研究法被濫用情況並未因而減少？

基本上，質性方法與扎根理論較適合對事件、情境的內容、過程及結果的掌握（Glaser & Strauss, 1967）。尤其適合用來探究受訪者心中曖昧不明的想法。然而對於現象發生之次數及分布狀況卻無能為力。而且，研究應用質性研究方法蒐集質性資料時常會受到時空之限制。譬如：無法在同一時間、同一地點、同時觀察或訪問許多人、事、物，而只能研究小範疇的現象。同時對於大趨勢及不同人口中，呈現不同分布現象之特徵上的瞭解，特別顯得無能為力。

質性方法和量化方法有著同樣的困難：受試者缺乏合作的精神、甚至可能發生欺騙研究者的行為。關於受試者是否誠實，研究者可以使用控制驗證的方式，譬如：對照受試者之陳述內容前後是否一致，並與其他人相互印證。一旦發現了欺騙的可能性，研究者仍應讓受試者有申辯的機會，以便對真相有所瞭解。量化研究在這方面則顯得相當乏力。受試者一旦產生前後不一致的資料時，研究者只能透過猜測，來決定資料的無效而棄之一旁。

在蒐集質性資料時，研究者必須重視受訪者陳述背後的意義。所以，即使產生前後不一致的情形，研究者也視此種矛盾為資料特性的一種，因此有深入瞭解的必要，以豐富所得的研究結果，建立更完整統合的理論。

質性方法雖然可以彌補量化方法的許多優點，然而卻少有研究者願意捨量取質，探其原因，不外乎以下幾點：

1. 研究者覺得無法強調價值中立、提供數據資料的研究發現不具說明力。但是一旦過於信賴統計技術下所做的分析，最多也只是變數之間的分

析，對於變項之間的過程則無從掌握。

2. 質性研究的過程對於研究者所加諸的要求不易達成。研究過程中，研究者必須同時是發問者、觀察者、記錄者，並同時需兼顧整體研究情境，掌握訪問之順暢度，使問與答的過程不至於發生停頓的情形。同時，他也必須能恰當的發表自己，掌握研究者的角色，與受試者進行良好的互動。研究者也必須對受試者或事物具高度的興趣。以上這些多樣性的行為角色要求，加上受試者個人必須投入的要求，都足以令人退怯。對不重視與受試者間產生直接且長時接觸的研究者來說，質性方法是不予考慮的研究走向。

3. 質性研究過程相當耗時，其間的變數太多、風險又大，一般研究者棄而使用較易執行之調查法或問卷法。

4. 研究成果發展的壓力，使得年輕一輩研究者紛紛使用計量方法，以便能在有限的時間內完成多項的工作成果。

既然質量方法之間各有優缺點，是否可以取二者之優，補二者之缺，形成完整的方法論呢？國外一些學者也致力於質性與量化方法間優缺點之整合，探討兩者合併的可能性。但由於方法間不可共量性的問題，使方法論間之整合也顯得困難重重。Patton（1990）在其著作《質的評鑑與研究方法》（*Qualitative Evaluation and Research Methods*）中，從研究方法的角度提出兩種研究途徑，其一為單一途徑，另一為整合策略途徑。單一途徑主要肯定了方法論、典範間結合的可能性，但質量方法之間的研究邏輯，卻是無法整合的，因此同時採用歸納法與演繹法的方法論途徑根本行不通。整合途徑則認為在研究過程（包括資料蒐集、研究設計、研究策略、資析分析等）可視需要而混合使用方法論。在圖6-4中，可看出混合的研究方法，可有四種基本型式（如圖6-4）。

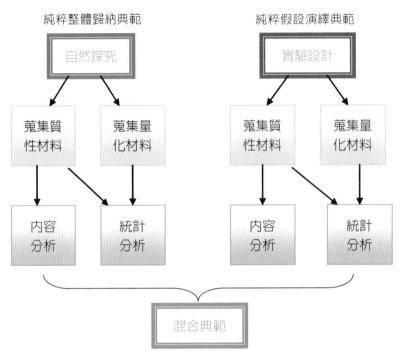

圖 6-4　Patton 方法論之整合模式

資料來源：*Qualitative evaluation and research methods* (p.195), M. Q. Patton, 1990, Newbury park, CA: Sage.

1. 整合I型 ：量的實驗設計、質的資料蒐集、與質的內容分析；
2. 整合II型：量的實驗設計、質的資料蒐集、與量的內容分析；
3. 整合III型：質的自然探究、質的資料蒐集、與量的統計分析；
4. 整合IV型：質的自然探究、量的資料蒐集、與量的統計分析。

在另一方面，學者Tashakkori and Teddlie（1998）在其專書《混合方法論》（*Mixed Methodology*）中，也將量化研究與質性方法進行結合，其中第五與第六類型乃是Patton所忽略的。簡略而言，六種混合設計分別為：

1. 類型I ：實證研究，質性資料蒐集、統計分析與推理。
2. 類型II：實證研究，質性資料蒐集、質性分析與推理。

3. 類型III：解釋性研究，量化資料蒐集、統計分析與推理。

4. 類型IV：解釋性研究，質性資料蒐集、統計分析與推理。

5. 類型V：實證研究，量化資料蒐集、質性分析與推理。

6. 類型VI：解釋性研究，量化資料蒐集，質性分析與推理。（pp.160-166）

有關整合策略在研究界已逐漸引起關注，事實上，量化方性與質性方法若能交互使用，在資料蒐集的過程中，可以相互驗證蒐集過程的正確性，實有助於對實體的逼近。

基本上，Evers and Lakomski所提出之連貫論證成模式，從研究層面而言即為統合觀點走向，主張以多個驗證指標做為判斷理論優劣的依據。林明地（1999）歸納臺灣地區研究方法使用狀況，雖發現仍以調查法居多，但可喜是，臺灣地區研究採用兩種方法以上者約占四分之一。從蒐集資料的觀點來看，多重角度的資料蒐集，將可以使所進行的研究獲得一個更接近事實的研究結果。林生傳（2003）認為量化與質性研究僅是程度之區分而已，其指出量與質的研究真正用之於教育，是連續的；常用的研究方法，並非質量對立；而是各種方法中有些較偏重量化，有些則較偏重質性，其區分只是一個程度的問題。張慶勳（2005）指出量化或質性研究各有其優劣與研究焦點及方法，兩者之間的爭論不斷。量化或質性研究各有不同的方法論基礎與研究焦點，教育研究者根據不同的典範及方法論而採用量化或質性研究。未來實應將教育研究形而上（理論思辯）與形而下（方法技術）加以融合，以使教育研究發揮功能。

根據資料之顯示，臺灣教育行政研究發展的困境，在於研究界至今仍然普遍認為非實證性研究仍為不科學，研究結果難以令人信服。以一些研究申請單位為例，非實證論的研究計畫往往較無法受到肯定。另外，臺灣地區過去普遍認為教育行政學科為「應用科學」，因此大部分的研究多在建立解決實務問題的定律，相關理論的討論則被指為是流於空泛缺乏實用性，造成肯投入相關研究者屈指可數。在研究機構方面，各大學的相關教育研究所，有些過度忽略哲學的探討，強調統計分析的功能性，造成研究生對於科學哲學

與方法論探究失去掌握能力，自然而然會把量化取向的方法做爲論文的主要研究方法。這樣的情形直接反映在吳清山、王如哲、黃宗顯等人的研究結果中。此外，絕大部分的研究生選擇使用量化方法來進行研究，理由無他，乃在能於最短的時間內順利畢業。於是，在論文旺季時，各階層學校都充斥了所謂「學術性問卷」，校長、教師、行政人員、與學生填不勝填。在此種情況下，問卷的信度與效度令人質疑。凡此種種，皆使研究生放棄更爲深入的理論性探究。

第三節 教育行政研究之問題與展望

壹、美國當前教育行政研究之兩大難題

一、困境一：美國教育行政研究之知識基礎過於窄化

自1980年代開始，教育行政從社會科學時期轉入所謂的混亂時期（era of turmoil）。此時期主要針對規範時期與社會科學時期所建立的教育行政知識基礎，做徹底的檢討與重建。此種激進變革的動力一直維持到現在，既有的教育行政知識基礎被嚴厲地批判爲內容空泛與不適當，其中包括了以下幾個大層面（Murphy, 1995）：

1. 對於組織的成果缺乏關注，忽略對組織變項與學生成就，兩者間關聯的深入探索。

2. 忽略教育行政知識中，道德與倫理層面。

3. 對於教育問題欠缺關注。對於學校的基本訊息系統（包括課程、教學、與評鑑等方面）多半漠不關心。

4. 未能適當考慮多元化的議題，致使各種教育行政專業知識建構之觀

念間產生隔閡。

5. 對領導者技藝層面的忽略，造成理論之建構未能提供實務人員所實際需要的經驗或知識。

在同一時期，美國的專家學者們也開始研討如何建構一個更適當的教育行政知識基礎，他們相信透過對話與溝通，將有助於正確觀點的浮現。美國學術界在1980年代，對於教育行政知識基礎的重建，做了以下幾項研究：

1. 美國教育行政卓越委員會（National Commission on Excellence in Educational Administration，簡稱NCEEA）在1987年的成果報告《作為美國學校的領導者》（*Leaders for America's Schools*），與Griffiths共同發表於美國教育研究學會（AERA），爾後並出版成為美國教育行政學會的一篇論文。

2. 美國教育行政政策委員會（National Policy Board for Educational Administration）的報告書，尤其是1989年的《改進學校行政人員的培育：待改革之議題》（*Improving the Preparation of School Administrators: An Agenda for Reform*）。

3. 1990年全國校長領導委員會（National Commission for the Principalship）與1993年全國教育行政政策委員會（National Policy Board for Educational Administration）為了瞭解進入21項功能領域所需要的知識基礎，進行了兩項計劃，以宣揚有關認知基礎建設的概念。爾後美國教育行政學會更界定了教育行政專業所必須具備的六大認知領域（cognitive domain）[5]。

除了以上所提到的研究報告與書籍外，我們以為另有以下專書對於加深瞭解學校行政知識基礎有很大的幫助：

---

[5]　關於六大認知領域之專業需求說明，可參見UCEA在1990年代初所發表的一些文章。

1. 1988年由Boyan所主編的《教育行政研究導引》（*The Handbook of Research on Educational Administration*）。

2. 1988年由McCarthy, Kuh, Newell, and Lacona合著的《被檢視的教育行政專業人員》（*Under Scrutiny: The Educational Administration Professoriate*）。

3. 1990年由全國教育研究學會所出版的年鑑，書名定為《教育領導與變遷中之家庭、社區與學校背景》（*Educational Leadership and Changing Contexts of Families, Communities, and Schools*）。

4. 1993年由Hallinger, Leithwood, and Murphy合著出版的《認知觀點下的教育領導》（*Cognitive Perspectives on Educational Leadership*）。

5. 1995年由Donmoyer, Imber, and Scheurich共同合編的《教育行政的知識基礎：多元觀點》（*The Knowledge Base in Educational Administration: Multiple Perspectives*）。

6. 1999年由Murphy and Louis共同合編的《教育行政研究導引第二版》（*The Handbook of Research on Educational Administration: Second edition*）。

7. 1999年由Murphy and Forsyth共同主編的《教育行政：改革十年》（*Educational administration: A decade of reform*）。

8. 2003年由Hallinger主編的《突破學校領導發展的格局》（*Reshaping the Landscape of School Leadership Development: A Global Perspective*）。

9. 2003年由English主編的《教育行政理論與實踐所面對的後現代主義挑戰》（*The Postmodern Challenge to the Theory and Practice of Educational Administration*）。

10. 2005年由Strike and Haller主編的《學校行政之倫理》（*Ethics of School Administration*）。

11. 2011年由English主編的《SAGE教育領導手冊》（*The SAGE Handbook of Educational Leadership: Advanced in Theory, Research, and Practice*）。

　　美國教育行政研究在1980年代會產生許多問題，絕非空穴來風，其在1970年代就已面臨了理論運動的「衰落時期」（Declining Era）。自1960至1970年代開始，學校的教育行政課程轉而偏重組織理論與管理技術層面，而忽略了專業之發展，大學所教授之課程過於強調培養以社會科學實證傳統為基礎之研究能力。這使得教育專業變質，研究者偏重實用性的探究而忽略了哲學的思辯，關於學校教育中之哲學、社會與歷史基礎之瞭解，都被丟在腦後。當時美國的學校課程，受限於各州發放教師證書指標的影響，普遍上強調管理概念的建立，偏向教育法令與經費之探討，關於如何使教學更好、如何建立正確研究觀念等問題，皆被忽略。

　　此外，大學教授在研究的進行上趨於保守，不求改革與創新，使得研究之議題與層面重複性高，加上國際之間的交流不足，各國間教育行政之知識基礎形成了閉門造車的情況（Achilles, 1991）。這些問題都必須儘快解決。

二、困境二：美國教育行政人員培育重實務而輕方法

　　大學中教育行政人員培育方案，一直是美國教育行政研究領域討論的重點，此因培育方案課程內容之良窳，會嚴重影響教育行政專業品質。然而，美國教育行政培育方案一直存在問題。例如Peterson and Finn（1985）對於學校的培育課程取向感到不滿，批判當時的學校培育課程，無法使未來的學校領導者學得應具備的知識，他們指出：

> 近來，從事學校行政研究的研究生，其博士論文雖然為學術性論文，然而卻很少將主題置於專業性實踐與學校行政這兩大方面。關於學習與其他相關領域活動也傾向於被忽略。再者，大部分的學生為兼職生（part-time student），他們學習的過程有些達五年之久，且在片段累積、時好時壞的情況下完成學業。這不但使得出色的學生難以產生，他們有時對其學生身分也並不十分認同。（引自Sergovanni, et al., 1992）

回顧相關歷史發展，部分大學即發現了類似的問題，並變動其課程內容與教學時間來做改善。例如在1974年，西雅圖大學（Seattle University）發展出一套教育行政人員領導培育方案。接受培訓者，必須連續三年內，在週末與暑假接受集體學習。佛羅里達州的諾瓦大學（Nova University of Fort Lauderdale）也跟著辦理在職博士班課程，且規定學生必須在特定的時間（週末或暑假期間）一起學習。自1972到1979年間，諾瓦大學共頒發了超過1,300個博士學位給進修者。後來，芝加哥大學、西北大學與其他著名的大學，紛紛辦起兼職性質的課程，這些課程與商業界中所謂的MBA文憑相似，傳統全職性質的課程反而受到忽視。關於這樣的改變，學術界對它的評價毀譽參半。

實用導向的問題也直接反映在博碩士論文上。絕大部分的學生選擇以實務研究做為畢業論文之主題。而且一般都以在職進修的形式完成。有些大學（如史丹佛大學）甚至迎合學生此種現實的心態，紛紛提供類似的課程以滿足學生的需求，使得太過實用導向的問題愈來愈嚴重。在當時，教育行政學術幾乎喪失了知識基礎，更遑論方法論上的改進與哲學性的思辯。

美國學術團體紛紛對當時的發展趨勢搖頭嘆息。美國學校行政人員學會（AASA）與美國教育行政學會則努力改變這樣的局面，其力挽狂瀾的決心，可以藉由以下幾件事看出。

在1983年，AASA出版了《學校行政人員培育指導手冊》（*Guidelines for the Preparation of School Administration*），手冊中要求學校行政知識訓練必須包含以下七個批判性知識與技能領域：學校組織氣候與增進、批判理論與應用、課程與建構、指導性管理系統與運用、教育人事與評鑑、學校資源與籌措、教育研究與應用。

Murphy and Forsyth（1999）檢視自1980年以後的教育行政學術發展時，發現學者批評最多乃是學校行政人員培育方案，特別是培育方案中所提供的知識基礎，並無法有效解決教育行政實務問題。自1950年中旬至1985年中旬，教育行政因為理論運動的努力而建立龐大的知識基礎，到了1980年代初，這些由方法論上單一證驗模式所建立的理論基礎，卻受到質疑與批

判。Crowson and McPherson（1987）指出「運用傳統研究方法與假設來探討實務的問題令人質疑」（p.48）。Greenfield（1993c）也指出，在理論運動時期所建立的知識基礎已使得行政這個概念被窄化，特別是事實與價值的二元分化，使得教育行政的研究忽略了哲學的討論，研究結果之實用性必然大減。實證科學爲了對道德問題達成價值中立的態度，將價值問題排除在行政人員培育方案之外的主張，一直深爲反實證論的學者所詬病。

在1985年，美國教育行政學會通過決議，成立了國家教育行政卓越委員會（NCEEA），專門負責教育行政學術發展與學校教育行政人員培育課程，並不斷對這兩方面的發展給予建議，以提升教育行政的品質。

NCEEA的建立也是源於社會壓力。美國在1983年由國家教育卓越委員會（National Commission on Excellence in Education）所發表的報告書《危機國家》（A National at Risk）引發了藍領階級對學校教育與教育改革的抗爭。由於該份報告對當時學校所存在的問題，做了仔細的敘述與分析，使得社會大眾凝聚了要求國家教育改革的決心與共識。因此，在1980年中旬，美國學校改革將焦點置於教育行政人員與教師之專業性發展。這就是爲何美國教育行政學會在1986年成立了NCEEA，並由德高望重的教育行政界著名學者Griffiths任該委員會之主席。

該委員會在1987年3月即提出了長達16頁的報告書《未來學校的領導者》（Leaders for Tomorrow's Schools）。內容主要針對學校行政人員的儲訓、培育、管理、與評鑑，進行檢討並提出重大的變革方針。根據Griffiths的說法，該委員會成立的最主要目的，即在檢視學校領導者的品質。在1987年的報告書中，該委員會指出當時教育行政人員培育方案的幾項重大問題（Sergiovanni et al., 1992, p.92）：

1. 教育領導缺乏明確的定義。
2. 學校缺乏領導者儲備方案。
3. 學區與大學間缺乏合作。
4. 學校行政領域缺乏弱勢族群與女性的參與。

5. 學校行政人員缺乏系統性的專業發展。

6. 學校行政人員培育方案中，缺乏優秀的攻讀者。

7. 學校行政人員的工作需求與學校行政人員培育方案脫節。

8. 學校行政人員培育方案缺乏符合潮流的內容，也缺乏實習經驗。

9. 缺乏優秀人員晉升的制度。

10.接受教育行政人員培育方案的領導者，缺乏全國合作意識。

關於以上的問題，NCEEA提出以下幾點建議：

1. 教育行政研究應重新對「教育領導」下定義。

2. 國家應成立「教育行政國家政策委員會」（National Policy Board on Educational Administration）。

3. 行政人員培育方案應在專業學校中進行。

4. 至少有300所大學與學院，應馬上停止教育行政人員之培育工作。

5. 少數種族與女性之儲訓方案與人員配置，應由各大學、學校委員會、州與聯邦政府，以及工商業界來創辦。

6. 公立學校應參與教育行政人員培育工作。

7. 專業發展活動，應為理論與實務元素之整合體。

8. 證照方案應該進行徹底的改革與落實。

以上NCEEA對於培育方案的批評與建議，Gibboney（1987）認為內容過於陳舊、不具創新性，對於學校行政人員與教師角色的重建幫助不大，加上整個改革重點仍舊置於管理過程與技術層面，在課程興革方面得了零分（引自Sergiovanni et al., 1992, p. 92）。另外，有關知識與技能之間的不連貫，也造成學生覺得課程之內容艱澀難懂。這就是為何常常有人批評大部分教育行政人員在學校所接受的都是零碎、過於跳躍且毫無用處的課程內容。

論述至此，我們不妨再回到焦點問題：究竟實證典範時期所建立的知識基礎實用性何在？又產生何種後遺症？傳統社會科學方法研究者強調學校

行政通則的建立，但是偏重客觀性、排除干擾因素的定律與規則，用在複雜多變的教育環境中，顯然有失妥當。再者，傳統社會科學觀點，常使得理論與實踐之間的鴻溝愈來愈大。這就是實證方法本身作繭自縛的一面。因為實證論者常不擅於改變理論來引導實務，他們也不想這麼做，使得借用自社會科學中的理論與方法，始終無法提升其知識基礎的內容。Crowson and McPherson（1987）即批判說：「培育方案中所教導的，都是植基於社會科學實證傳統的知識基礎，如理性決定理論、封閉系統等等，對於實際的混沌無序的環境一概不提，這也造成了教育行政人員培育方案流於古板與封閉」（p.49）。

證據顯示，過去社會科學時期的教育行政人員，訓練忽略了實際問題解決的能力，這種普遍的反技術、反方法的培育課程已經造成知識基礎的代溝，特別表現在行為本位方案元素的缺乏、實務問題解決技巧缺乏關注、實務智能的忽略、與對專業化過程的縮短等幾個方面。行政者一致認為最佳的培育方案訓練，即是在增加對工作關聯技能（job-related skills）的指導（Murphy & Forsyth, 1999）。

事實上，NCEEA在1987年的報告書中，就已指出行政人員培育方案中的實習經驗的不足，是最大問題。Pepper（1988）指出大學中的學校行政課程極少提供一個完整的實習經驗給予未來的學校行政者。由於受到理論運動科學化概念的影響，使得行政人員培育方案一直存在著以下的問題：(1)不具明確的目標；(2)強調實務經驗的實習課程偏少；(3)基於方便考量來進行活動的安排；(4)過度強調角色中心經驗，忽略問題中心經驗；(5)缺乏個體化（individualization）的發展；(6)成效不佳的計劃、管理一直沿用，使得課程內容更新變得緩慢；(7)對實際校園經驗與領域本位經驗之間的連接並不足；(8)過分強調低階導向與被動觀察的活動（引自Murphy & Forsyth, 1999）。

過去的學者大致上同意教育行政是一門「應用科學」，也唯有基於這樣的信念，才能使得學校行政人員培育方案，更能貼近理論與實際之間的差距。近來一些學者則採取了不同的看法。Anderson（1990）認為最讓人垂頭

喪氣的，是教育行政人員培育方案常常偏重管理而忽略「教育」層面，特別是學校教育的社會脈絡與歷史根源等層面的探討。Greenfield（1993c）也指出社會科學方法將行政問題與教育問題分化，使行政人員培育方案中所強調的，都是一些非教育的議題。

目前，美國對於行政人員培育問題尚無定論，許多改革的想法也不斷被提出，然而由實務導向逐步邁入哲學思維的路線，則是未來發展的重要趨勢。由於行政人員培育方案品質之良窳，深深影響教育行政績效，故在理論的發展方面也應該顧及實務面向，使理論得以實踐與相互印證。未來國外教育行政人員培育方案的發展，值得我們特別關注與學習。

參、教育行政研究之未來發展趨勢

檢視本章各節中，關於教育行政研究所面臨的問題與當前各大期刊的討論，未來教育行政方法論，將可能朝向以下三個大方向發展。

一、從方法論的爭辯到知識基礎的整合

國外地區有關方法論質性與量化的爭辯仍未有所定論，但討論焦點已經由方法論之間的各自為政，逐漸轉為彼此之間的合作與整合。事實上，大部分的研究者也瞭解不同方法雖存在不可共量的部分，但彼此之間又具互補性，保持方法的多元性實有助於逼近實體，因此未來多元典範方法論，勢必成為主流文化。

臺灣地區教育行政研究，至今尚未受到國外方法論爭辯的影響，研究趨勢也與過去並無太大差異，尤其對於質與量的爭辯，很明顯的是處於「不爭不辯」的冷戰狀態。在研究方法上仍多停留在社會科學時期所使用的實證典範。雖然已有研究者開始使用其他的研究方法來進行研究，然而研究信度與效度方面卻遭受強大的質疑。非量化研究的困難並非源於研究過程，而是大環境本身。未來，量化研究勢必繼續保持其強勢的姿態，臺灣方法論的多元

主義要落實，有賴於大環境的改變。

　　此外，國際之間蔚爲風潮的後現代主義研究思維（特別是方法論的基本假設）雖然對政治學、社會學等學科造成深遠的影響，然而在教育行政研究方面，卻未引發巨大的方法論革命。而且，與後現代主義相對的統合觀點，在當前的方法論發展卻備受青睞，說明了大部分的教育行政學者，仍偏向於知識的整合，排拒學術的分裂。

　　然而，教育行政學因深具「應用科學」的特質，其研究目的乃在瞭解實際的實務問題，並尋求最佳的解決途徑，此乃教育行政研究偏重實用性研究的主要原因。因此，大部分的學者雖然批評研究不應偏重實用性，輕視理論性之發展，但是未來之發展卻極可能不再將重點擺在理性與非理性的爭辯，而是導向於Laudan所謂「實用主義」的走向[6]。

　　Laudan實用主義取向的科學進步，將科學目標下放到社會中，因此所謂的科學只不過是爲解決人類問題，爲人類創造福祉的工具。因此科學不再只是實驗室中科學家的專利。無可否認的，其思想是受到Kuhn的影響，但是單以實用主義與工具主義的觀點來看待科學進步的目標，卻也太低估了科學。只是，科學研究的目的無法偏離實用主義的觀點，科學的發展不僅僅只

---

[6]　Laudan將研究重點置於科學進步的合理性。他的思想跳脫了Kuhn的相對主義與Feyerabend的多元主義，他堅持科學目標的實用主義和工具主義的解釋，又保留科學進步的合理性。他以爲科學的目標在解決問題，在於獲得具有高度解決問題效力的理論。由此推之，科學進步就是後面的理論比先前的理論能解決更多的問題。Laudan的看法中，有幾點頗引人注目：（1）他詳細分析了科學問題的類型，將問題分成經驗問題與概念問題兩大類。經驗問題包括了未解決問題、已解決問題和反常問題三種。概念問題則包括內部問題與外部問題。內部問題是由理論內部邏輯上的不一致所引起的，而外部概念問題則是由一個理論與其他理論的矛盾或一個理論與當時流行的世界觀、方法論相衝突所引起的；（2）他提出研究傳統的概念：Laudan認爲每一門智力學科，無論是科學或非科學，都有一部充滿了「研究傳統」的歷史。研究傳統不但能夠確立解決問題必須的本體論和方法，也能夠爲構建理論提供思路，並且當理論缺乏解題能力而需要修正時，提供如何修正的指導。理所當然研究傳統也對理論進行辯護。研究傳統的優劣則可從它的解決問題效力來看。（3）他堅持了科學進步的合理性，這點剛好補充了歷史主義的非理性缺陷。

具技術的意義，如果忽略了其背後所講求的合理性與法則，工具理性勢必統治人類世界，而科學也會淪為獨裁者的幫兇，所謂的科學的進步，就不再具有任何的正面意涵。因此科學研究其根本的出發點，應該是解決人類的問題，尋求人類更大的幸福，故理論間優劣的評斷或許可由「解決問題的多寡」來做為判斷指標。這點與連貫論主張不同。連貫論建議由證成模式本身來檢視理論內部優劣，實用導向的科學進步觀則由外在的客觀指標來判斷理論的適用性，在知識論上強調知識基礎間的整合。我們以為兩者對於方法論上之整合觀點都頗符合理性，而知識基礎之整合也是極為迫切，未來之相關研究將朝此方向發展。

二、重視縮短理論與實務之間的差距

縮短理論與實務之間的差距，亦將是未來教育行政研究的重點之一。尤其一些基於變項之間的相關分析與因果預測的理論，被發現對學校實務工作者幫助不大時。在教育行政人員培育方案方面，許多的課程也被認為過於學理，忽略了與實務層面的結合，造成了理論與實務之間的差距。

再者，在教育行政研究當中，究竟是理論引導實務政策，還是實務運作導致理論之形式轉變？這裡，我們傾向Quine的說法，其以為任何的科學是一個整體，外圍的經驗適時修正了內部的邏輯真理，內部的規準又可適時引導行動。所以，理論與實務之間是互補又相互印證，兩者本為一體，不可偏廢一方。在教育行政研究上，Blumberg與Robinson分別對如何縮短教育行政理論與實務之間的差距，提出看法。

Blumberg（1989）認為教育行政科學深具專業的技藝（craft）性格，此因教育行政既不足以成為一門應用科學，也不是一門藝術，所以行政人員不能把精讀的實證性理論一板一眼地用於實際的行政情境中，但也不能隨心所欲的一意孤行。因為由理論與研究所生產的知識，難免與學校中解決問題所需要的知識間存有差距，行政人員得運用本身的智慧（wisdom）來減少兩者之間的落差，這就是專業性的技藝。林明地（2000）認為這樣的觀點可

以連結學校行政的理論與實務，使行政人員所具有的知識、經驗、與其解決新情境問題時所需的知識與技巧，有較佳與較合理的連接。

　　Robinson所提出的問題本位方法論（problem-based methodology），其目的也在減少理論與實務的差距（Robinson, 1993, 1996）。問題本位方法論首在瞭解「實踐」的本質為何？其認為實踐即解決方案，是做為問題解決之用。然而在實際運用它之前，它可以透過一些規準來判斷解決方案的適當性。因此，不同的解決方案可能只適用於特定問題，解決方案沒有所謂的適當或不適當，而是有沒有用對了地方。Robinson（1993）以為有三個指標可用來判斷行政實務可欲性。其一為效率（effectiveness），主要在認清行政實務的工具性本質，目的在滿足特定解決方案的需求；其二為一致性（coherence），主要由一個更整體與系統的觀點來鑑定解決方案的適切性，亦即評估一個問題的解決，是否必須付出更嚴重的代價；其三為進步可能性（improvability），目的在檢視解決方案使用過程中，難免犯錯的地方，並盡量避免錯誤的發生（Robinson, 1996）。問題本位方法論具有明顯的實用主義的色彩，適用性亦尚未獲得完全證實，其發展有待進一步的觀察。

三、重視教育行政研究之倫理與價值的探究

　　過去在邏輯實證論的引導下，價值被抽離出行政研究之外，一直到1970年代中旬由Greenfield、Hodgkinson等人引發的方法論革命後，才恢復了教育行政的哲學性格，並將價值論述納入教育行政領域的研究範圍。學者Farquhar（1981）的研究結果發現，有大概75%的培育方案中，明顯忽略了倫理的討論（引自Murphy et al., 1995, p. 67）。事實上，在這前後的時段裡，此問題一直被納入討論。然而，在實證科學獨霸的時期，卻極少有人正視此方面的問題。

　　但在1980年代後，方法論的辯論已逐漸將價值與倫理層面視為討論焦點。尤其在教育領導、課程層面中，關於價值的討論已備受矚目。在美國，部分大學中的教育行政人員培育方案中，已將倫理的問題與爭議納入課程。

Willower（1993）指出「教育行政混亂時期已近尾聲，接下來應該致力能夠同時處理倫理與實務問題的研究」（p.159）。王如哲（1998）論及增進教育行政知識時，也提到將倫理與價值的問題融入教育行政研究中。謝文全（2003）認為教育行政人員培育須包含理論、技術、策略、批判等知識，因教育行政須具備深厚的哲學素養，兼具反省思考與行動實踐，才能作出圓融周延決策。Oplatka（2009）檢視教育行政自2000年至2007年之發展，由於全球化之發現，例如全球化組織對經濟、社會、科技與文化之影響，使得多元主義（pluralism）與多元文化主義更顯重要。范熾文（2012）認為教育行政即為反省實踐（reflective practice）檢視教育行政理論與實踐分離之現象，亦提出教育行政人員反省實踐之途徑，包括隱喻法、行政對話、角色扮演與案例討論、觀察反省與寫作反省法等。以上均顯示了倫理與價值層面，在未來勢必成為教育行政研究之重點之一。

第四節　對未來教育行政研究之建議

　　國外教育行政方法論在過往數十年間，經歷極大的變化，其中不乏激烈爭辯。他山之石，可以攻錯，歐美學者的努力值得效法。基本上，未來華人教育行政學術研究，可以朝以下幾個方面努力：

一、瞭解方法論發展趨勢，採用多元研究觀點

　　以往的教育行政研究過於依賴單一證成模式，在研究方法上偏重邏輯實證論所建構的方法論，因而產生了方法論上的實證迷思，以為只有經由實證過程的研究才是科學的。這使得其他可資使用的方法被忽略與排擠。未來教育行政方法論應朝向多元典範方法的研究途徑，其研究觀，基本上認為任何一種研究方法觀點都沒有絕對的好或不好，任何一種研究方法與途徑，均有其優點與限制所在。多元方法論所強調的多元、開放與包容性，實有助於實

體的發現與逼近。歐美學者皆勇於打破傳統，建立新的研究觀點，並引發方法論的爭辯與反省。然而這一股戰火，尚未對臺灣地區之教育行政研究領域造成顯著的影響。綜觀當前臺灣教育行政學術領域，除了少數學者注意到歐美地區的方法論變遷發展之外，大部分的研究者仍然忽略國際之間的方法論變遷。未來臺灣地區應多留意國際間之最新方法論發展趨勢與典範爭辯之討論，方能在方法論上有所突破。

在研究方法的使用上，過去由於過於迷信邏輯實證論「客觀性」的要求，以為任何的主觀因素都是非科學的，應該排除於科學研究之外。此種錯誤的看法不但窄化了領域中的研究面向，也破壞了多元觀點的發展。過去二十年，國外關於方法論的爭辯，披露了實證論的種種缺失，引發方法論上的後實證熱潮。檢視其研究趨勢，已逐漸注重多元典範的使用（包括自然論、批判理論、文化理論等）。臺灣地區過去的教育行政研究，過分依賴實證論與量化取向的研究態度，實應有所調整。

此外，在臺灣由於質性研究在運用上並不像量化方法般簡便，蒐集資料與研究期間，更易遭受較多的困難，研究結果則因缺乏數據而遭致批判，凡此種種，皆使得質性研究較受排斥。然而，教育行政領域應以多元的態度接受新典範，並試圖在一定基礎上加以整合，如此才能更趨進實體，使研究更具有周延性。

二、發揮教育行政學術組織功能，落實理論之傳播

美國在1950年代以來的理論基礎改革，大部分由領域中之學術團體來推動，而美國教育行政學術的發展也遠遠超越其他先進國家。主要由於美國在二次世界大戰後，學術性組織如雨後春筍紛紛成立，這些傑出的學術性組織，特別是美國學校行政人員學會（AASA）、美國教育行政學會（UCEA），它們經由不斷的舉辦學術研討會、出版期刊與學術專書等來促進學術的進步，對於教育行政理論發展的貢獻相當大。

臺灣地區方面，經由教育行政領域先進的努力，在1999年成立「教育

行政研究學會」，開啟臺灣教育行政研究領域的新紀元。教育行政研究學會
除了定期在大學中舉辦研討會，也積極發揮其重要學術發展功能，包括定期
舉辦研討會活動、出版相關研究期刊、獎勵優良研究者、構思研究計畫、開
拓校際間合作研究等。

　　在美國有相當多的學術團體對於研究成果的發行，有著督促的作用。
例如美國教育研究學會即經常推動一些出版計畫，對於學術推進產生了重大
的影響。分別於1988年與1999年所出版的《教育行政研究導引》第一、二
冊，即是由該學會推動下誕生，而這兩本書也已蔚為美國教育行政研究領域
的重要參考專書。而美國最負盛名的《教育行政季刊》，也是由美國教育行
政學會在1965年發起而出版的重要學術刊物。

　　在臺灣地區，過去的相關教育行研究論文都發表在綜合教育期刊，並
無教育行政的專刊出現。隨著暨南大學教育行政與政策研究所的成立，該所
積極投注心力於學術生產工作，並定期出版《學校政策論壇》季刊。之後，
1999年「學校行政研究學會」編輯發行《學校行政雙月刊》，2011年「教
育行政研究學會」編輯發行《教育行政研究》季刊。大陸地區也有教育科學
出版社發行之《中國教育行政評論》、《教育發展評論》。這些期刊在內容
上理論與實務的研究成果並重，用心程度值得肯定。展望未來，相關期刊的
品質與研究方法論的多元，當是重要的努力方向。

三、成立教育行政研究專責機構，推動國際學術交流

　　國外先進國家都有所謂專責研究單位，負責領域研究資料的整合與推
展。例如美國教育部設立了教育研究與進步署（OERI）、美國教育研究學
會（AERA）、聯邦教育研究委員會（CFREA）等單位，來進行研究資料之
整合與研究發展；德國的「德意志國際教育研究院」；韓國的「教育開發
院」；日本和法國的「國立教育研究所」等。在另一方面，部分教育學術團體
也由政府單位所發起，它們對於一些研究計畫的進行，扮演著領導的角色。

　　此外，研究結果顯示，臺灣學者對於國外相關研究方法論之爭辯，較少

加以關注。加上大部分的教育行政專案研究以問題解決（實用）導向爲主，只將方法論當成問題解決的工具，而非發展理論的基礎，造成臺灣地區有關理論性的探究較受忽略。未來如有適當機會，最好能至國外參與教育行政學術團體所舉辦的學術會議，以瞭解最新的教育行政發展趨勢。

第五節　結語

環顧歷史，教育行政領域在二十世紀經歷了多次研究方法論的變遷。不論其功過如何，對於相關學者與前輩的努力應該加以肯定。事實上，由於眾人的投入，教育行政已成爲獨立的研究學科，有其特有的理論與研究方法，這是百年前的學者無法想像的。在二十一世紀的今天，對於更佳方法論的追求，學者自是責無旁貸。

在本書中，我們敘述了二十世紀整個教育行政方法論與理論的基本演進過程。1950年左右的理論運動，將教育行政「科學化」的訴求推向高峰，邏輯實證論也成爲主流典範。其主張如理論必須具驗證性、排除價值因素而堅持理論客觀性、及採用操作型定義，均使得教育行政的研究方法向自然科學看齊。邏輯實證論之入主，雖使教育行政累積專業知識與大型理論，但此種單一證成模式的獨霸，卻也使教育行政研究結果過於窄化而無法反映實體。

針對於此，後實證論的各種觀點於焉產生。其中如Greenfield的主觀主義、Lincoln and Guba的自然論、Sergiovanni的文化理論、Bates的批判理論、Evers and Lakomski的連貫論，均針對教育行政領域的方法論提出針貶。其主張雖各有千秋，但均堅持理論依賴性，重視研究主體性，強調價值與倫理等主觀層面。後實證觀點反對社會科學之研究只在發現人類與社會的普通法則，強調用詮釋的角度來探究科學的多重面向，拒斥實證典範的霸權心態。

其後出現的後現代主義，其派別繁多，但特徵多爲反基礎主義、反決定

論、反還原論、反權威性等。後現代主義之科學觀令人落入無證成模式的困惑，容易造成理性浩劫與學術分裂。但其中非線性理論的出現，卻使教育行政研究開始重視變異性與不可預測性，開啟了另一角度來觀察世界。

進入二十一世紀，教育行政方法論之典範必然不斷變遷。但從歷史的角度來看，多元典範的趨勢已經來臨。儘管學者對理論是否具可共量性的爭辯不休，然而基於教育行政研究面向的多面性與複雜性，多元研究典範的使用勢在必行。

然而，這並非意味著實證論所主張的證成模式已無立足之地；實務上，我們反對的是任何單一方法論的獨霸。各種研究顯示，雖然實證論遭受強烈炮火攻擊，但其仍為美國與臺灣地區研究者的主流方法論之一。實證論所偏愛的量化方法與後實證所傾向的質性方法，在實際運用上各有千秋，前者擅長總體層面之描述，後者則精於個體層面之探討。研究者必須視其需要揀選之，但不必排斥其中任何一種方法。

教育行政研究者必須採用多元典範，乃基於其研究對象的複雜性。社會科學的研究對象乃在於人，其層次有二，一為行為（behavior），二為行動（act）。兩者在日常語言中常混淆交互使用，但在哲學的定義上卻有所差異。所謂行為，係指物理性（此處採用廣義解釋，包括化學性與生物性）的移動、改變、或是事件。自然界中的現象如星球運轉、火山爆發、及至基因遺傳，皆屬行為之範圍。人類乃物體之一，當然也有其行為，例如在教室中，教師高聲喊叫，學生舉起右手等皆是。行為多半有某種程度的因果關係；換言之，當某種起始情況出現後，可以預測其後事件的出現。以跌倒在地為例，行為者的肌肉與骨骼結構、地心引力等訊息，可以描述其跌倒在地的行為。當然，自然界中充滿了此種律則。瞭解質量、重量、地心吸力、重力加速度等因素，即可預測特定小行星撞上木星後的爆炸力量。然而，此種實證論者所夢寐以求的因果通則，是否也適用於社會現象呢？

事實上，以人類為主體的社會現象雖有行為的表示，但卻必須有行動的意涵，才有其研究的價值。即以學生舉手為例，同樣行為卻可能有不同的行動。學生舉手可能是因為：(1)內急需要上廁所，所以舉手徵得老師同

意；(2)選舉班長，所以舉手進行投票行為；(3)聽不懂上課內容，所以舉手發問；(4)因為腦部受傷，引發不自主的舉手行為。以上四種可能性，第四種勉強可稱為行為，因為它是不自主的，未經心智的發動。其餘三種皆有其特定目的與意義，雖然是同樣的行為，但卻是不同的行動。

綜上所述，可知道行動乃是行為加上意義的組合。此處意義係指行動者心中的理由、目標、想法，並以之引導形成特定的行為。行為僅為表象，行動才是教育行政研究者的關注焦點。社會科學與自然科學不同，鮮少有機械式的通則產生，面對複雜的人類，研究者關心的是外顯行為背後的意涵。以研究組織文化為例，當一位研究者至學校探訪，發現開校務會議時，教師鮮少表示意見。就研究目的而言，研究者自然不會只停留在不發言的行為上。他一定希望能探求其背後的原因。或許是校長作風官僚，教師敢怒不敢言；或許是校長準備充分，教師認同其作法而覺得沒有表示意見的必要。瞭解行為背後的意義（也就是行動），才是教育行政學者的關心焦點。試想，在著名的霍桑效應（Hawthorne effect）中研究，如果研究者只看到因照明設備改變，而使女工工作效率的外顯行為，就可能真的以為兩者確有關係。其實女工所以更加努力，乃基於被肯定的心理因素，這是光看表面行為所無法得知的。

因此，大致而言，我們可以將自然科學所探討的現象列為行為層次。它具有通則性的特質，例如水可分解為二氫一氧（H_2O），星球的運行路線等。只要掌握了起始狀況與特定變數，即可預測其後的行為。此種因果關係的追求，被移植至社會科學則出現極大問題。因為社會科學以人為研究主體，其有思想、情緒、價值觀，外顯行為不能根本解釋現象的整體。這也是實證論面臨的最大問題，其所主張的客觀性、操作性、價值中立性，往往將研究限制於行為層次，而忽略了背後的意義。

實務上，實證論所傾向的量化方法，可在短時間中蒐集大量資料。經統計分析後，可得到類似「變數X與變數Y的相關值為Z」，或是「變數X可預測解釋變數Y的變異數百分比」的結論。在總體層面上，它提供了一個約略的圖像，但其背後究竟代表什麼意義？在量化研究中，研究者試圖提出自我

的看法（許多是對照以往的文獻），可是總讓人覺得並非自我探求的第一手資料，而造成解釋上的瓶頸。

另一方面，後實證論所提倡的質性方法，多以小規模但卻深入的詮釋取向來研究人類的行動。對於被研究者的主觀價值、意向、乃至動機，有較佳的發覺策略。因此，未來研究中，各種典範的使用仍為必要。研究者或許在量化方法中取得較全面性的外顯行為資料後，再以質性方法做追蹤研究。哲學家雖對典範之間是否能夠共量尚未達成共識，但從多元實體的觀點而言，不同典範的不同研究角度，當使教育行政研究更具有周延性。

在結束本書之前，我們必須再次提醒，在後現代的社會中，教育行政的研究鮮少能價值中立。這代表研究者很難在詮釋資料時，擺脫自我價值的干擾，並且，研究結論的呈現，往往也必須接受他人不同價值觀的批判。即以智力測驗的發展為例，此本為教育心理的領域，但如何使用及如何詮釋，卻在行政領域引起爭議。眾所周知，智力測驗乃Binet and Simon在1905年首先製作而成（即著名之比西智力量表），當時目的在鑑別法國的智能不足孩童，以將其轉置於特殊學校中。此種客觀測驗的內容幾經變化，中間並有測驗專家經統計分析，發展出包括語言、數理等心理因素，以其分數之分配，來表示個體的智商程度。智力測驗在二十世紀已成為一種個人的標籤。

批判理論的學者對測驗卻無好感，認為其是宰制人類階級的工具，此種指控於1994年達到高潮。當時兩位學者Herrnstein and Murray（1994）出版《鐘型曲線》（*The Bell Curve*）一書，主張依照美國人的智力測驗分數，可將其分為數個階層，其中黑人分數平均較白人分數為低。換言之，黑人天生就比白人笨。此書一出，立即引起各界撻伐，認為其根本是種族主義。雖然作者聲稱只是誠實的將所調查的分數據實相告，然而卻被冠以白人優越主義，受到無情攻擊，兩位作者甚而接到死亡威脅。

Herrnstein and Murray的研究，後來也遭到同行的批評，主要在其取樣的誤差以及測驗的選擇等。但平心而論，此僅止於技術階段，真正的問題乃在兩人只看到外顯的行為，卻未深究其背後之意義。就算黑人平均分數較白人低，但真能代表其天生較愚笨嗎？隱藏其後可能有文化不利、社經地位

低、乃至家長教育程度等因素。這些才是教育行政學者所關心的。其牽涉到人的情緒、價值觀、與感覺。光看分數，就認為白人較聰明，很難不被認為有先入為主的偏見。事實上，現今教育行政的多數研究，皆必須經過個人與社會的價值批判，絕對客觀中立極難達成。因此，唯有透由多種研究典範的角度，才能在多元實體中尋得較為完整的圖像。

　　盼望在未來歲月中，有更多以中文著作的教育行政方法論的研究出現。不同學者儘管各自支持特定的方法論典範，但是只要說出道理，我們都歡喜聆聽。百花齊放總比一家之言要來得刺激，尤其是在日新月異的時代中。

參考文獻

壹、中文部分

王如哲（1998）。**教育行政學**。臺北：五南圖書出版有限公司。

王如哲（1999）。教育行政研究的展望。載於國立中正大學教育學研究所主編《**教育學研究方法論文集**》（pp.99-124）。高雄：麗文文化公司。

王逢振（1995）。**女性主義**。臺北：揚智文化出版社。

伍振鷟、陳伯璋（1985）。我國近四十年來教育研究之初步檢討。**中國論壇，241**，230-243。

朱元鴻、馬彥彬、方孝鼎、張崇熙、李世明等譯（1996）。**後現代理論：批判的質疑**。臺北：巨流圖書公司。

江明修（1992）。社會科學多重典範的爭辯：試論質與量研究方法的整合。**國立政治大學學報，64**，315-344。

江明修（1997）。**公共行政研究方法論**。臺北：政大書城。

何玉靜（2004）。論西方教育管理研究的主流範式。**焦作師範高等專科學校學報，20**（1），45-49。

吳明清（1993）。**教育研究：基本觀念與方法之分析**。臺北：五南圖書出版有限公司。

吳清山（1994）。教育研究本土化的取向。載於國立政治大學教育研究所主編《**教育研究方法論文集**》（pp. 149-157）。臺北：臺灣書店。

吳清山（2007）。後現代思潮與教育改革。載於黃乃熒主編《**後現代思潮與教育發展**》（pp. 29-53）。臺北：心理。

吳清基（1986）。**賽蒙行政決定理論與教育行政**。臺北：五南圖書出版有限公司。

吳瓊恩（1995）。**行政學的範圍與方法**。臺北：五南圖書出版有限公司。

李平寫（1987）。向科學理性的權威挑戰：科學哲學「頑童」保羅費若本。**當代，10**，12-19。

李明堂（2002）。從 EAQ 研究議題、研究方法探討教育行政研究典範的發展。**屏東師院學報，17**，175-214。

肖起清（2007）。我國教育管理學的發展及其研究範式的形成。**國家教育行政學院學報，115**（7），45-49。

周昌忠譯（1996）。**反對方法**。臺北：時報文化出版公司。

周寄中譯（1992）。**批判與知識的增長**。臺北：桂冠圖書公司。

孟建偉（1997）。還原論與整體論：必要的張力：對當代西方科學哲學方法論的反思。**哲學研究，1997**（8），32-38。

孟樊、鄭祥福合編（1997）。**後現代學科與理論**。臺北：生智出版社。

林生傳（2003）。**教育研究法**。臺北：心理出版社。

林志忠（2004）**教育行政理論：哲學篇**。臺北：心理出版社。

林明地（1999）。學校行政管理研究的現況與趨勢。載於國立中正大學教育學研究所主編《**教育學研究方法論文集**》（pp.125-152）。高雄：麗文文化公司。

林明地（2000）。學校行政的「技藝」性質及其對學校行政理論與實際的啟示。**學校行政雙月刊，5**，45-62。

林夏水（1997）。非線性科學的哲學問題。**哲學研究，1997**（12），48-55。

林清山（1993）。實驗研究法。輯於黃光雄、簡茂發主編《**教育概論**》（pp.309-340）。臺北：師大書苑出版社。

邱鈺婷（2008）。**六位國中女校長的問題解決心智運作：後結構女性主義的分析觀點**。國立臺灣師範大學教育政策與行政研究所碩士論文，未出版，臺北市。

金吾倫（1994）。**托馬斯·庫恩**。臺北：遠流出版公司。

侯怡楓（1997）。**一位國小女性校長領導實際之個案研究**。國立中正大學教育學研究所碩士論文，未出版，嘉義縣。

姚介厚（1996）。**當代美國哲學**。臺北：遠流出版公司。

姜新立（1994）。當代社會科學哲學。**中山社會科學學報，8**（1），199-245。

洪淑芬（2008）。**臺灣地區國民中學女性校長領導策略之研究：女性主義觀點**。國立暨南國際大學教育政策與行政學系，未出版，南投縣。

胡幼慧（1996）。**質性研究：理論、方法及本土女性研究實例**。巨流圖書公司。

范熾文（2008）。**教育行政研究：批判取向**。臺北：五南圖書出版有限公司。

范熾文（2012）。教育行政即反省實踐。**學校行政，77**，143-158。

孫中興（1993）。**愛、秩序、進步：社會學之父 Comte**。臺北：巨流出版社。

孫孝文（2007）。對教育管理研究範式的思考。**武漢理工大學學報（社會科學版），20**（2），271-274。

孫綿濤、羅建河（2008）。**西方當代教育管理理論流派**。重慶：重慶大學出版社。

徐宗國（1986）。由田野研究資料建立扎根的理論。**臺大社會學刊，18**，51-62。

徐宗國譯（1997）。**質性研究概論**。臺北：巨流圖書公司。

秦夢群（1995）。渾沌理論在教育行政領域上的應用。**教育與心理研究，18**，83-102。

秦夢群（2010）。**教育領導理論與應用**。臺北：五南圖書出版有限公司。

秦夢群（2011）。**教育行政理論與模式**。臺北：五南圖書出版有限公司。

高宣揚（1995）。**新馬克思主義導引**（修訂版）。臺北：遠流出版公司。

高敬文（1996）。**質化研究方法論**。臺北：師大書苑。

國立教育資料館（1994）。**中華民國教育研究資訊彙編**。臺北：國立教育資料館。

張之滄（1998）。後現代主義的「實在論」態度。**哲學雜誌，24**，206-225。

張巨青、吳寅華（1994）。**邏輯與歷史：現代科學方法論的嬗變**。臺北：淑馨出版社。

張我軍（1998）。**後現代教育**。臺北：揚智出版社。

張國清（1995）。羅蒂：再現論、反再現論和當代西方哲學主題的轉向。**哲學研究，7**，34-41。

張新平（2001）。**教育組織範式論**。南京：江蘇教育出版社。

張慶雄譯（1992）。**歐洲科學危機和超越現象學**。臺北：桂冠圖書公司。

張慶勳（2005）。理論、研究與實際的融合。**屏東教育大學學報，23**，1-29。

莊文瑞（1987）。當代科學哲學的轉向：巴柏與孔恩的辯論。**當代，10**，26-36。

連俊智（2008）。學校領導實務的探究：應關注的對象層級與發展途徑。**新竹教育大學教育學報，25**（1），53-78。

陳文林譯（1994）。**西洋哲學故事**。臺北：志文出版社。

陳木金（1996）。混沌現象對學校行政的啓示。**教育資料與研究，9**，69-75。

陳木金（2000）。從奇異吸子理論談新世紀的學校行政革新。**學校行政雙月刊，5**，30-44。

陳木金（2002）。**學校領導研究：從混沌理論研究彩繪學校經營的天空**。臺北：高等教育出版社。

陳伯璋（1995）。我國教育研究之檢討與展望。載於國立空中大學、國立花蓮師範學院、國立屏東師範學院合編《分析社會的方法論文集》（pp.c1-c21）。屏東：屏東師範學院。

陳素秋（2007）。**攪擾公私劃界：從女性主義出發**。國立臺灣師範大學公民教育與活動領導學系博士論文，未出版，臺北市。

陳碧祥（1998）。**理解之詮釋學分析及其教育意義**。國立臺灣師範大學教育研究所博士論文，未出版，臺北市。

彭懷恩（1999）。**政治學方法論 Q & A**。臺北：風雲論壇出版社。

湯志民（2013）（主編）。**後現代教育與發展**。臺北：高等教育出版社。

湯林春（1999）。我國17年普通教育管理研究之分析。**上海教育科研，136**，11-16。

程晉寬（2003）。論西方教育管理研究範式的轉換，**比較教育研究**。**24**（6），13-19。

程樹德（1997）。輕鬆與科學家知性對話。載於蘇采禾（譯）之《科學之終結》導讀。臺北：聯經出版社。

程樹德、傅大為、王道還、錢永祥譯（1994）。**科學革命的結構**。臺北：遠流出版社。

結構群編譯（1990）。**自由社會中的科學**。臺北：結構群文化事業有限公司。

舒煒光（1994）。**科學哲學導論**。臺北：五南圖書出版有限公司。

黃乃熒（1999）。隱喻的意義及其在學校行政問題解決的應用。**教育研究集刊，42，**171-202。

黃乃熒（2000）。**後現代教育行政哲學**。臺北：師大書苑出版社。

黃乃熒（2007）。**後現代思潮與教育發展**。臺北：心理出版社。

黃光國（1993）。西方社會科學理論移植到東方所造成的相關問題及對策。載於杜祖貽主編《西方社會科學理論的移植與應用：西方社會科學理論的移植與應用合作研究計劃論文彙編》（pp.33-36）。臺北：遠流出版公司。

黃光國（2001）。**社會科學的理路**。臺北：心理出版社。

黃宗顯（1999）。1990年後臺灣地區教育行政學術研究狀況之分析與展望。載於臺灣師範大學教育學系主編《科學的國際化與本土化》（pp.385-422）。臺北：揚智出版社。

黃政傑（1987）。教育研究亟須擺脫量化的支配。載於中國教育學會主編《**教育研究方法論**》（pp.131-140）。臺北：師大書苑出版社。

黃瑞琪（1980）。**批判理論與現代社會學**。臺北：巨流圖書公司。

黃瑞琪（1996）。**批判社會學：批判理論與現代社會學**。臺北：三民書局。

黃麗蓉（1995）。**組織中之女性領導**。國立政治大學公共行政研究所碩士論文，未出版，臺北市。

楊恆達、劉北成譯（1998）。**言語與現象**。臺北：桂冠圖書有限公司。

詹志禹（1997）。從科學哲學的發展探討「理性」的意義及其對教育的含意。載於郭實渝主編《當代教育哲學論文集II》（pp.1-41）。臺北：中央研究院歐美研究所。

詹志禹、吳璧純（1992）。邏輯實證論的迷思。**思與言，30**（1），101-121。

廖仁義譯（1991）。**法蘭克福學派**。臺北：桂冠圖書有限公司。

趙敦華（1988）。**維根斯坦**。臺北：遠流出版社。

劉育忠（2000）。**對話、遊戲與教育：高達美與德希達之對比研究**。國立政治大學教育學系碩士論文，未出版，臺北市。

劉魁（1998）。**後現代科學觀**。臺北：揚智出版社。

樊秀惠（1998）。**比較教育中實證主義的論爭**。國立暨南國際大學比較教育研究所碩士

論文，未出版，南投縣。

歐用生（1989）。質的研究。臺北：師大書苑出版社。

潘慧玲主編（2000）。教育議題的性別視導。臺北：國立臺灣師範大學。

蔡秀涓（1993）。公共行政理論危機與重建方向。國立政治大學公共行政研究所碩士論文，未出版，臺北市。

蔡美儀（1992）。我國女性教育主管性別角色、自我概念、社會支持與工作適應之關係。國立政治大學教育研究所碩士論文，未出版，臺北市。

蕭明慧譯（1991）。科學哲學與實驗。臺北：桂冠出版社。

謝文全（2003）。教育行政學。臺北：高等教育出版社。

鍾靜宜（1999）。臺灣地區教育、職業地位取得之性別差異與變遷：女性主義觀點。國立政治大學教育學系碩士論文，未出版，臺北市。

簡成熙（1994）。謝富樂教育分析哲學的探討與應用。國立高雄師範大學教育研究所博士論文，未出版，高雄市。

簡成熙（1995）。謝富樂的隱喻理論及其在教育上的應用。國家科學委員會（0103-H-83-FA-3021）。

簡成熙（2005）。教育哲學專論：當分析哲學遇上女性主義。臺北：高等教育出版社。

顏良恭（1998）。公共行政中的典範問題。臺北：五南圖書出版公司。

羅青（1989）。什麼是後現代主義。臺北：學生書局。

羅建河（2006）。論教育管理理論的知識論基礎。華中師範大學教育學院博士論文，未出版，武漢市。

貳、英文部分

Achilles, C. M. (1991). Re-forming educational administration: An agenda for the 1990s. *Planning and Changing*, *2* (1), 23-33.

Anderson, G. L. (1990). Toward a critical constructionist approach to school administration: Invisibility, legitimation, and the study of non-events. *Educational Administrative Quarterly*, *26*, 38-59.

Anderson, G. L., & Grinberg, J. (1998). Educational administration as a disciplinary practice: Appropriating Foucault's view of power, discourse, and method. *Educational Administration Quarterly*, *34* (3), 329-353.

Ayer, A. J. (1982). *Philosophy in twentieth century.* London: Unwin.

Barlosky, M. (1996a). Knowledge, certainty, and openness in educational administration. In

C. W. Evers & G. Lakomski (Eds.), *Exploring educational administration: Coherentist applications and critical debates* (pp.247-270). Oxford: Pergamon.

Barlosky, M. (1996b). A rejoinder to Evers and Lakomski. In C. W. Evers & G. Lakomski (Eds.), *Exploring educational administration: Coherentist applications and critical debates* (pp.271-278). Oxford: Pergamon.

Bates, R. J. (1984). Toward a critical practice of educational administration. In T. J. Sergiovanni & J. E. Corbally (Eds.), *Leadership and organizational culture: New perspectives on administrative theory and practice* (pp.260-274). Urbana: University of Illinois Press.

Bates, R. J. (1985). *Public administration and the crisis of the state*. Geelong: Deakin University Press.

Begley, P. T. (1988). *The influence of personal beliefs and values on principal's adoption and use of computers in schools*. Doctoral dissertation, University of Toronto.

Begley, P. T. (1996). Cognitive perspectives on values in administration: A quest for coherence and relevance. *Educational Administration Quarterly, 32* (3), 403-426.

Benham, M. (1997). The story of an african-american teacher-scholar: A woman's narrative. *Qualitative Studies in Education, 10* (1), 63-83.

Bigum C., & Green, B. (1993). Governing chaos: Postmodern science, information technology and educational administration. *Educational Philosophy and Theory, 25* (2), 79-103.

Bjork, L. G. (2000). Introduction: Woman in the superintendency—Advances in research and theory. *Educational Administration Quarterly, 36* (1), 5-15.

Blackmore, J. (1996). 'Breaking the silence': Feminist contributions to educational administration and policy. In K. Leithwood & J. Chapman & E. Corson & P. hallinger & A. Hart (Eds.), *International handbook of educational leadership and administration* (pp.997-1042). Dordrecht: Kluwer Academic Publisher.

Bloom, L. & Munro, P. (1995). Conflicts of selves: Nonunitary subjectivity in women administrators life history narratives. In J. Hatch & R. Wisniewski (Eds.), *Life history and narrative* (pp. 99-112). Washington, DC: Falmer Press.

Blount, J. M. (2003). One postmodern feminist perspective on educational leadership. In S. J. Maxcy (Ed.), *Postmodern school leadership* (pp. 47-59). London: Westport, Connecticut.

Blumberg, A. (1989). *School administration as a craft: Foundations of practice*. Boston: Ally and Bacon.

Bonjour, L. (1999). The dialectic of foundationalism and coherentism. In J. Greco & E. Sosa (Eds.), *The blackwell guide to epistemology* (pp.117-142). Oxford: Blackwell.

Borland, J. H. (1990). Postpositivist inquiry: Implications of the "New philosophy of science" for the field of education of the gifted. *Gifted Child Quarterly, 34* (4), 161-167.

Bowles, S., & Gintis H. (1976). *Schooling in capitalist America*. New York: Basic Books.

Boyan, N. J. (1981). Follow the leader: Commentary on research in educational administration. *Educational Researcher, 10*(2), 6-13.

Brewer, J., & Hunter, A. (1989). *Multimethod research: A synthesis of styles*. CA: Sage.

Brunner, C. C. (2000). Unsettled moments in settled discourse: Woman superintendents' experiences of inequality. *Educational Administration Quarterly, 36* (1),76-116.

Burrell, G., & Morgan, G. (1994). *Sociological paradigms and organizational analysis: Elements of the sociology of corporate life*. London: Arena.

Campbell, D. T. (1982). Experiments ad arguments. In E. House (Ed.), *Evaluation studies review annual* (pp.117-127). Beverly Hills: Sage.

Collard, J., & Reynolds, C. (2005). *Leadership Gender and culture in education: Male and female perspective*. New York: Open University Press.

Crowson, R. L., & McPherson, R. B. (1987). The legacy of the theory movement: Learning from the new tradition. In J. Murphy & P. Hallinger (Eds.), *Approaches to administrative training in education* (pp.45-64). Albany: State University of New York Press.

Culbertson, J. A. (1988). A century's quest for a knowledge base. In N. J. Boyan (Ed.), *Handbook of research on educational administration* (pp.3-26). New York and London: Longman.

Davies, J. S., & Foster, W. (2003). A postmodernist analysis educational administration. In S. J. Maxcy (Ed.), *Postmodern school leadership* (pp. 60-68). London: Westport, Connecticut.

Deal, T. E., & Kennedy, A. A. (1982). *Corporate cultures : the rites and rituals of corporate life*. Reading: Addison-Wesley.

Derrida, J. (1973). *Speech and phenomena, and other essays on Husserl's theory of signs*. Evanston : Northwestern University Press.

Dillard, C. (1995). Leading with her life: An African American feminist (re)interpretation of leadership for an urban high school principal. *Educational Administration Quarterly, 31* (4), 539-563.

Donmoyer, R. (1999). Paradigm talk (and its absence) in the second edition of the handbook of research on educational administration. *Educational Administration Quarterly, 35* (4), 614-641.

English, F. W. (1997). The cupboard is bare: The postmodern critique of educational administration. *Journal of School Leadership, 7* (1), 4-26.

English, F. W. (1998a). The postmodern turn in educational administration: Apostrophic of catastrophic development. *Journal of School Leadership, 8*(5), 426-428.

English, F. W. (1998b). Musing on Willower's "fog": A response. *Journal of Leadership, 8* (5), 464-469.

English, F. W. (2003). *The postmodern challenge to the theory and practice of educational administration*. Springfield, IL: Charles C Thomas.

Erickson, D. A. (Ed.) (1977). *Educational organization and administration*. Berkeley: Mc-Cutchan.

Evers, C. W. (1991). Towards a coherentist theory of validity. *International Journal of Educational Research, 15*, 499-597.

Evers, C. W., & Lakomski, G. (1991). *Knowing education administration: Contemporary methodological controversies in educational administration research*. Oxford: Pergamon.

Evers, C. W., & Lakomski, G. (1994). Educational administration: Ethical and philosophical issues. In T. Husen & N. Postlethwaite (eds.), *International Encyclopedia of education* (2nd ed.)(pp.1769-1775). Oxford: Pergamon Press.

Evers, C. W., & Lakomski, G. (1996a). Science in educational administration: A postpositivist conception. *Educational Administration Quarterly, 32* (3), 379-402.

Evers, C. W., & Lakomski, G. (1996b). *Exploring educational administration: Coherentist applications and critical debates*. Oxford: Pergamon.

Evers, C. W., & Lakomski, G. (2000). *Doing educational administration: A theory of administrative practice*. Oxford: Pergamon.

Evers, C. W., & Lakomski, G. (2012). Science, system, and theoretical alternatives in educational administration: The road less travelled. *Journal of Educational Administration, 50* (1), 57-75.

Feigl, H. (1953). Scientific outlook: Naturalism and humanism. In H. Feigl & M. Brodbeck (Eds.), *Readings in the philosophy of science* (pp.8-18). New York: Appleton-Century-Crofts.

Feigl, H. (1981). Naturalism and humanism. In R. S. Cohen (Ed.), *Herbert Feigl: Inquiries and provocations* (pp.366-377). Boston: D. Reidel Publishing Company.

Fenwick, W. E. (1992). *Educational administration: The human science*. New York Harper Collins.

Feyerabend, P. (1978). *Science in a free society*. London: Verso.

Feyerabend, P. (1988). *Against method*. London: Verso.

Firestone, W. A., & Wilson, B. L. (1989). Using bureaucratic and cultural linkages. In J. L. Burdin (Ed.), *School Leadership: A contemporary reader* (pp. 275-296). Newbury Park, CA: Sage.

Firestone, W. A., & Louis, K. S. (1999). Schools as cultures. In J. Murphy & K. S. Louis (Eds.), *Handbook of research on educational administration* (2nd Ed.)(pp.297-322). San Francisco: Jossey-Bass Publishers.

Foster, W. P. (1986). *Paradigms and promises*. Buffalo: Prometheus Press.

Gage, N. (1989). The paradigm wars and their aftermath: A "historical" sketch of research on teaching since 1989. *Educational Researcher, 12* (5), 13-25.

Gibboney, R. A. (1987, April). Education of administrator: An American tragedy. *Educational Week, 28*.

Glaser, B. G., & Strauss, A. L. (1967). *The discovery of grounded theory: Strategies for qualitative research*. Chicago: Aldine.

Greenfield, T. B. (1993a). Theory about organization: A new perspective and its implications for schools. In T. B. Greenfield & P. Ribbins (Eds.), *Greenfield on educational administration* (pp.1-25). London: Routledge.

Greenfield, T. B. (1993b). Science and service: The making of the profession of educational administration. In T. B. Greenfield & P. Ribbins (Eds.), *Greenfield on educational administration* (pp.199-228). London: Routledge.

Greenfield, T. B. (1993c). The decline and fall of science in educational administration. In T. B. Greenfield & P. Ribbins (Eds.), *Greenfield on educational administration* (pp.134-161). London: Routledge.

Greenfield, T. B. (1993d). Research in educational administration in the United States and Canada: An overview and critique. In T. B. Greenfield & P. Ribbins (Eds.), *Greenfield on educational administration* (pp.26-52). London: Routledge.

Greenfield, T. B., & Ribbins, P. (1993). *Greenfield on educational administration: Toward a humane science*. London: Routledge.

Griffiths, D. E. (1959). *Administrative theory*. New York: Appleton-Century-Crofts.

Griffiths, D. E. (1978). Contemporary theory development and educational administration. *Educational Administration, 6* (2), 82.

Griffiths, D. E. (1979a). Intellectual turmoil in educational administration. *Educational Administration Quarterly, 15* (3), 43-65.

Griffiths, D. E. (1979b). Another look at research on the behavior of administrators. In G. L. Immegart & W. L. Boyd (Eds.), *Problem-finding in educational administration: Trends in research and theory*. Lexington, MA: D. C. Health.

Griffiths, D. E. (1988). Administrative theory. In N. J. Boyan (Ed.), *Handbooks of research on educational administration* (pp.27-52). New York: Logman.

Griffiths, D. E. (1995). Book Reviews: Greenfield on educational administration. *Educational Administration Quarterly, 31* (1), 151-165.

Griffiths, D. E. (1997). The case of theoretical pluralism. *Educational Management and Administration, 25*(4), p. 371-380.

Griffiths, D. E. (1999). Introduction. In J. Murphy & P. B. Forsyth (Eds.), *Educational administration: A decade of reform* (pp.xi-xix). CA: Corwin Press.

Griffith, D. E., Hart, A. W., & Blair, B. G. (1992). Still another approach to administration: Chaos theory. *Educational Administration Quarterly, 27*(3), 430-451.

Griffiths, D. E., & Iannaccone, L. (1958). Administrative theory, relationships and preparation. *Review of Educational Research, 28*(4), 334-357.

Grogan, M. (2000). Laying the groundwork for a reconception of the superintendency from feminist postmodern perspectives. *Educational Administration Quarterly, 36*(1), 117-142.

Guba, E. G. (1985). The context of emergent paradigm research. In Y. S. Lincoln (Ed.), *Organizational theory and inquiry: The paradigm revolution* (pp.79-104). Beverly Hills, CA: Sage.

Gunter, H. (1995). Jurassic management: Chaos and management development in educational institution. *Journal of Educational Administration, 33*(4), 5-20.

Habermas, J. (1971). *Knowledge and human interests*. Boston Beacon Press.

Habermas, J. (1984)(Translated by T. A. McCarthy). *The theory of communicative action volume 1: Reason and the rationalization of society*. Boston: Beacon Press.

Halpin, A. W. (1958). *Administrative theory in education*. London: The Macmilan Company.

Halpin, A. W. (1966). *Theory and research in administration*. New York The Macmillan Company.

Halpin, A. W. (1969). A foggy view from Olympus. *Journal of Educational Administration, 7*(1), 3-18.

Harris, C. E. (1996). The aesthetic of Thomas B. Greenfield: An exploration of practices that leave no mark. *Educational Administration Quarterly, 32*(4), 487-511.

Hill, M. S., & Ragland, J. C. (1995). *Woman as educational leaders: Opening windows, pushing ceilings*. CA: Corwin Press.

Hodgkinson, C. (1978). *Towards a philosophy of administration*. Oxford: Blackwell.

Hodgkinson, C. (1983). *The philosophy of leadership*. Oxford: Blackwell.

Hodgkinson, C. (1991). *Educational leadership: The moral art*. NY, Albany: State University of New York Press.

Hodgkinson, C. (1996). *Administrative philosophy: Values and motivations in administrative life*. Oxford: Pergamon.

Hollis, M. (1994). *The philosophy of social science: An introduction*. British: Cambridge University Press.

Hoy, W. K. (1994). Foundations of educational administration: Traditional and emerging perspectives. *Educational Administration Quarterly, 30*(2), 178-198.

Hoy, W. K. & Miskel, C. G. (1978). *Educational administration: Theory, research, and Practice*. New York: Random House.

Hoy, W. K. & Miskel, C. G. (1996). *Educational administration: Theory, research, and practice* (5th ed.). New York: McGraw-Hill.

Hoy, W. K., & Miskel, C. G. (2007). Educational administration: Theory, research, and practice (8th ed.). New York: McGraw-Hill.

Husen, T. (1994). Research paradigms in education. In T. Husen & T. N. Postlethwaite (Eds.), *International encyclopedia of education* (2nd Ed.)(pp.5051-5056). Oxford: Pergamon.

Husen, T. (1997). Research paradigms in education. In J. P. Keeves (Ed.), *Educational research, methodology, and measurement: An international handbook* (2nd Ed.)(pp. 16-21). Oxford: Pergamon.

Immegart, G. L. & Boyd, W. L. (Eds.). (1979). *Problems-finding in educational administration: Trends in research and theory*. Lexington, MA: D. C. Health.

Jackson P. (1968). *Life in classrooms*. New York: Holt, Rinehart and Winston.

Jacobs, K. D., & Kritsonis, W. A. (2006). National strategies for implementing postmodern thinking for improving secondary education in public education in the United States of America. *National Forum of Education and Supervision Journal, 23*(4), 1-10.

Jarvis, D. S. L. (1998). Postmodernism: A critical typology. *Politics and Society, 26*(1), 95-142.

Jensen, G. & Peshkin, A. (1992). Subjectivity in qualitative research. In M. LeCompte, W. Millroy & J. Preissle (Eds.), *The handbook of qualitative research in education* (pp. 681-726). San Diego: Academic Press.

Keeves, J. P. (Ed.). (1988). *Educational research methodology, and measurement: An international handbook*. Oxford: Pergamon.

Keith, N. (1996). A critical perspective on teacher participation in urban schools. *Educational Administration Quarterly, 32*(1), 45-79.

Kenway, J. & Modra, H. (1992). Feminist pedagogy and emancipatory possibilities. In C. Luke & J. Gore (Eds.), *Feminisms and critical pedagogy* (pp. 138-166). New York: Routledge.

Kerlinger, F. N. (1973). *Foundations of behavioral research. Educational and psychological inquiry* (2nd ed.). New York: Holt, Rinehart & Winston.

Kerlinger, F. N. (1986). *Foundations of behavioral research* (3rd ed.). New York: Holt, Rinehart & Winston.

Kuhn, T. (1970). *The structure of scientific revolutions*. Chicago: University of Chicago Press.

Lakomski, G. (1997). Critical theory and education. In John P. Keeves(Ed.), *Educational research methodology and measurement: An international handbook*(2nd ed.)(pp.168-173). Oxford: Pergamon.

Leithwood, K., & Menzies, T. (1998). A review of research concerning the implementation of site-based management. *School Effectiveness and School Improvement, 9*(3), 233-285.

Levine, H. G. (1992). Types of naturalistic inquiry. In M. C. Alkin et al.(Eds.), *Encyclopedia of educational research* (pp.889-892). New York: Macmillan.

Lincoln, Y. S. (1985). *Organizational theory and inquiry: The paradigm revolution*. Beverly Hills, CA: Sage.

Lincoln, Y. S., & Guba, E. G. (1985). *Naturalistic inquiry*. Beverly Hills, CA: Sage.

Littrell, J., & Foster, W. (1995). The myth of a knowledge base in administration. In R. Donmoyer, M. Imer, & J. J. Scheurich (Eds.), *The knowledge base in educational administration: Multiple perspectives* (pp.32-46). New York: The State University of New York

Press.

Locke, J. (1959). *An essay concerning human understanding*. New York: Dover Publications.

Longino, H. E. (1999). Feminist epistemology. In J. Greco & E. Sosa (Eds.), *The blackwell guide to epistemology* (pp.327-353). Oxford: Blackwell.

Lyotard, J-F. (1984)(Translated by G. Bennington & B. Massumi). *The post-modern condition: A report on knowledge*. Minneapolis: University of Minnesota Press.

Maddock, T. H. (1993). Enlightenment and redemption: On the consequences of two different versions of critical theory for educational administration. *Educational Philosophy and Theory*, *25*(2), 1-20.

Marshall, C. (1995). Imagining leadership. *Educational Administration Quarterly*, *31*(3), 484-492.

Masterman, M. (1970). The nature of a paradigm. In I. Lakatos and A. Musgrave (Eds.), *Criticism and the growth of knowledge* (pp.59-89). Cambridge: Cambridge University Press.

Maxcy, S. J. (Ed.)(1994). *Educational school leadership: Meeting the crisis in educational administration*. Westport, ET: Praeger.

McCarthy, M. (1986). Research in educational administration: Promising signs for the future. *Educational Administration Quarterly*, *22*(1), 3-20.

McGuire, J. E. (1992). Scientific change: Perspectives and proposals. In M. H. Salmon, et al. (Eds.). *Introduction to the philosophy of science A test by members of the department of the history and philosophy of science of the University of Pittsburgh* (pp.132-178). New York: Prentice-Hall.

Meskin, J. P. (1979). Woman as principals: Their performance as educational administrators. In D. A. Erickson & T. L. Reller (Eds.), *The principal in metropolitan schools* (pp.323-347). Berkeley, CA: McCutcheon Publishing.

Miskel, C., & Sandlin, T. (1981). Survey research in educational administration. *Educational Administration Quarterly*, *17*(4), 1-20.

Murphy, J. (1995). The Knowledge base in school administration: Historical footings and emerging trends. In R. Donmoyer, M. Imer, & J. J. Scheurich (Eds.), *The knowledge base in educational administration: Multiple perspectives* (pp.62-71). New York: The State University of New York Press.

Murphy, J. (1999). The reform of the profession A self-portrait. In J. Murphy & P. B. Forsyth (Eds.), *Educational administration: A decade of reform* (pp.3-38). CA: Corwin Press.

Murphy, J., & Forsyth, P. B. (1999). A decade of change: An overview. In J. Murphy & P. B. Forsyth (Eds.), *Educational administration: A decade of reform*. CA: Corwin Press.

Nuyen, A. T.(1996). Postmodern education as sublimation. *Education Theory, 46*(1), 93-103.

Oldroyd, D. (1986). *The arch of knowledge An introductory study of the history of the philosophy and methodology of science*. New York: Methuen.

Olpatka, I. (2006). Women in educational administration within developing countries: Towards a new international research agenda. *Journal of Educational Administration, 44*(6), 604-624.

Olpatka, I. (2009). The field of educational administration: A historical overview of scholarly attempts to recognize epistemological identities, meanings and boundaries from the 1960s onwards. *Journal of Educational Administration, 47*(1), 8-35.

Ouchi, W. G. (1981). *Theory Z : How American business can meet the Japanese challenge*. New York: Avon Books.

Owens, R. G. (1982). Methodological perspective: Methodological rigor in naturalistic inquiry: Some issues and answers. *Educational Administration Quarterly, 18*(2), 1-21.

Owens, R. G. (1987). *Organizational behavior in education* (3rd ed.). Englewood Cliffs, New Jersey: Prentice-Hall.

Owens, R. G., & Valesky, T. C. (2010). *Organizational behavior in education: Leadership and school reform (10th ed.)*. Englewood Cliffs, New Jersey: Prentice-Hall.

Park, S. H. (1999). The development of Richard Bates's critical theory in educational administration. *Journal of Educational Administration, 37*(4), 367-388.

Patton, M. Q. (1990). *Qualitative evaluation and research methods*. Newbury park, CA: Sage.

Phillips, D. C., & Burbules, N. C. (2000). *Postpositivism and educational research*. Lanham, Maryland: Rowman & Littlefield Publishers.

Pitner, N. J. (1988). The study of administrator effects and effectiveness. In N. J. Boyan (Ed.), *Handbook of research on educational administration* (pp.99-122). New York and London: Longman.

Poincare, H. (1902). (Translated by W. J. Greenstreet). Science and hypothesis. In M. J. Alder (Ed.), *Great books of the western world* (pp.1-70). Chicago: The University of Chicago.

Popkewitz, T. (1984). *Paradigm and ideology in educational research*. London: Falmer Press.

Popper, K. R. (1968). *Conjectures and refutations The growth of scientific knowledge*. New

York: Routledge.

Read, M., &Marsh, D. (2002). Combining qualitative and quantitative methods. In D. Marsh and G. Stroker (Eds.), *Theory and methods in political science* (pp.231-248). New York: Palgrave.

Regan, H. (1990). Not for women only: School administration as a feminist activity. *Teacher College Record, 91*(4), 565-577.

Reilly, D. H. (1999). Non-linear systems and educational development in Europe. *Journal of Educational Administration, 37*(5), 424-440.

Ritzer, G. (1992). *Sociological theory*. New York: McGraw-Hill.

Robinson, V. M. J. (1993). *Problem-based methodology: Research for the improvement of practice*. Oxford: Pergamon Press.

Robinson, V. M. J. (1994). The practical promise of critical research in educational administration. *Educational Administration Quarterly, 30*(1), 56-76.

Robinson, V. M. J. (1996). Problem-based methodology and administrative practice. *Educational Administrative Quarterly, 32*(3), 427-451.

Rorty, R. (1979). *Philosophy and the mirror of nature*. New Jersey: Princeton University Press.

Scheffler, I. (1985). *Of human potential: An essay in the philosophy of education*. London: Routledge & Kegan Paul.

Schein, E. H. (1985). *Organizational culture and leadership*. San Francisco: Jossey-Bass Publishers.

Scheurich, J. J. (1994). Social relativism: A postmodernist epistemology for educational administration. In S. J. Maxcy (Ed.), *Postmodern school leadership: Meeting the crisis in educational administration* (pp.17-46). Westport, CT: Praeger.

Scheurich, J. J. (1997). *Research method in the postmodern*. London: Falmer Press.

Schratz, M. (1993). *Qualitative voices in educational research*. London: Falmer Press.

Schuartz, H. M., & Davis, S. M. (1981). Matching corporate culture and business strategy. *Organizational Dynamics, Summer*, 30-48.

Sergiovanni, T. J. (1984). Developing a relevant theory of administration. In T. J. Sergiovanni & J. E. Corbally (Eds.), *Leadership and organizational culture: New perspectives on administrative theory and practice* (pp.275-291). Urbana, IL: University of Illinois Press.

Sergiovanni, T. J., Burlingame, M., Coombs, F. S., & Thurston, P. W. (1987). *Educational gov-*

ernance and administration (2nd ed.). NJ: Prentice-Hall.

Sergiovanni, T. J., Burlingame, M., Coombs, F. S., & Thurston, P. W. (1992). *Educational governance and administration* (3rd ed.). Boston: Allyn & Bacon.

Shulman L. (1986). Paradigms and research programs in the study of teaching: A contemporary perspective. In M. C. Wittrock (Ed.), *Handbook of research on teaching* (3rd Eds.)(pp.3-36). New York: Macmillan

Smircich L. (1983). Concepts of culture and organizational analysis. *Administrative Science Quarterly*, *28*(3), 339-358.

Simon, H. A. (1976). *Administration behavior: A study of decision-making processes in administrative organization* (3rd ed.). New York: The Free Press.

Skrla, L., Reyes, P., & Scheurich, J. J. (2000). Sexism, silence, and solutions: Woman superintendents speaks up and speak out. *Educational Administration Quarterly*, *36*(1), 44-75.

Stockman, N. (1983). *Antipositivist theories of the sciences*. Dordrecht: D.Reidel Publishing Company.

Tashakkori, A., & Teddlie, C. (1998). *Mixed methodology: Combing qualitative and quantitative approaches*. Thousand Oaks: Sage.

Tatsuoka, M., & Silver, P. (1988). Qualitative research methods in educational administration, In N. J. Boyan (Ed.), *Handbook of research on educational administration* (pp. 677-702). New York and London: Longman.

Weber, M. (1947). *The theory of social and economic organization*. London: William Hodge.

Weber, M. (1949). *The methodology of the social sciences*. New York: The Free Press.

Weick, K. (1982). Administering education in loosely coupled schools. *Phi Delta Kappan, 27*, 673-676.

Willower, D. J. (1975). Theory in educational administration. *Journal of Educational Administration, 13*, 77-91.

Willower, D. J. (1988). Synthesis and projection. In N. J. Boyan (Ed.), *Handbook of research on educational administration* (pp.729-747). New York and London: Longman.

Willower, D. J. (1993). Explaining and improving educational administration. *Educational Management and Administration, 21*(3), 153-160.

Willower, D. J. (1996). Inquiry in educational administration and the spirit of the times. *Educational Administration Quarterly, 32*(3), 344-365.

Willower, D. J. (1998). Fighting the fog: A critique of postmodernism. *Journal of School Lead-*

ership, 8(5), 448-463.

Wolcott, H. (1973). *The man in the principal's office: An ethnography*. New York: Holt, Rinehart, and Winston.

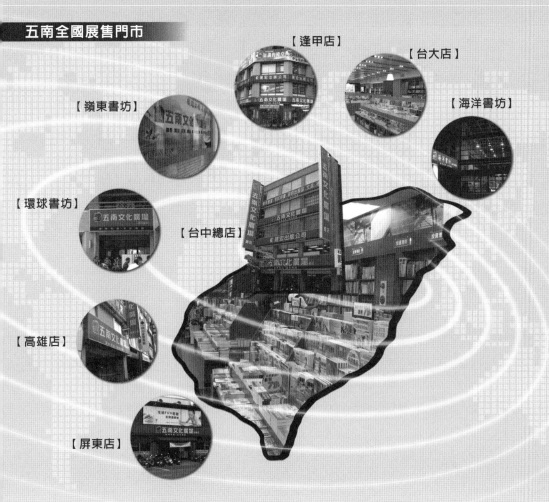

國家圖書館出版品預行編目資料

教育行政研究方法論／秦夢群、黃貞裕著.
－－二版.－－臺北市：五南, 2014.09
　面；　公分
ISBN 978-957-11-7530-0（平裝）
1.教育行政　2.研究方法
526.031　　　　　　　　103002359

1IGR

教育行政研究方法論

作　　者 ─ 秦夢群　黃貞裕

發 行 人 ─ 楊榮川

總 編 輯 ─ 王翠華

主　　編 ─ 陳念祖

責任編輯 ─ 李敏華

封面設計 ─ 童安安

出 版 者 ─ 五南圖書出版股份有限公司

地　　址：106台北市大安區和平東路二段339號4樓

電　　話：(02)2705-5066　　傳　　真：(02)2706-6100

網　　址：http://www.wunan.com.tw

電子郵件：wunan@wunan.com.tw

劃撥帳號：01068953

戶　　名：五南圖書出版股份有限公司

台中市駐區辦公室/台中市中區中山路6號

電　　話：(04)2223-0891　　傳　　真：(04)2223-3549

高雄市駐區辦公室/高雄市新興區中山一路290號

電　　話：(07)2358-702　　傳　　真：(07)2350-236

法律顧問　林勝安律師事務所　林勝安律師

出版日期　2001年 9 月初版一刷
　　　　　2014年 9 月二版一刷

定　　價　新臺幣480元